Hermann Breymann

Die phonetische Literatur von 1876-1895

Hermann Breymann

Die phonetische Literatur von 1876-1895

ISBN/EAN: 9783744675130

Hergestellt in Europa, USA, Kanada, Australien, Japan

Cover: Foto ©Thomas Meinert / pixelio.de

Weitere Bücher finden Sie auf **www.hansebooks.com**

Die

Phonetische Literatur

von 1876—1895.

Eine bibliographisch-kritische Übersicht

von

Hermann Breymann.

Leipzig.
A. Deichert'sche Verlagsbuchhandlung Nachf.
(Georg Böhme).
1897.

Inhalt.

		Seite
I.	Allgemeine Phonetik	1
II.	Phonetik der einzelnen Sprachen	
	1. Französisch	67
	2. Die übrigen romanischen Sprachen	90
	3. Deutsch	93
	4. Englisch	102
	5. Holländisch	116
	6. Nordisch	117
	7. Slavisch	122
	8. Varia	124
III.	Phonetische Zeitschriften	126
IV.	Rückblick	128

Index.
  I. Abkürzungen.
      1. Zeitschriftentitel 140
      2. Eigennamen 142
      3. Ortsnamen 146
      4. Sonstige Namen und Ausdrücke .. 146
  II. Personenverzeichnis 148
  III. Sachverzeichnis 162

Errata.

S. 19 streiche Zeile 1—5   S. 72 setze Beaunis unter N. I
„ 39   „   3 u. 4   „ 105   „   Tulov   „   N. I
„ 124   „   4 u. 5 v. u. „ 110   „   Sweet   „   N. I
„ 48 setze Logeman unter N. II   „ 112   „   Sweet   „   N. I

Der zweite Teil von Merkels Schrift (S. 69) gehört zum ersten Teil (S. 68).

I. Allgemeine Phonetik.

1876.

Auerbach, Fel.: Untersuchungen über die Natur des Vokalklangs, in Ann. 1876. Ergänzungsband VIII, 177—225. — Sep. ersch. Diss. Berlin. 1876.

I.: Einl. 177. — Beobachtungsmethoden (Koenig'sche Flammenbilder) 179. — Intensitäts-Tabellen 186. — Mathematische Darstellung d. Resultate 205. — Controlversuche 220. — Resultate 224—225.

A. Vgl. dazu Grassmann (ibd. 1877. S. 628), nach dessen Ansicht die Resultate Auerbach's mit den unmittelbar durch das Ohr zu vernehmenden Thatsachen „im grellsten Widerspruche stehen". Ebenso weist Pipping (Z. f. Biol. 1890. XXVII, 47 ff.) auf die Ungenauigkeit der Auerbach'schen Methode hin und erklärt dessen Intensitätstabellen (S. 186 ff.) als Grundlage einer Vokaltheorie für unbrauchbar. Vgl. auch Michaelis im ANSp. 1881. LXVI, 86 f.

Edwards, H. Milne: Leçons sur la physiologie et l'anatomie comparée de l'homme et des animaux. T. XII: Fonction de relation: ouïe, vue, voix. Par. 1876—77.*

Ur. Seit Cuvier (1805, bzw. 1836—46) das Beste u. Vollständigste über diesen Gegenstand; einzelnes muss beanstandet werden, so die Annahme einer von der durch die Stimmbänder hervorgebrachten reinen Stimme unabhängigen *Mundstimme*. (*Tch.*)

A. 1. Vgl. dazu Lefort's *Étude*, 1883.

A. 2. Ausnahmsweise ist diese aus einer früheren Zeit stammende Schrift mit aufgeführt worden.

Cf. InZ. 90. V, 234—9. (Tch.)

Gay, O.: Théorie physique de la phonation. Thèse. Par. 1876.*

Gentzen, Dr. —: Beobachtungen am weichen Gaumen etc. Königsberg. 1876.*

Hoffory, J.: Phonetische Streitfragen, in ZvSf. 1876. XXIII, 525—558.
- I.: Mouillierte Laute 525. — Zitterlaute [*r*] 531. — *L*-Laute 537. — Nasale 544. — Halbvocale 551. — Vocale [*h*] 554. — Ergebnis 557—558.
- A. 1. Vgl. dazu Trautmann, *Sprachl.* S. 98, und Kirste, 1881. S. 14.
- A. 2. Hinsichtl. der mouillierten Laute ist noch auf Lenz zu verweisen in der *ZvSf.* 1888. XXIX, 8 ff., 30 ff.

Kissling, G.: Die Laute des Neuhochdeutschen. Pro. Bremen. 1876.*

Koenig, Rud.: Über den Zusammenklang zweier Töne, in: Ann. 1876. CLVII, 177—237.

Krönig, Dr. A.: Notiz über Vokallaute und über eine natürliche Stimmgabel, in: Ann. 1876. CLVII, 339—342.
- I.: Vergleicht die Flüsterstimme mit der lauten Bruststimme und legt die Eigentümlichkeiten der ersteren dar.

Mandl, Dr. L.: Die Gesundheitslehre der Stimme in Sprache u. Gesang. Braunschweig. 1876.*

Marey, E. J.: Physiologie expérimentale. Par. 1876. 8°.
- A. Es ist M. gelungen, einen Apparat zur direkten Aufzeichnung der Schwallschwingungen zu ersinnen. Das Verfahren besteht darin, durch die bei der Lautgebung entstehenden Vibrationen des Schildknorpels einen konstanten elektrischen Strom abwechselnd schliessen und öffnen zu lassen. Die Schwankungen, welche die Kraft des Elektromagneten hierbei erfährt, lösen Bewegungen einer leichten Metallfeder aus, welche sich ohne Schwierigkeit graphisch fixieren lassen.

Michael, Dr. J.: Zur Physiologie u. Pathologie des Gesanges, in: Woch.[4] 1876. XIII, 520—523, 534—536.

Preyer, W.: Über die Grenzen der Tonwahrnehmung. Jena. 1876. VII u. 72 S. 8°.

Rosapelly, C. L.: Essai d'inscription des mouvements phonétiques, in: Travaux du laboratoire de M. Marey. Par. 1876. (Cf. II, 109—131.)
- A. Bergonié, *Phénom. phys.*, 1883, S. 87 ff., u. Techmer, *InZ.* 1890. V, 220—226, berichten über R.'s Resultate, welche bereits 1880 von Boudet de Pâris bestätigt worden waren.

Sievers, E.: Grundzüge der Lautphysiologie. Lpz. 1876. X u. 150 S. 8⁰.
I.: Siehe die 4. Aufl.
Ur. Ganz vortreffl., verdient weiteste Verbreitung (*W. B.*); bietet eine reiche Fülle von Thatsachen, im einzelnen ist manches zu beanstanden (*Kräu.*; s. *A. 2*); hochwillkommen (*Win.*).
A. 1. Hinsichtlich des Französischen findet Lütgenau in seinen *Physiologischen Untersuchungen*, 1884, „fast auf Schritt u. Tritt Grund, von Sievers abzuweichen".
A. 2. Kräuter gibt seine oft sehr beachtenswerten Besserungsvorschläge unter folgenden Gesichtspunkten: Klang, Schallstärke (Dynamik), Dauer, Tonhöhe der Laute.
A. 3. Sievers' Ansichten über den Unterschied von *tenuis* u. *media* werden bekämpft von Whitney in den *TrAmPhilAss*. 1877. S. 48 ff.
A. 4. Die am meisten fördernde, eine Fülle von Verbesserungsvorschlägen enthaltende Kritik dieser Schrift hat Storm in seiner *Engl. Philol.*[1] S. 32 ff. (= 2. Aufl. S. 54 ff.) geliefert.
Cf. JLZ. 76 S. 694—5. (*Win.*) ADA. 77. III, 1—22. (*Kräu.*)
CBl.¹ 76 S. 1207—9. (*W. B.*) ANSp. 77. LVII, 225—6. (*Bu.:R.*)

— — Grundzüge der Phonetik zur Einführung in das Studium der Lautlehre der Indogermanischen Sprachen. 2. wesentl. umgearbeitete und vermehrte Aufl. der „Grundzüge der Lautphysiologie". ibd. 1881. XVI u. 224 S. 8⁰.
Ur. Ein wesentl. Fortschritt (*An.*); der Abschnitt über die Vokale ist ohne allen Wert, die übrigen Abschnitte enthalten neben vielem Verwerflichen auch vieles Gute, der Verf. besitzt vorzügl. Beobachtungsgabe u. eine sehr ausgedehnte Kenntnis fremder Laute, ist aber kein Meister des sprachl. Ausdrucks (*Tr.*; s. *A. 1*); des Verf.'s Systematik ist nicht folgerichtig, auch hat er das künstl. Vokalschema Bell's kritiklos übernommen, aber geradezu hervorragend ist sein Verdienst um die Darstellung der Beziehung der Phonetik zur Sprachgeschichte (*Tch.*); enthält vieles Treffl., ist aber nicht einwandfrei (*Col.*); zeugt von tief eingreifenden sprachhistor. Studien u. einer raschen u. scharfen Beobachtung lebender Sprachen (*Sto.*).
A. Vor allem ist noch Storm, *Engl. Philologie*[2] (S. 81 ff.) zu vergleichen; auch Sweet's kurze Bem. in den *TrPhS*. 1882—84 S. 102 f.
Cf. CBl.¹ 81. S. 1418—19. (*W. B.:R.*) LZ. 82. S. 205—6. (*Col.*)
J.-B.⁴ 81. III, 16—17. (*An.*) Ac. 82. N. 556. S. 472. (*Sw.:R.*)
GgA. 81. S. 885—96. (*Sto.*) InZ. 85. II, 321—2. (*Tch.*)
Anz.¹ 81. IV, 56—67. (*Tr.*).

A. 1. Gegen Trautmanns wegwerfendes Urteil über das Bell'sche Vokalschema wendet sich Storm (*Engl. Philol.*² S. 96 ff.) mit dem Bemerken, dass Tr. dasselbe nicht genügend kenne oder verstehe, u. Sweet meint, dass es im Grunde nichts weiter sei, als ein jovial-burschikoser Angriff auf die engl. Schule, siehe *G. g. Anz.* 1881 S. 1404.

A. 2. Über Sievers' Vokalschema siehe Michaelis im *ANSp.* 1881. LXV, 452 ff.

Sievers, E.: Grundzüge der Phonetik etc. 3. verb. Aufl. ibd. 1885. XVI. u. 255 S. 8⁰.

Ur. Im wesentl. unveränderte Auflage; dem Werke fehlt ein konsequentes System u. die naturwissenschaftl. Grundlage (*An.*); hervorragende Leistung, wenn auch zu bedauern ist, dass der Verf. dem von Bell ausgeküstelten Schachbrett-Vokalsystem zustimmt u. Sweet ebenso oft nennt, wie alle deutschen Philologen, Physiologen u. Physiker zusammen genommen (*Gart.*); sehr zu empf., wenn auch die Annahme des Bell'schen Vokalsystems in der 2., und die Beibehaltung desselben in der dritten Auflage als eine Inkonsequenz bedauert werden muss (*Vie.*); es fehlt das nötige Interesse für die naturwissenschaftl. Seite (*Tch.*); ungemein fördernd u. anregend (*W. B.*); S.'s starres Festhalten an seinen Irrthümern muss bedauert werden, Hoffory's Einwände sind nicht widerlegt (*Col.*); steht immer noch auf einem veralteten Standpunkte (*Ho.*).

A. Vgl. noch Storm, *Engl. Philologie*[2] S. 88 ff., u. Luick, 1892.

Cf. LBl. 86. VII, 191—5.　　(*Gart.*)　　J.-B.[4] 86. VIII, 7—8.　　(*An.*)
　　CBl.[1] 86. S. 555 ff.　　(*W. B.*)　ESt. 87. X, 298—305.　　(*Vie.*)
　　LZ. 86. S. 771—2.　　(*Col.*)　　Beit.[2] 87. XII, 163—8.　　(*Ho.*)
　　MoL. 86. S. 71 ff.　　(*Shel.*)*　InZ. 87. III, 377—82.　　(*Tch.*)

— — Grundzüge etc. 4. Aufl. ibd. 1893. XVI u. 298 S. 8⁰.

I.: I. Einl. Stellung, Aufgabe u. Methode der Phonetik 1. — Akustische Sätze 9. — Das Sprachorgan 11. — Die Functionen der Sprachorgane 20. — Die Eintheilung der Sprachlaute. Sprachlaute oder Sprachelemente 32. — Eintheilung der Sprachlaute im Allgemeinen 37. — Einzellaute 42. — Aufstellung eines Sprachlautsystems 44. — Gruppirung 49.

II. Die Gruppen der Sprachlaute 50. — Die einzelnen Sprachlaute (Sonore, Geräuschlaute) 76. — Hellwag 77. — Winteler 82. — Lepsius, Brücke, Böhmer 83. — Trautmann 86. — Bell, Sweet, Storm 91. III. Combinationslehre. Allgemeineres 136. — Laute u. Lautverbindungen 138. — Silbenbildung 182. — Accent u. Quantität 197. — Lautwechsel u. Lautwandel 243. — Literatur 281. — Register 291 bis 298.

Ur. Wird in Zukunft die Ergebnisse der von ihm unbeachtet gelassenen Experimentalphonetik verwerten müssen (*Kos.*); ist wertvoll gerade durch die ablehnende Stellung, die S. gegen die moderne Experimentalphonetik einnimmt (*Hart.*).

Cf. J.-B.[4] 95. XVI, 8.　　(*Hart.*)　　J.-B.[5] 96. II, 31.　　(*Kos.*)

Stein, Dr. Th.: Die Photographie der Töne, in: Ann. 1876. CLIX, 142—151.
A. Vgl. dazu die Entgegnung W. Vogels. ibd. S. 661 ff.

Winteler, J.: Die Kerenzer Mundart des Kantons Glarus in ihren Grundzügen dargestellt. Leipz. 1876. X u. 240 S. 8°.
A. Von hoher allgemeiner Bedeutung sind die lautphysiologischen Vorbemerkungen (S. 1—17), sowie die grundlegenden Ausführungen des Verfassers über die Konsonanten (18—42), die Vokale (S. 85—119) u. die Sandhierscheinungen (129—147).

1877.

Ciamician, G.: Über das Tönen der Luft in Röhren, in: Ann. 1877. N. F. II, 133—138.

Ellis, Alex. J.: Pronunciation for Singers. Lond. 1877.*
A. Ellis †, s. Mai. 1890. V, 103; PhSt. 1891. IV, 400 f.; ESt. 1891. XVI, 163 ff.

Franck, Fr.: De l'étude des phénomènes phonétiques à l'aide de la méthode graphique, in: La Nature. 1877. Nr. 227. S. 299 ff.*

Gavarret, —: Acoustique biologique. Phénomènes physiques de la phonation et de l'audition. Par. 1877.*

Godart, A.-J.: Du bégaiement et de son traitement physiologique. Thèse de Paris. 1877.*

Grassmann, H.: Über die physik. Natur der Sprachlaute, in: Ann. 1877. N. F. I, 606—629.
A. 1. Vgl. darüber Auerbach in *Ann.* 1878. N. F. IV, 508 ff.; Michaelis in dem *ANSp.* 1881. LXVI. 87 ff.; Trautmann, *Sprachlaute* 1884—86. S. 33; Schiötz bei Storm, *Engl. Philologie*² S. 52 ff., u. Lahr (1885), der G.'s Ansichten als „wesentlich neue" bezeichnet.
A. 2. Schon früher hatte Grassmann seine Auffassung von der Natur der Vokale in seiner Schrift: *Übersicht der Akustik u. der niedern Optik* (Pro. G. Stettin. 1854) eingehend begründet.

Havet, Louis: La prononciation de *ie* en français, in: Ro. 1877. VI, 321—327.
A. Kommt zu dem Ergebnis, dass *ie* im Frz. (*bien, pied*) kein Diphthong

mehr sei, wie das bereits von St. Guyard (*Journ. asiat.* 1876. I, 444, A.) angedeutet worden war.

Hornus [?], A.: Essai sur les troubles de la parole. Thèse de Paris. 1877.*

Jozon, P.: Des principes de l'écriture phonétique. Par. 1877.*

Krusche, —: Athmung beim Sprechen, in: Deutsche Blätter für erziehenden U. 1877.*

Kussmaul, Dr. Adolf: Die Störungen der Sprache. Versuch einer Pathologie der Sprache. Ziemssen's Handbuch der speziellen Pathologie u. Therapie. Bd. XII. Leipz. 1877. X u. 300 S. 8°.

A. In d. Italienische wurde das Werk übersetzt u. d. T.: I XXXVI capitoli della sua opera *Die Störungen* etc. dal dott. G. Bossi. Mit Tafel. Bologna. 1885. 90 S. 8°.

Löri, —: Zur Physiologie der Stimme, in: Pest. mediz. chir. Presse. 1877.*

Michaelis, G.: Dorsal und apical, oder oral? in: ZvSf. 1877. XXIII, 518–523.

I.: Hält den Ausdruck *oral* als Gegensatz zu *dorsal* für wenig passend.

Sweet, Henry: A Handbook of Phonetics, including a Popular Exposition of the Principles of Spelling Reform. Oxf. 1877. XX u. 215 S. 8°.

I.: The Organs of Speech 1. — Analysis 3. — Synthesis 56. — Sound-Notation 100. — Notes 211—215.
U. Vortreffl. (*Klg.*)
A. Vgl. Storm, *Engl. Philol*² S. 123 ff., 235 ff. (Zusätze zu Sweet's Darstellung des isländischen Lautsystems).
Cf. ESt. 85. VIII, 295 (*Klg.*).

Vacher, L.: De la voix chez l'homme etc. Thèse de Paris. 1877.*

Whitney, W. D.: On the Relation of Surd and Sonant, in: Tr.Am. Phil. Ass. 1877. S. 41—57.

A. Richtet sich z. T. gegen die Siever'sche Auffassung von *fortis* u. *lenis*.

— — On the Principle of Economy as a Phonetic Force, in: Tr.Am. Phil. Ass. 1877. S. 123—134.

1878.

Auerbach, Fel.: Bestimmung der Resonanztöne der Mundhöhle durch Percussion, in: Ann. 1878. N. F. III, 152—157.

A. Mit Auerbach's Resultaten stimmen diejenigen Trautmann's genau überein, siehe *Sprachlaute* S. 48.

— — Zur Grassmann schen Vokaltheorie, in: Ann. 1878. N. F. IV. 508—515.

I.: Der Verf. weist darauf hin, dass die sich durch eine grosse Einfachheit scheinbar auszeichnende Theorie nicht für unsere *wirklichen* Vokale, sondern nur für gewisse, *typische, ideale Klänge* gilt.
A. Vgl. damit Techmer in der *InZ*. 1884 (I, 79).

Barlow, W. H.: On the Articulation of the Human Voice as Illustrated by the Logograph, in: ProDu. 1878.*

A. Eine kurze Beschreibung des von Barlow konstruierten Logographen gibt Bergonié, *Phénom. phys.* 1883, S. 93. — Vgl. auch Pipping, *Klangfärgen*. 1890. S. 1, welcher an einer anderen Stelle (*Z. f. Biol.* 1890. XXVII, 1) jenen Apparat einen recht primitiven nennt.

Blake, —: A Method of Recording Articulate Vibrations by Means of Photography, in: Am. Journ. of Science. 1878.*

A. Vgl. darüber Bergonié, *Phénom. phys.* 1883, S. 92.

Bourseul, M.: Contribution à la théorie des Voyelles, in: JPhs. 1878. VII, 377—380.

Cross, Chas. R.: Helmholtz's Vowel Theory and the Phonograph, in: Nat. 1878. XVIII, 93—94.

A. Die vorgenommenen Experimente bestätigten die Helmholtz'sche Theorie.

Du Moncel, —: Téléphone, microphone et phonographe. Machine parlante. 1878.*

Foulis, —: Un larynx artificiel, in: La Nature 1878. Nr. 255.*

Fraenkel, Dr. B.: Die Verwendung der [Koenig'schen] manometrischen Flamme als Hülfsmittel zur Erkennung von Erkrankungen des Stimmorgans, in: ZMed. 1878. S. 615 bis 617.

Hirschberg, —: Über laryngoskopische Methoden, in: APhys. 1878.*

Jenkin, Fleeming, and **Ewing**, J. A.: Helmholtz' Vowel Theory and the Phonograph, in: Nature 1878. XVII, 384, 423.

A. Den von J. & E. konstruierten Apparat bezeichnet Lahr (*Ann.* 1886. N. F. XXVII, 104 f.) als einen zwar sehr sinnreichen, aber auch sehr komplizierten.

Jenkin, Fleeming, and **Ewing**, J. A.: The Phonograph and Vowel Theories, in: Nature 1878. XVIII, 167—169.

Jenkin, Fleeming, and **Ewing**, J. A.: The Phonograph and Vowel Sounds, in: Nature. 1878. XVIII, 340—343, 394 bis 397, 454—456.

A. Dass die Verfasser bei ihren Messungen u. Berechnungen unvorsichtig zu Werke gegangen sind, wird von Pipping (*Z. f. Biol.* 1890. XXVII, 6 ff.) ausdrücklich hervorgehoben.

Marey, E. J.: La méthode graphique dans les sciences expérimentales. Par. s. a. [1878] XX u. 673 S. 8°. [2. Aufl. ibd. 1885. ?]

I.: Nur die kurzen Ausführungen des Verf.'s über den *pneumographe* (S. 202 ff.), der dazu dient, die menschlichen Athmungsbewegungen zu registrieren, sind von Interesse für den Sprachforscher.
A. Über ältere experimentelle Versuche berichtet Pisko in seiner Schrift: *Die neueren Apparate der Akustik. Wien. 1865.*

Mayer, Alfred M.: Edison's Talking-Machine, in: Nat. 1878. XVII, 469—471.

Michaelis, G.: Zur Lere (sic!) von den Klängen der Konsonanten, in: ZfStenogr. 1878. XXVI, 33—46, 65—110. Sep. ersch. Berl. 1879.

I.: Versucht die Teiltöne der stimmlosen Spiranten zunächst unmittelbar nach dem Gehöreindrucke, dann durch Vergleichung mit den Klängen einer Orgel, einer Geige, eines Harmoniums zu bestimmen.
Ur. Der Verf. liebt es, möglichst viel Laut- oder Spielarten zu unterscheiden; gewissenhafte Arbeit (*Tch.*).
Cf. InZ. 84. I, 86 f. A. (*Tch.*).

Niaudet, —: Phonographe, in: Journ. de phys. 1878. VII.*

Örtel, Dr. M. J.: Über eine neue „laryngostroboskopische" Untersuchungsmethode des Kehlkopfes, in: CBl.[3] 1878. XVI, 81—82.

— — Laryngostroboskopische Beobachtungen über die Bildung der Register bei der menschl. Stimme, in: CBl.³ 1878. XVI, 99—101.

Pieniazek, —: Über die Ursache u. Bedeutung der näselnden Sprache, in: Wiener mediz. Blätt. 1878.*

Reclam, —: Sprache u. Gesang. Eine Übersicht der Physiologie u. der Diätetik des Sprechens u. Singens etc. Mit 22 Illustr. Lpz. 1878. III u. 63 S. 8⁰.*

Schneebeli, —: L'application du téléphone dans les cours, in: Arch. de Genève. 1878.*

Schneebeli, —: Expériences avec le phonautographe, in: Arch. de Genève. 1878.*

A. Rousselot (*Modif. phon.* 1891, S. 80) bemerkt dazu: «*Les résultats obtenus paraissent excellents*». Vgl. damit *Pipping* in der *Z. f. Biol.* 1890. XXVII, 5 ff.

Schneebeli: Sur la théorie du timbre et particulièrement des voyelles, in: Arch. de Genève 1878.*

Vacher, L.: Sur la physiologie de la phonation. Lyon. 1878.*

1879.

Auerbach, Fel.: Über die absolute Anzahl von Schwingungen, welche zur Erzeugung eines Tones erforderlich sind, in: Ann. 1879. N. F. VI, 591—597.

I.: Kommt zu dem Ergebnis, dass „wahrscheinlich etwa zwanzig Schwingungen zur Erzeugung eines charakterisirten Tones erforderlich sind".

Bergeron, R.: De la mue de la voix. Par. 1879.*

Bresgen, Dr. Max: Das menschliche Stimm- u. Sprachorgan. Vortr. (in d. Sammlung von Virchow u. Holtzendorff, 331. Heft) Berlin 1879. 36 S. 8⁰ u. 14 Holzschnitte.

I.: Teile des Sprachorgans 5. — Luftröhre 6. — Ansatzrohr 7. — Kehlkopf 8. — Die Stimmbänder 14. — Die Athmung 19. — Erfindung u. Gebrauch des Kehlkopfspiegels 20. — Die Stimme 23. — Schall, Klang, Ton 24. — Die Tonhöhe 25. — Die vier Stimmlagen 25. — Einteilung der Sprachlaute. Vokale 27. — Konsonanten 31. — Die Silbe 36.

Chervin, A.: Analyse physiologique des éléments de la parole. Par. 1879.*

Gariel, —: Machine parlante de Faber, in: Journ. de phys. 1879. VIII.*

Gordon Holmes, —: A Treatise on Vocal Physiology and Hygiene, with Especial Reference to the Voice. Edinb. 1879.*

Grützner, O. P.: Physiologie der Stimme u. Sprache, in: L. Hermann's Hdb. der Physiologie der Bewegungsapparate. Bd. I. Teil 2. Lpz. 1879. X u. 360 S. 8".
Ur. Wertvoll (*An.*).
A. Bringt, vom Standpunkte eines Mediziners aus, eine klare, gründliche, fast erschöpfende Darstellung, die auch dem Sprachforscher eine Fülle von Belehrung bietet.
Cf. J.-B.[4] 81. II, 25—6.   (*An.*) | NSp. 93. I, 32.   (*Vie.:R.*)

Gude, Dr. W.: Die Gesetze der Physiologie u. Psychologie über Entstehung der Bewegungen u. der Artikulations-Unterricht der Taubstummen. Diss. Leipz. 1879. 80 S. 8º.
A. Die Schrift erschien 1880 unter demselben Titel und mit demselben Inhalte, dem nur noch ein längeres Vorwort u. eine genaue Inhaltsangabe (S. I—X) hinzugefügt wurde.

Guebhard, —: Nouveau procédé phonéidoscopique. (Congrès de Montpellier) 1879.*

Hensen, Victor: Ein einfaches Verfahren zur Beobachtung der Tonhöhe eines gesungenen Tones, in: APhys. 1879.*

Hensen-Klünder, —: Compensation der menschlichen Stimme, in: AAnPhys. 1879.*

Jenkin, Fleeming, u. **Ewing,** J. A.: On the Harmonic Analysis of certain Vowel Sounds, in: TrSoEd. 1879. XXVIII, 745—777. Mit 7 Tafeln.

Kilian, —: Künstliche Lautsprache der Taubstummen. 1879.*

Kilian, —: Sprech- u. Leseunterricht für Taubstumme. 1879.*

Kingsley, Norman W.: Mechanism of Speech. New York. 1879. 42 S. 8" (S.-A. aus dem New York Medical Journal, 1879, July).*
Ur. Werden auch keine neuen physiologischen Thatsachen gebracht, so

sind doch die zahlreichen Abbildungen u. die geschickt ausgeführten Experimente lehrreich (*An.*).
Cf. J.-B.⁴ 81. II, 27. (*An.*)

Illingworth, C. R.: The Physiology of the Larynx, in: The Lancet. 1879. I, 879—880.

Klünder, A.: Über die Genauigkeit der Stimme, in: AAnPhys. 1879. I, 119 ff.*

Mandl, —: Hygiène de la voix parlée ou chantée. Par. 1879.*

Preece, — and **Stroh,** —: Studies in Acoustics. On the Syn= thetical Examination of Vowel Sounds, in: Proc. of the Roy. Soc. of London 1879. XXVIII.*
A. Vgl. darüber Bergonié, *Phénom. phys.* 1883.

Rüdinger, Dr. Nik.: Beiträge zur Morphologie des Gaumensegels und des Verdauungsapparates. Mit 5 Tafeln. Stuttgart. 1879. V u. 49 S. 8".

Schech, Dr. Phil.: Über phonischen Stimmritzenkrampf, in: Int.Bl. 1879. N. 24. S. 255—258.
A. Vgl. dazu des Verf.'s grundlegendes Werk: *Die Krankheiten der Mundhöhle, des Rachens u. der Nase etc.* Wien 1885. 242 S. 8. — 4. Aufl. Lpz. 1892. IX u. 387 S. 8°.

1880.

Björling, C. F. E.: Klangfärger och Språkljud [Klangfarben u. Sprachlaute]. Stockh. 1880. 160 S. 8°.*
A. Vgl. darüber eine kurze Notiz Storm's (*Engl. Philologie*² S. 54): „Der Verf. gibt eine recht gute Übersicht der Forschungen auf diesem Gebiete, ist aber kein Phonetiker…"

Boudet de Pâris: Des Applications du téléphone et du microphone à la physiologie et à la clinique. Par. 1880.*
A. Vgl. darüber Bergonié, *Phénom. phys.* 1883.

Boudet de Pâris, —: Étude de voix articulée. Par. 1880.*

Colombat, E.: Traité d'orthophonie. Voix normale, begaiement. Paris. 1880.*

Evans, W. R.: Phonetic Outlines, in: The Spelling Experimenter. Lond. 1880—1883.*

A. 1. Vgl. darüber Victor (*Phon.*[1] S. 26), u. Storm (*Engl. Philol.*[2] S. 106), der dem Systeme Evans' nur teilweise den Namen eines *wissenschaftlichen* zugestehen möchte.

A. 2. Vgl. noch die späteren, sehr ausführlichen Darlegungen Evans' vom Jahre 1889.

Falkson, Dr. R.: Beitrag zur Functionslehre des weichen Gaumens und des Pharynx, in: ApathAnPhys. 1880. LXXIX, 477—491.

I.: Zeigt u. a., dass sich das Gaumensegel am meisten bei *a* hebt, dann bei *e* u. *o* und bei *u* gewöhnlich etwas höher als bei *i*.

Flodström, Isidor: Om Konsonantgeminationen och andra därmed i sammanhang stäende fragor, in: NorT. 1880—82. N. F. V, 135—167. — In das Deutsche übertragen u. d. T. „Zur Lehre von den Consonanten", in: Beit.[2] 1884. VIII, 1—35.

I.: Einl. Gemination 1. I. Die implosiven Consonanten u. ihr Verhalten zu den explosiven 3. — II. Was ist unter einem Verschlusslaut zu verstehen? 13. — Über die Silbe 17. — Über die Consonantengemination 23. — Einzel- u. Doppelconsonant 24. — Die Bezeichnung der Sprache 29—35.

Ur. Eine eigenartige u. durchaus selbständige Abhandlung (*Tch.*)

A. 1. Der obige Artikel ist die Grundlage, auf der Hoffory seine gegen Sievers gerichtete Streitschrift aufgebaut hat.

A. 2. Vgl. dazu Bezzenberger, der im *CBl.*[1] (1885. S. 119) die hohe Bedeutung dieses Artikels betont u. ein kurzes Referat über die Arbeit gibt; ferner Sievers, *Grundzüge*, 4. Aufl. S. 32 ff., woselbst er die Berechtigung der Flodström-Hoffory'schen Auffassung im grossen u. ganzen zugibt. Nach Victor's Ansicht hat sich Sievers in diesem Punkte zu nachgiebig gezeigt, s. *ESt. 1887. X. 301 ff.*

Cf. InZ. 85. II, 322—5. (*Tch.*)

Frobisher, —: Voice and Action. Lond. 1880.*

Guebhard, A.: Farbenringe u. Vocaltöne, in: Ausland. 1880. N. XXIII.*

A. Über G.'s Methode berichtet Bergonié, *Phén. phys.* 1883, S. 99 ff.

Hartmann, —: Über das Verhalten des Gaumensegels bei der Articulation (Centralblatt) 1880.*

Hoffory, Jul.: Tenuis u. Media, in: ZvSf. 1880. XXV, 419 bis 434; 1882. XXVI, 320—324.

Ur. Des V.'s Versuch, in verschiedenen Sprachen, besonders im Dänischen, Flüsterlaute nachzuweisen, ist verfehlt (*Kräu.;* s. A. 2).

A. 1. Der Verf. richtet sich gegen die von Sievers gegebene Charakteristik der ‚*fortes*' u. ‚*lenes*' u. der sonoren Konsonanten (*l, r, m, n*), sowie gegen die von ihm aufgestellte Einteilung der Konsonanten. Die sich an diese Frage knüpfenden, zahlreichen Erörterungen finden sich bequem zusammengestellt bei Trautmann, *Sprachl.* S. 99.

A. 2. Gegen Kräu.'s Urteil wendet sich Ho. in dem 2. Artikel, 1882: „Kräuter's Behauptung ist eine nackte Unwahrheit." Darauf repliziert ersterer in der ZOr., 1882.

A. 3. In seiner Streitschrift, 1884, (S. 19, A.) gibt Hoffory zu, dass er Unrecht gehabt habe, das Vorhandensein des Stimmtons bei den süddeutschen *b, d, g* so unbedingt zu längnen. Zu vgl. ist hierüber auch Storm, *Engl. Philol.*[1]. I. 40 f.; 2. Aufl. S. 68 ff., 90; H. Paul, *Tönende Verschlussfortis*, 1882. u. Victor, *Elemente*[3] S. 161.

Cf. ZOr. 81. I, 201—2. (*Kräu.*) | J.-B.[4] 81. II, 27—8. (*An.: R.*)

Jelenffy, Dr. —: Der musculus vocalis u. die Stimmregister, in: APhys. 1880. XXII. 50—62.

I.: Der Verf. kommt u. a. zu dem Resultate, dafs „der Unterschied im Charakter der Brust- u. der Fistelstimme in der verschiedenen Gestalt der Stimmritze *allein* begründet ist."

Jurass, Dr. A: Über den phonischen Stimmritzenkrampf, in: AKlMed. 1880. XXVI, 157—170.

König, R.: Über die Erregung harmonischer Töne durch Schwingungen eines Grundtones, in: Ann. 1880. N. F. XI, 857—870.

Kräuter, J. F.: Sprache u. Schrift, in: ZOr. 1880, 2—6, 33 bis 37, 57—63.

I.: Betont aufs nachdrücklichste die scharfe Sonderung der Laute u. der Schrift.

Landois, L.: Über tönende Vocalflamme, in: CBl.[3] 1880. XVIII, 321—322.

I.: Der Verf. berichtet über einen von ihm angestellten u. gelungenen Versuch, eine Leuchtgasflamme in hörbare Schwingungen zu versetzen, so dafs die Flamme sowohl die Klangfarbe als auch die Höhe eines angegebenen Vocales erklingen läfst.

A. Wie die König'schen Flammenbilder die Vocalschwingungen auf rotierendem Spiegel dem Auge zugängl. machen, so überliefert der von L. verwendete Apparat jene Schwingungen zugleich auch dem Gehör.

Meyer, Georg Hermann von: Unsere Sprachwerkzeuge

und ihre Verwendung zur Bildung der Sprachlaute, mit 47 Holzschnitten. Leipz. 1880. X u. 367 S. 8°.

I.: Einl. 1. — Bau der Sprachwerkzeuge 5. — Die Sprachwerkzeuge in ihrer Beziehung zur Lautbildung 180. — Die Bildung der Sprachlaute 260. — Register 361—367.

Ur. Für den ersten Anfang geeignet (*An.*); nicht frei von Mängeln u. für Sprachforscher wenig brauchbar (*Seel.*).

A. 1. Der gebildete Laie wird manche Anregung durch das Buch erhalten, der phonetisch gebildete Fachmann um so mehr daran auszusetzen finden, als von dem Verf., einem Mediziner, die vorausgegangenen Leistungen der Sprachforscher nicht verwertet worden sind. Daher erklären sich die z. T. recht sonderbaren Ansichten über die Natur der modernen deutschen, französischen etc. Laute; auf einzelne Mängel hat bereits Löwenberg hingewiesen in seinen *Akust. Unters.* 1889, Sep. Abdr. S. 2, A.

A. 2. In englischer Übersetzung erschien das Werk u. d. T.: *The Organs of Speech, and their Application in the Formation of Articulate Sounds.* Lo. 1883. — Der Titel der frz. Übersetzung lautet: *Les organes de la parole.* Paris. 1885.

A. 3. Von demselben Verf. erschien einige Jahre früher: Stimm- u. Sprachbildung. Berl. 1871. 32 S. 8° (Sammlung gemeinverständlicher, wissenschaftlicher Vorträge. Heft 128).

Cf. LZ. 80. S. 425—7. (*An.: R.*) J.-B.[1] 81. II, 26—7. (*An.*) CBl.[1] 80. S. 1504. (*Seel.*)

Roig, R.: Contribucion al estudio de la fonografia. Barcelona. 1880.*

Sweet, Henry: Sound Notation, in: TrPhilS. 1880—81. S. 177—235. Dazu Appendix. Corrections. S. 191.

A. Vgl. dazu Böhmers Bemerkungen in der *ZfrS.* 1884. VI ff., und Storm, *Engl. Philol.*[2] S. 155.

Techmer, Fr.: Zur vergleichenden Physiologie der Stimme u. Sprache. Phonetik. Leipz. 1880. 8°. 1. Teil: Text u. Anmerkungen. X. u. 115 S. mit 7 Tafeln; 2. Teil: Text, Anm. u. Atlas mit 1 lithographierten Tafel u. 188 Holzschnitten. VI. u. 112 S. 8°.

I.: Einl. Phonetik 1. — Geschichtliches 2. — Physikalischer Teil 4. — Künstliche Instrumente 6. — Schallerscheinungen in der *leblosen* Natur 7. — Anatomisch-physiologischer Teil. Schallerscheinungen in der belebten Natur 8. — Windrohr 11. — Stimmbänder 11. — Ansatzrohr 13. — Physiologie des Windrohrs 16. — Physiologie der Stimmbänder 16. — Indifferenzlage 19. — Articulationsstellen 19. — Theorien der Stimme. 22. — Physiologie des Ansatzrohrs 27. — Nasale Articulation 29. — Orale Articulationen 30. — Laterale Articulationen 32.

Akustische Theorie der Vocale 37. — Physiologische Erzeugung der Vocale 41. — Consonanten 49. — System der einfachen Laute 53. — Graphische Bezeichnung der Laute 55. — Rückblick auf die Lautanalyse. Methode 59. — Phonographen u. Königs Flammenbilder 61. — Schnalzlaute 63. Synthese der Laute 65. — Expirationsintensität 66. — Stimmhöhe 68. — Dauer 71. Pausen 73. — Diphthonge 74. — Silbe 80. — Inhalt 85. Literatur 97—115.

Ur. Die nicht unwesentl. Mängel werden durch die Vorzüge aufgewogen, enthält vieles Bedeutende u. Neue, zeugt von umfassender Belesenheit (*Ho.*; s. A. 2); ein äußerst wenig brauchbares Buch, der Atlas ist durchaus verfehlt (*Ma*; s. A. 3).

A. 1. Vgl. noch Sweet in seinem *Report on Phonetics*, 1882—4. S. 104 bis 105, Vietor (*PhSt.* VII. 32, App. zu d. *NSp.* 1893, I.) über T.'s stomatoskopische Versuche, u. Bilder, von welch' letzteren einige für zu ungenau u. zu klein erklärt werden, ferner Lenz (*ZvSf.* 1887. XXIX, 4. A.), u. Storm, *Engl. Philol.*[2] S. 260 ff.

A. 2. Die von *Hoffory* beanstandete Definition der *Pause* sucht Techmer (JnZ. 1884. I, 121 f.) zu verteidigen u. bemerkt hinsichtlich der Definition der *Silbe*, daß dieselbe nie durch eine meßbare Pause zerrissen werden könne, da das Wesen der Silbe *phonetische Einheit* sei.

A. 3. Maas' Urteil ist das eines medizinischen Fachmanns.

A. 4. Mit dem Inhalte von T.'s Phon. berühren sich die gehaltvollen Ausführungen Wundt's (S. 152—185) in dessen *Handbuch der medizinischen Physik*. Erlangen. 1867. 555 S. 8°.

A. 5. Über die von Techmer s. Z. herausgegebene *Internationale Z.* siehe *ANSp.* 1885. LXXIII, 426—428: *ESt.* 1886. IX, 108—109.

A. 6. Techmer starb 1892, siehe Seelmann, in dem J.-B.[3] 1895. I. 2. A. und S. 5. ferner meine *Reform-Literatur* S. 14.

Cf. LZ. 81. S. 624—4.   (*Ma.*) | ADA. 82. VIII, 189—92.   (*Ho.*)

Trautmann, Mor.: R-Laute, in: Angl. 1880. III, 209—222.

I.: Handelt über die *r*-Laute im Alt- u. Neuenglischen 209, im Alt- u. Neufranzösischen 212, im Deutschen 217, in Belgien, Holland etc. 221—222.

A. Vgl. noch Trautmann, *Sprachlaute* S. 241 (Cf. Storm, *Engl. Philol.*[2] S. 364—366) u. Jespersen's Beanstandungen in dessen *Articulations* S. 72 (Cf. Vietor, *Elemente*[3] S. 166).

1881.

Auerbach, Fel.: Hermann Helmholtz u. die wissensch. Grundlagen der Musik in: Nord u. Süd. 1881. XIX, 217—244.

Fleay, F. G.: On an International Vowel Representation, in: ZOr. 1881. I, 186—189.
I.: Versucht das Bell'sche Vokalschema durch Fortlassung der *mixed*-Reihen für das gewöhnl. Bedürfnis der europäischen Hauptsprachen zu vereinfachen. in Kürze reproduziert von Michaelis in dem *ANSp*. 1881. LXVI, 94 f.

Fournié, E.: Physiologie du son, de la voix et de la parole, in: Rev. méd. fr. et étrangère. Par. 1881.

Kewitsch, —: Internationales Alphabet, in: ZOr. 1881. I, 126—130.

Kirste, H.: Die constitutionellen Verschiedenheiten der Verschlusslaute im Indogermanischen. Graz. 1881. 84 S. 8⁰.
I.: Physiologischer Theil 3—46. — Histor. Theil 47—84.
Ur. Wertvoll. jedoch kann man den physiologischen Erörterungen nur z. T. beipflichten. (*Tch.*)
A. Vgl. jedoch Lenz in den *ZvSf*. 1888. XXXIX, 38 ff.
Cf. InZ. 89. IV, 233—7. (*Tch.*)

Koenig, R.: Bemerkungen über die Klangfarbe, in: Ann. 1881. N. F. XIV, 369—393.

Koláček, Franz: Beitrag zur Theorie der Resonanz, in: Ann. 1881. N. F. XII, 353—363.

Kruszewski, Nik.: Über die Lautabwechslung. Kasan. 1881.
I.: Versucht die wichtigsten allgemeinen Gesetze lautlicher Umgestaltung u. Fortbildung klar zu legen.
A. Den Inhalt dieser Schrift hat Radloff (*Lautalternation* etc. 1882, S. 59) kurz wiedergegeben u. darauf nachzuweisen unternommen, dass jene Gesetze auch für das ural-altaische Sprachgebiet Geltung haben.

La Landelle, G. de: Alphabet phonétique universel etc. Paris. 1881. 132 S. 8⁰.*
Ur. Ce travail est le plus complet qui ait paru jusqu'à ce jour (*Cha.*).
Cf. Musé. 82. I, 470. (*Cha.*)

Michaelis, G.: Über die Anordnung der Vocale, in: ANSp. 1881. LXV, 403—460; 1881. LXVI, 77—96; LXXI, 73—96. (Auch sep. ersch.: Berlin 1881. 79. 8⁰.)
Ur. Anregender, aber nicht völlig überzeugender Versuch (*Ho.*)
A. 1. Der Verf. versucht, das englische System der Anordnung der Vokale nach der Art ihrer Hervorbringung i. e. nach der sie be-

dingenden Engenbildung mit dem deutschen zu verschmelzen, welches vor allem auf den durch die Bewegungen der Sprachorgane hervorgerufenen akustischen Effekten beruht.

A. 2. Vgl. darüber noch Sweet in seinem *Report on Phonetics* 1882—4, S. 105, u. Schröer in der *ZRW.* 1883. VIII, 72 f. Letztgenannter bezeichnet Michaelis' Abhandlung als eine sehr lehrreiche. — Vietor, *Elemente*³ S. 62, findet die versuchte Vermittlung etwas gewaltsam.

Cf. LZ. 82. S. 564—5. (*Ho.*)

Oberbeck, A.: Untersuchungen über die Schallstärke, in: Ann. 1881. N. F. XIII, 222—254.

Pagliardini, T.: An International Alphabet, in: ZOr. 1881. 44 ff.

Stoerk, Carl: Sprechen und Singen. Wien. 1881.*

Whitney, W. D.: What is Articulation? in: AJPh. 1881. II, 345—350.

Ur. Der Verf. bekämpft die von Heyse, Sievers u. Techmer gegebene Definition des Ausdrucks *Artikulation;* dieselbe sei vielmehr die *Gliederung der Vokale* u. kennzeichne am besten den phonetischen Charakter der menschlichen Sprache (*Ko.*).

A. 1. S. 348 sagt der Verf.: "*Articulation consists not in the mode of production of individual sounds, but in the mode of their combination for the purposes of speech.*"

A. 2. Vgl. Sievers, *Grundzüge*⁴ S. 21.

Cf. J.-B.¹ 82. IV, 12. (*Ko.*)

1882.

Behnke, —: The Mechanism of the Human Voice. Lond. 1882.*

A. Soll inhaltlich übereinstimmen mit der bereits 1860 zuerst, dann 1881 in 4. Aufl. erschienenen Schrift Guttmann's *Die Gymnastik der Stimme, gestützt auf physiologische Gesetze.* 3. Aufl. Lpz. 1876. XXXIV u. 187 S. 8⁰.

... Muskeln 7. — Athmungsorgan 17. — Stimmorgane 23. — Aussprache 58. — Athmen 119—185...

Bell, Alex. Melville: Sounds and their Relations etc. Lond. 1882.*

Ur. The book must be pronounced a disappointing one (*Sw.*).

A. Es ist dies eine 2. Aufl. des *Vis. Speech*, 1867.

Cf. TrPhS. 82—84. S. 100—102. (*Sw.*)

Bourseul, —: Théorie des voyelles. Association franç. p. l'avanc. des sciences. Congrès de La Rochelle. 1882.*

Cronin, —: On the Production of Voice, in: The Medical Record. 1882. XXII, 222 ff.*

Evans, W. R.: — The Spelling Experimenter and Phonetic Investigator, Conducted by —. Lo. 1882—1884. 2 Bde.*
A. 1. Evans †, s. *PhSt.* 1889. II, 112.
A. 2. Nähere Angaben über Evans' Vokalsystem bringt Vietor, *Elemente*[1] S. 46 ff.
Cf. Ant. 84. IX, 228.*

Gentilli, A.: Der Glossograph. Automatischer Schnell-Schreib-Apparat. Lpz. 1882. 15 S. 4⁰.
I.: Der Apparat hat den Zweck, die menschl. Sprache mit der Geschwindigkeit des normalen Redeflusses in einer leicht entzifferbaren Zeichenschrift automatisch zu fixieren.
A. Der Apparat verzeichnet allerdings einige der wichtigeren Artikulationen des Ansatzrohres, aber weder die der Stimmbänder, noch die des Windrohres. Vgl. Bergonié, *Phén. phys.* 1883, S. 94.

Gutersohn, J.: Beiträge zu einer phonetischen Vokallehre. Pro. Höh. B.-Sch. Karlsruhe. 1. Theil 1882. 31 S. 4⁰; 2. Theil 1884. 32. S. 4⁰.
I.: Bietet u. a. eine Kritik der bisher aufgestellten Vokalsysteme, von denen dasjenige Bells gänzl. verworfen wird.
Ur. Die Polemik gegen das engl. System ist überaus schwach, enthält viele Widersprüche, für Laien ungeeignet u. unklar (*Fra.*); klar u. sachlich, selbständige, treffende Urteile, dringend zu empfehlen (*Ein.*); zeugt von gründl. Studium u. selbständiger Beobachtung, bietet sichere Ergebnisse (*Deu.*); ohne neue Gesichtspunkte (*Tch.*); enthält manches Interessante, ist aber nicht frei von Missverständnissen (*Sie.*); enthält weder Wichtiges noch Neues (*N.*); beachtenswert (*Gel.*).
Cf. ESt. 85. VIII, 489—94. (*Deu.*) | LZ. 85. S. 156. (*n.*)
Anz.[1] 85. VIII, 29—30. (*Ein.*) | COrg. 85. XIII, 454—5. (*Gel.*)
LBl. 85. VI, 76—9. (*Fra.*) | CBl.[1] 86. S. 195. (*Sie.*)
InZ. 85. II, 316—7. (*Tch.*)

Hasdeu, B. P.: Studie de sciintza limbei. Laletica saŭ fisiologia sonurilor, in: Columna luĭ Trajanŭ. N. Ser. 1882. III, 65—74, 130—135, 193—210.*
I.: Die Lautphysiologie als Wissenschaft. — Art der Untersuchung. — Wichtigkeit des Phonographen. — Einteilung der Laute.
Cf. ZrPh. 84. VIII, 144. (*Mey.-L.: R.*)

Hensen, Victor: Die Harmonie in den Vokalen, in: ZBio. 1882. XVIII, 39—48, 227—228.
I.: Findet, dass in den Kurven von gesungenen Vokalen der Eigenton der Mundhöhle sich der Stimme nicht beigesellt.
Cf. ZPsy. 93. IV, 116—7. *(Schä.: R.)*

Jespersen, Otto: Om lydskrift, in kort udsigt over det filologisk-historiske samfunds virksomhed. Kop. 1882—1884.*

Kœnig, R.: Quelques expériences d'acoustique. Par. 1882. 248 S. 8⁰.*
Ur. Sorgfältige Untersuchungen *(Tch.;* 1890).
A. Vgl. auch Techmer, *Naturwissenschaftl. Analyse* etc. S. 82, 101, u. Bergonié, *Phén. phys.* 1883, S. 95 ff.
Cf. InZ. 1890. V, 237. *(Tch.)*

Kräuter, J. F.: Herr Hoffory und seine angeblichen Medien, in: ZOr. 1882. II, 145—147, 166—170.
I.: Auf Ho.'s Entgegnung antwortet Kräu. mit der Bemerkung, er habe nicht des ersteren Resultate angegriffen, sondern nur die Voraussetzung, dass *a* in der Rolle von *b* nicht mehr *a* sei.
A. Kräuter † 1888, siehe *PhSt.* 1889. II, 241, woselbst auch ein Verzeichnis seiner Schriften gegeben und seine Verdienste um die Förderung der Phonetik hervorgehoben werden. Ohne Frage ist Kr. einer der tüchtigsten neueren Phonetiker gewesen, dessen feine Beobachtungsgabe, verbunden mit einer musterhaften, scharfen, klaren u. sauberen Ausdrucksweise, mit vollem Rechte Anerkennung verdient. Siehe noch Trautmann, *Sprachl.* S. 113.

Lindner, Gust.: Beobachtungen u. Bemerkungen über die Entwicklung der Sprache des Kindes. Pro. Seminar. Zschopau. 1882. 36 S. 8⁰.*
Ur. Sorgfältige, interessante u. lehrreiche Untersuchung *(Behg.).*
Cf. LBl. 83. IV, 300. *(Behg.)*

Örtel, Dr. M. L.: Über den Mechanismus des Brust- u. Falsettregisters, in: Beiträge zur Biologie etc. (S. 25—42) Stuttg. 1882. VIII u. 349 S. 8⁰.

Paul, Herm.: Tönende Verschlussfortis, in: Beit.[1] 1882. VIII, 222—224.
I.: Definiert den Begriff der „tönenden Verschlussfortis", verteidigt gegen Hoffory seine Annahme von der Existenz solcher Laute u. meint, dass seine u. Hoffory's scheinbar entgegengesetzten Ansichten sich vereinigen lassen.
A. Vgl. Bremer, *Phonetik* S. 98 ff., u. Vietor, *Elemente*[1] S. 161.

Rückert, Dr. J.: Der Parynx als Sprach- u. Schluckapparat etc. München. 1882. Nebst 6 Tafeln. VIII u. 90 S. 4⁰.

A. Diese Schrift, welche einen wertvollen Beitrag zur vergleichenden Anatomie des Schlundkopfes bietet, ist auch für den Phonetiker von Interesse, namentlich des Verf.'s Ausführungen über das Gaumensegel (S. 22 ff., 40 ff.) u. über die physiologische Bedeutung des Ansatzrohres für die Stimme (S. 83—87).

Sweet, Henry: Report on Phonetics, in: TrPhS. 1882—84. 100—105.

I.: Bell 100. — Sievers' Grundzüge² 102. — Brekke's Bidrag 103. — Techmer's Phonetik 104—105.

Whitney, W. D.: Further Words as to Surds and Sonants and the Law of Economy, in: TrAmPhilAss. 1882.*

1883.

Bergonié, J.: Phénomènes physiques de la phonation. Avec figg. Par. 1883. 140 S. 8⁰.

I.: Introd. 1. — Acoustique physique 5. — Anatomie de l'instrument vocal 15. — Étude acoustique des sons vocaux 25. (... intensité 45, hauteur 49, timbre 53—73.) — Étude de la parole 75. (... Le phonautographe de Scott et de Kœnig 85, Rosapelly 87, Blake 92, Barlow 93, Gentilli 94, Kœnig 95, Taylor 97, Guébhard 99, ... la machine parlante de Faber 126.) -- Index bibliographique 129. — Table 139 bis 140.

Ur. Beachtenswert (*Tch.*, 1890).

A. Der Verf. ist Physiker, woraus sich erklärt, dass die sprachwissenschaftliche Seite zu wenig berücksichtigt worden ist. Die beigefügte Bibliographie ist in hohem Grade unvollständig u. ungenau.

Cf. InZ. 84. I, 427.   (*Tch.: R.*) | InZ. 90. V, 237.   (*Tch.*)

Berkhan, Dr. O.: Über das Stottern etc., in: APsy. 1883. XIV, 321—338. Mit einer Tafel.

Deutschbein, K.: Über die Resultate der Lautphysiologie mit Rücksicht auf unsere Schulen, in: ANSp. 1883. LXX, 39—73.

A. Übersichtl., wenn auch im einzelnen nicht einwandfreie Zusammenfassung der wichtigeren Ergebnisse der lautphysiologischen Forschung.

Greenberger, D.: The Organs of Speech, in: American Annals of the Deaf and Dumb. 1883 (?) XXVIII, 1—14, 226 bis 234; 1885. XXX, 259—270.*

Cf. InZ. 84. I, 451. (*Tch.:R.*) | InZ. 87. III, 327—8. (*Tch.:R.*)

Hack, W.: Über die Varianten des physiologischen Kehlkopfbildes, in: Festschr. d. 56. Vers. d. Naturforscher u. Aerzte etc. Freiburg u. Tübingen. 1883. S. 164 ff.*

Lecky, James: Phonetic Transliteration, in: Ac. 1883. N. 596. S. 234—5.

A. Lecky tritt für die *phonetische* Schreibung der Worte ein, wogegen Fr. Pincott ibd. 1883 (N. 597. S. 251) der gewöhnlichen Orthographie das Wort redet, da sie keine Laute vorstellen, sondern dem Geiste nur den *Begriff* der Worte durch das Auge zuführen solle.

Lefort, J.: Étude expérimentale sur la production des voyelles dans la parole chuchotée, in: AcaS. 1883, 23 avril.

I.: Sucht vor allem zu beweisen «que les voyelles ne sont pas des *timbres* ... mais les *notes* de hauteurs différentes de l'instrument de la parole, complètement distinct de l'instrument vocal».
A. Ähnlich wie Milne Edwards gelangt also der Verf. zu der Annahme einer eigenen, von der *reinen* Stimme unabhängigen *Mundstimme*.
Ur. Den Ansichten des Verf.'s kann man nicht beipflichten (*Tch.*).
Cf. InZ. 90. V, 237. (*Tch.*)

Melde, F.: Akustische Fundamentalerscheinungen u. Gesetze tönender Körper. Mit 27 Holzschnitten. Lpz. 1883. VIII u. 356 S. 8°.*

Ur. Einfache, klare, sachgemässe Darstellung (*Tch.*).
Cf. InZ. 84. I, 468—9. (*Tch.*)

Stumpf, Carl: Tonpsychologie. Lpz. 1883—1890. 2 Bde. 8°. (I: 1883, II: 1890.)

Taylor, Sedley: Sound and Music. Lo. 1883.*

A. Vgl. darüber Bergonié, *Phén. phys.* 1883, S. 97 ff.

Tischer, Dr. Ernst: Über die Unterscheidung von Schallstärken, in: Wundt's *Philos. Studien.* 1883. I, 495 bis 542 u. 543—555.

A. Vgl. damit Wundt, ibd. I, 10 ff., der ebenfalls zu dem Resultate kommt, dass es eine allgemeine Massformel für die Stärke von Schallreizen nicht gibt. — Über Fechner's sogenannte psycho-physische Massformel siehe dessen *Revision der Hauptpunkte der Psychophysik.* Lpz.

1882. XII u. 426 S. 8⁰, u. Funke's *Lehrbuch der Psychologie*. 6. Aufl. ed. Gruenhagen. Lpz. 1879. 2. Bd. 1. Abt. S. 5 ff.

Victor, Wilh.: Die neueren Vokalsysteme, in: ZOr. 1883. III, 67—76.

I.: Hellwag, Brücke, Winteler, Bell, Techmer, Evans.

Weissweiler, N.: Der Artikulationsunterricht in der Taubstummenschule. Köln. 1883. 58 S. 8⁰.*

Cf. InZ. 84. I, 495. (*Tch.: R.*)

1884.

Allen, Harrison: On a New Method of Recording the Notions of the Soft Palate, in: Tr. of the College of Physicians of Philadelphia. 3rd. vol. Sep. ersch. Philadelphia. 1884. 34 S. 8⁰.

I.: Bericht über die Erfindung des *Palato-Myograph*, eines Apparates, vermöge dessen sich die Bewegungen der Muskeln und des Gaumens beim Sprechen graphisch darstellen lassen.

Ur. Wenn auch die Ergebnisse des Verf.'s nicht neu sind, so ist doch die Methode wertvoll (*Tch.*).

A. Eine Beschreibung des Apparates ist von Techmer in der *InZ.* 1884 (I, 501 f.) u. 1885 (II, 287 ff.) gegeben worden.

Cf. InZ. 85. II, 287—90. (*Tch.*)

Bosworth, —: La voix de chant. Son éducation méthodique, in: Ann. de mal. or. larynx. 1884. S. 313 ff.*

Bresgen, Dr. Max.: Grundzüge einer Pathologie u. Therapie der Nasen-, Mundrachen- u. Kehlkopf-Krankheiten für Ärzte u. Studierende. Mit 156 Holzschnitten. Wien u. Leipzig. 1884. VI u. 272 S. 8⁰.

A. Für den Sprachforscher haben nur die beiden ersten Teile dieses Werkes Interesse, nämlich S. 1—56, auf denen der Verf. über die anatomischen u. physiologischen Verhältnisse von Nase, Mund, Kehlkopf, Luftröhre handelt u. die Entwicklung der Laryngoskopie u. Rhinoskopie darlegt.

Browne, Lennox: Science and Singing. Lo. 1884.*

A. Ist auch der Verf. von *Mechanism of Voice, Speech and Taste*.

Browne, Lennox, and **Behnke**, Emil: Voice, Song, and Speech. Lo. 1884.*

I.: Ist wesentlich für Sänger u. Redner bestimmt, handelt aber auch recht eingehend von der Physiologie der Stimme u. der Sprachorgane.
Ur. Interesting, almost fascinating (*An.*).
Cf. Ath. 84. N. 2953, S. 705. (*An.*)

Cutter, E.: Some Practical Points about the False Vocal Bands, in: Gaillard's Medical Journal. New-York. 1884.*

Ellis, Alex. J.: Deaf-Mutes, in: Ath. 1884. N. 2933, S. 55.
I.: Gibt einen gedrängten Auszug aus einem Vortrage Bell's über *Fallacies concerning the Deaf* etc.
Ur. Enthält einige Bemerkungen, die auch für Philologen von Interesse sein dürften (*Ko.*).
Cf. J.-B.[1] 84. VI, 9. (*Ko.*)

Gutzmann, Alb.: Über Sprachstörungen u. ihre Bekämpfung durch die Schule. Berl. 1884. 37 S. 8⁰.
I.: Handelt über *Stammeln* u. *Stottern*.
A. Derselbe Gegenstand ist später in ausführlicher u. wohl abschliessender Weise von H. Gutzmann, 1893, behandelt worden.

Harth, Heinr.: Die Qualität der reinen Vokale im Neufranzösischen. Diss. [?] Oppeln. 1884. 51 S. 8⁰. (Vollständig abgedruckt in: ZfrS. 1884. VI, 11—112.)

Hoffory, Jul.: Professor Sievers u. die Principien der Sprachphysiologie. Eine Streitschrift. Berl. 1884. 48 S. 8⁰ (incl. Titel u. Vorwort).
I.: Der Inhalt dieser besonders auf Flodström's *Lehre von den Konsonanten* (1880—82) beruhenden Streitschrift (s. A. 1) lässt sich in die folgenden sechs Hauptpunkte zusammenfassen:

1. Sievers' erster u. grösster Fehler besteht darin, dass er den *akustischen* Totalwert zur Grundlage seiner Einteilung gemacht hat; als genetisches Produkt besteht die Sprache nicht aus Sprach*lauten*, sondern aus Sprach*elementen*, welch' letztere ja nicht nur lautend, sondern auch lautlos sein können, vgl. z. B. *Gyp-s*, *Sit-z* (s. A. 2).

2. S. leugnet mit Unrecht die Möglichkeit, ein *allgemeines* Normalsystem der Einzellaute aufzustellen u. entscheidet sich trotzdem für die Annahme des Bell'schen Vokalsystems (s. A. 3).

3. Es ist unmöglich, in der Sprachphysiologie die Elemente der idg. Grundsprache als die Normalformen aufzuführen, daher ist es unpraktisch, von der idg. Grundsprache auszugehen, weil dieselbe ja nur ein theoretisch konstruiertes Gebilde ist.

4. Die Einteilung der Laute in *Sonore* u. *Geräuschlaute* ist verfehlt, inkonsequent, absurd u. widerspruchsvoll.

5. Die Darstellung des Verhältnisses von *Engen* u. *Verschlüssen* ist

falsch, überhaupt zeigt die Konsonantentabelle Verworrenheit u. Inkonsequenz.

6. Sowohl in der Vorrede als auch in der beigefügten Bibliographie ist manches zu beanstanden.

Ur. Der Verf. hat sich ein Verdienst erworben, wenn auch seine Geringschätzung der Sievers'schen Phonetik keineswegs geteilt werden kann (*Fra.*); in allen wesentlichen Punkten scheint H. recht zu haben (*Klg.*); die Kritik ist zum grössten Teile sachl. wohl begründet, sollte aber in der Form milder sein (*Tch.*); einseitig u. ungerecht, der Verf. lässt sich von einer gewissen Animosität leiten u. schreibt in einem Tone hochfahrender Überlegenheit u. Selbstzufriedenheit (*W.B.*, s. A. 1); mit lichtvoller Klarheit u. rücksichtsloser Schärfe geschrieben, die Polemik sollte milder sein, den Ansichten ist zuzustimmen (*Col.*); klar og skarp (*Jes.*).

A. 1. Hoffory hat in den *Beit.*[3] 1887 (XII, 163 ff.) darauf hingewiesen, dass die von Flodström vorgetragenen Ansichten z. T. schon recht alte Grundwahrheiten seien. Ebendaselbst (S. 361) setzt H. auseinander, warum er Sievers so schroff entgegengetreten sei u. versichert, dass er auch jetzt noch keinen einzigen Ausdruck in seiner Streitschrift mildern würde.

A. 2. Eingehend ist die Frage: *Sprachlaut oder Sprachelement?* von Vietor behandelt worden in den *ESt.* 1887 (X, 299 ff.). Er neigt der Ansicht zu, dass Sievers in der 3. Aufl. seiner *Grundzüge*. 1885, sich Hoffory gegenüber zu nachgiebig gezeigt habe. — Auch Storm, *Engl. Philol.*[2] S. 89, beschäftigt sich mit dieser Frage, über die er weitere Lit. anführt, u. meint ebenfalls, dass Sievers in diesem Punkte Flodström zu viel eingeräumt habe. — Vgl. ausserdem Holthausen (Woch.[2] IV, 13) u. Swoboda (PhSt. IV, 154 f.). Erwähnenswert ist hier noch die Ansicht Karsten's (PhSt. III, 8 f.), nach welcher man auf jene brennende Frage verschiedene Antworten geben müsse, nämlich Sprach*elemente* vom Standpunkte der reinen Phonetik, dagegen Sprach*laute* vom Standpunkte der Sprachgeschichte, da man in dieser mit Sprach*elementen* nicht operieren könne.

A. 3. Vgl. noch Collitz (LZ. 1882, S. 206), der ebenfalls schwer versteht, wie Sievers es einerseits unternimmt, ein gemeinsames System für die indogermanischen Sprachen herzustellen, andererseits aber die Herstellung eines gemeinsamen Systems für alle Sprachen perhorresziert.

Cf.					
LZ.	84.	S. 1613—4.	(*Col.*)	ESt. 85. VIII, 341—4.	(*Klg.*)
LBl.	84.	V, 485—6.	(*Fra.*)	CBl.[1] 85. S. 118—20.	(*W. B.*)
NorR.	84.	II, 145—8.	(*Lun.*)*	InZ. 85. II, 325—8.	(*Tch.*)
NorT.	84.	VI, 322—7.	(*Jes*)		

Merlo, P.: Problemi fonologici sull' articolazione e sull' accento. Fir. 1884. 31 S. 4° (Abgedr. in: Misc. di Fil. Rom.

Dedicata alla memoria dei prof. Caix et Canello. 1885.
S. 11—38).
Cf. InZ. 85. II, 341—2. (*Tch.*: *R.*)

Michaelis, H.: Über die Einteilung der Zischlaute, in: ZOr. 1884. IV, 57—58.

Pierson, Paul: Métrique naturelle du langage. Avec une notice préliminaire par G. Paris. — Paris. 1884. — XXXVII u. 261 S. 8°. [= 56. Heft d. Bibl. d. l'École des Hautes Études].

I.: Ein Versuch, sowohl die Harmonik als auch die Rhythmik aus derselben Reihe einfacher Zahlenverhältnisse abzuleiten, denen zufolge alle fasslichen Harmonien u. Rhythmen im Verhältnis zu einer angenommenen Einheit den Zahlen 2, 3, 5, 7 u. 9 entsprechen sollen. Dabei geht der Verf. von der Grundanschauung aus, dass der Redesprache *musikalische* Verhältnisse zu Grunde liegen u. dass der den einzelnen Sprachen eigentümliche Rhythmus aus dem Zusammenwirken von Ton*stärke*, Ton*höhe* u. Ton*dauer* hervorgehe.

Ur. Der Verf. hat die Ergebnisse der neueren physiologischen Psychologie nicht verwertet, ist zu vorschnellen Verallgemeinerungen geneigt u. lässt es an induktiven Beweisen für manche seiner Behauptungen fehlen (*Tch.*); selbständiges, gesundes Urteil (*Klg.*); ein kunstvolles Gebäude auf schwacher Unterlage (*Re.*); interesting (*Lec.*).

A. 1. Nach Storm's Ansicht (PhSt. 1890. V, 201) übertreibt P. das rein musikalische Element der Sprachmelodie. An einem andern Orte (Engl. Philol.² S. 190 ff.) hebt derselbe Kritiker die Schärfe u. Feinheit der P.'schen Auffassung hervor, bedauert aber zugleich, dass er den grossen Unterschied zwischen Redeton u. Gesang nicht genügend beobachtet habe.

A. 2. Wie Cassal, Rapp, Sweet u. andere ist Pierson der Ansicht, dass im Frz. der Accent nicht auf der letzten, vollen Silbe ruhe.

A. 3. Pierson † 1880.

Cf. LZ. 84. S. 1647.   (*Re.*) | InZ. 90. V, 237—8.   (*Tch.*)
ZfS. 85. VII, R. 284—90. (*Klg.*) | ANSp. 90. LXXXV, 229—34. (*Schw.*:*R.*)
Aca. 85. N. 664. S. 64—5. (*Lec.*)

Schneider, G. H.: Die Sprachentwicklung beim Kinde, in: Ill. Deutsche Monatshefte. 1884. LVI, 825—831.

A. Populär gehaltene Ausführungen, die sich besonders auf Preyer (*Die Seele des Kindes.* Lpz. 1884²) stützen.
Cf. InZ. 89. IV, 302—3. (*Tch.*:*R.*)

Schneider, J.: Über einige neuere Forschungen auf dem

phonetischen Gebiete. Pro. R-Sch. Altenburg. 1884. (S. 3—20) 8⁰. — Auch sep. ersch. ibd. 20 S. 8⁰.

A. Gänzlich wertlose Kompilation.

Schnyder, A.: Observations on Vowel-Utterance. Reported by W. D. Whitney, in: Proc. of the Am. Phil. Assoc. 1884. (Cf. S. XXXVIII—XL.)*

Ur. Den Ergebnissen ist trotz Whitney's Zustimmung nicht beizupflichten. (*Tch.*)
Cf. InZ. 85. II, 364–6. (*Tch.*)

Schröer, Arn.: Über neuere phon. Lit. etc., in: ZRW. 1884. IX. 65–73.

I.: Techmer 65. — Sievers² 68. — Michaelis 72—73.

Senff-Georgi, —: Das Schönsprechen (Sammlung gemeinnütziger Vorträge in Prag. N. 108). Prag. 1884. 18 S. 8⁰.

Techmer, Friedr.: Transskription mittels der lateinischen Kursivschrift etc. Mit 7 Tafeln, in: InZ. 1884. I, 171—192.

A. 1. Es ist dies eine weitere, verbesserte Ausführung der bereits früher von T. gemachten Vorschläge. s. *Phonetik*, 1880. Einen Nachtrag dazu lieferte der Verf. im Jahre 1889.

A. 2. Vgl. dazu Storm (*Engl. Philol.*² S. 278 ff.), welcher der Transskription T.'s den Vorzug vor allen anderen deutschen Lautschriften gibt.

Techmer, Friedr.: Naturwissenschaftliche Analyse u. Synthese der hörbaren Sprache, in: InZ. 1884. I, 69—170.

I.: Einl. 69. I. *Die Sprache auf ihrem Wege von aussen nach innen.*
   a. Physikalisch-akustische Analyse 71, Klanglaute, Resonatoren 75, Trautmann's Tonhöhen 76, Gutersohn 79, Techmer's Übersicht der Klanglaute 80, die optische Methode der manometrischen König'schen Flammenbilder 82, Geräuschlaute 86—89.
   b. Physikalisch-akustische Synthese 90, Kratzenstein 90, Kempelen 93, Faber's Sprechorgel 95, Willis 96, Ergebnisse 98, Helmholtz' Vocalapparat 99, König's Experimente 101, die Sirene 103.
   II. *Die Sprache auf ihrem Wege von innen nach aussen.*
   a. Anatomische Analyse 105, Artikulationen 106, das Windrohr 111, der Kehlkopf 122, Kehlkopfspiegelung 126, Ergebnisse 127, Flüstern 127, die Stimme 128, Kehldeckel etc. 131, das Ansatzrohr 132, Schlundkopf u. Nasenhöhle 132, Mundhöhle 135, Zunge 135, Lippen 137, Stomatoskopie 140, Artikulationsstellen 140, Ergebnisse 143.
   b. Physiologisch-genetische Analyse. Der Laut 146, die Indifferenz 146, die Mundöffner 150, die Mundschliesser 160.

c. Das Nacheinander der Artikulationen u. Laute. Dauer 164, die Übergänge (glides) 165.
d. Die Silbe 167, der Accent 169, Gentilli's Glossograph 170.
A. Vgl. darüber die scharf in das Einzelne dringende Kritik Storm's, *Engl. Philol.*² S. 262 ff.

Trautmann, Mor.: Die Sprachlaute im Allgemeinen u. die Laute des Englischen, Frz. u. Deutschen im Besonderen. Mit 10 Holzschnitten. 1. Hälfte. Lpz. 1884. IV. u. 160 S. 8°. — 2. Hälfte Lpz. 1886. VIII u. S. 161—330. 8°.

I.: I. Die Sprachlaute im allgemeinen. Töne 1. — Geräusche 6. — Schalle 7. — Das Sprechorgan 7. — Wesen, Entstehung, Einteilung u. System der Sprachlaute 24. — Wesen u. Entstehung der Vocale 27. — System der Vocale 39. — Systeme anderer (Hellwag 57, Chladni 57, Rapp 59, Brücke 60, Lepsius 62, Böhmer 63, Winteler 64, Sievers 65, Kräuter 66, Techmer 66, Bell 67, Michaelis 72). — Die Consonanten 73. — Systeme anderer (Hellwag 107, Kempelen 108, Chladni 108, Rapp 109, Lepsius 110, Brücke 111, Kräuter 113, Sievers 115). — Vocale u. Consonanten 118. — Die Sprachlaute im Wort u. im Satze. Dauer 122. — Stärke 124. — Ton-Accent 126. — Die Silbe 129. — Berührung der Sprachlaute 132—134.
II. Die Laute des Engl., Frz. u. Deutschen. Einl. 135. — Die engl. Vocale 143. — Die engl. Consonanten 182. — Die frz. Vocale 203. — Die frz. Consonanten 229. — Die deutschen Vocale 249. — Die deutschen Consonanten 279. — Übersicht 306. — Zur deutschen Musteraussprache 316. — Die engl., frz. u. deutschen Vocale u. Consonanten 322. — Berichtigungen 326—330.

Ur. Sorgfältige u. selbständige Studien (*Ein.*, 1884); vorzügliche Charakteristik (*Ein.*, 1886); das beste phonetische Werk, das wir besitzen (*Lüt.*); reicher Inhalt, vortreffl. (*L. B.*); fleissiges, gründl. Werk von hohem Werte, allerdings ist des Verf.'s Grundanschauung ganz unrichtig, seine Transscription zu verwerfen u. seine Bezeichnungsart *Tonigung, Gauming, Galm* etc. eine Schrulle (*Schr.; s. A. 2*); scharf, klar, sauber, aufs dringlichste zu empf. (*För.*¹); zu empf. (*Grö.*); selbständige Forschung, die viele neue Beobachtungen bringt, doch ist das „harmonische Vokalsystem" weder brauchbar noch wahr, die Lautzeichen sind gut ausgedacht, die neuen Kunstausdrücke eine Schrulle (*Hart.*); klar, präcis, zuweilen burschikos-salopp, das akustische Vokalsystem ein Fehler (*Sie.*); verständl. u. klar, aber die Grundanschauung des Verf.'s ist eine gänzlich verfehlte (*Ho.*); klar, übersichtl., reichhaltig, die Lautbezeichnung ist fremdartig u. kostspielig, der Hauptwert liegt in dem 2. Teile (*Kräu.*); à recommander (*Jor.*); sehr zu empf. (*For.*¹).

A.1. Trautmann's Vokalschema wird von Lütgenau verworfen, s. *ANSp.* 1884. LXXII, 97—99.

A. 2. Schröer's Urteil wird von E. Förster (*ESt.* 1887. X, 461 ff.) als ein irriges bezeichnet.

A. 3. Besondere Beachtung verdienen die Kritiken von Sievers (*Phonetik*³ S. 84 ff.), Victor (*Elemente*³ S. 30 ff.) u. Storm (*Engl. Philol.*² S. 95 ff. u. 472).

A. Passy (*Ét. sur les ch. ph.* 1890, S. 81) hält die Angaben Trautmann's über die Eigentöne der Vokale für durchaus richtig u. gibt dann in den §§ 68—74 die Trautmann'sche Übersicht über die Tonhöhe der geflüsterten Vokale.

Cf. ZrPh. 84. 479. (*Grö.*) | Rcr. 86. XXII, 382—3. (*Jor.*)
ZfrZ. 84. VI, R. 124—31. (*Ein.*) | CBl.¹ 86. S. 195—6. (*Sie.*)
J.-B.⁴ 84. VI, 8—9. (*An.:R.*) | LBl. 86. VII, 415—22. (*Schr.*)
Aca. 84. N. 636. (*An.:R.*) | ZfrS. 86. VIII, R. 261—5. (*Ein.*)
NJJ. 84. CXXX, 632—4. (*For.*¹) | ZrPh. 86. X, 580—5. (*Gart.*)
LZ. 85. S. 597—8. (*Ho.*) | ANSp. 87. LXXVII,442—4.(*L. B.*)
ANSp. 85. LXXIII,426—30. (*Lüt.*) | ESt. 87. X, 461—5. (*För.*¹)
ESt. 85. VIII, 338—40. (*För.*¹) | Anz.³ 89. XV, 1—9. (*Kräu.*)

Vietor, Wilh.: Elemente der Phonetik und Orthoepie des Deutschen, Englischen u. Französischen mit Rücksicht auf die Bedürfnisse der Praxis. Mit 14 Figuren. Heilbronn. 1884. VIII. u. 271 S. 8º.

I.: Siehe 3. Aufl.

Ur. Ist mit Freuden u. Anerkennung zu begrüssen (*Hau., Fra.*); zu empf. (*An., Lüt., Grö.*); unentbehrl. Hilfsmittel (*Schr.*); der Wert des Buches liegt im Einzelnen u. Praktischen, der akustische Teil ist vernachlässigt, der anatomisch-physiologische nicht ausreichend, die Transskription nicht ganz folgerichtig (*Tch.*); klar, verständig, zeugt von tüchtiger, phonetischer Schulung (*An.*); trifft meist das Richtige, Einzelnes ist anfechtbar, bleibt stets ruhig u. sachlich (*Kräu.*); ein unentbehrliches Hilfsmittel (*Str.*); bietet dem Lehrer sehr viel (*Würz.*); warm zu empf. (*Seem.*).

A. Eine wesentl. fördernde Kritik bringt Storm, *Engl. Philol.*² S. 103 ff.

Cf. J.-B.¹ 84. XXXVII, 525—7.(*Hau.*) | InZ. 85. II, 375—8. (*Tch.*)
ZrPh. 84. VIII, 478. (*Grö.*) | ZRW. 85. X, 292—4. (*Wür.*)
Fr.-G. 84. I, 313—6. (*Lüt.*) | ESt. 85. VIII, 330—38. (*Fra.*)
LZ. 84. S. 1788—9. (*An.*) | LBl. 86. VII, 411—15. (*Schr.*)
J.-B.⁴ 84. VI, 8. (*An.*) | ZöG. 86. XXXVII,435—44.(*Seem.*)
AJPh. 84. V, 513—6. (*Ell.:R.*) | Anz.³ 86. XII, 121—30. (*Kräu.*)
COrg. 85. XIII, 762. (*Str.*) | Noord 87. S. 287. (?)*

— — El. der Phon. 2. Aufl. 1887. XII u. 270 S. 8º.

Ur. Wertvoll, vor allem wegen der lautgeschichtlichen Bereicherungen, welche die Anmerkungen zu den Einzellauten erfahren haben (*Schr.*);

sehr zu empf. (*West.*); écrit avec compétence et clarté (*Jor.*); sehr zu empf. (*Bran.*).
Cf. J.-B.[1] 87. XL, 545. (*Hau.:R.*) Tit. 88. I, N. 4. (?)*
ZRW. 87. XII,679—80. (*Wür.:R.*) ZöG. 89. XL, 795—6. (*Bran.*)
LBl. 88. IX, 277—8. (*Schr.*) Rcr. 89. XXVIII, 458—9. (*Jor.*)
ESt. 88. XI, 326—34. (*Wes.*)

— — El. d. Phon. 3. Aufl. 1. Hälfte 1893. 160 S. 8⁰. 2. Hälfte 1894. XII u. von S. 161—388. 8⁰.

I.: Einl. Die Sprachorgane 1. — I. Die Sprachlaute. Lautbezeichnung 12. — Kehlkopfartikulation 16. — Mundartikulation 27. — II. Das Sprachgefüge. Artikulationsbasis 262. — Das Verhalten der Laute zu einander 265. — Dauer 267. — Stärke 275. — Höhe 290. — Silbenbildung 296. — Assimilation (Sandhi), Dissimilation 299.
Tafeln 307. — Litteratur 311. — Phonetische Alphabete 321. — Register 325. — Errata 387—388.
Ur. Vortreffl. (*Ell.*); œuvre vraiment scientifique (*Hen.*); bringt viele Besserungen (*Kos.*); zum Lobe des Buches braucht man nichts mehr zu sagen (*Süt.*).
Cf. Rcr. 94. XXXVII, 307—8. (*Hen.*) J.-B.[3] 96. II, 31. (*Kos.*)
ZRW. 95. XX, 91—92. (*Ell.*) LBl. 96. XVII, 240—4. (*Süt.*)

1885.

Bezold, Fr.: Schuluntersuchungen über das kindliche Gehörorgan, in: ZOhr. 1885. XIV, 253—279; 1886. XV, 1—67.
Cf. AOhr. 86. XXIII, 51—54. (*Blau:R.*)

Canitz, Wilh.: Gehör- u. Lautsprache. Pro. G. Bautzen. 1885. 36 S. 4⁰.
Cf. InZ. 87. III, 315. (*Tch.:R.*)

Czermak, J.: Über den spiritus asper und lenis, u. über die Flüsterstimme, in: Sitz.-Ber. d. Kais. Akad. Wien. 1885.*

Gabelentz, G. von der: Zur Lehre von der Transskription, in: InZ. 1885. II, 252—257.
A. Legt die Gründe dar, warum der *phonetischen* Umschrift ein möglichst bequemes, übersichtl. *historisches Transskriptionssystem* für das Chinesische vorzuziehen ist.

Gouguenheim et **Lermoyez:** Physiologie de la voix et du chant. Hygiène du chanteur. Par. 1885.*

Kitchen, —: The Diaphragm and its Functions Considered

especially in its Relation to Respiration and the Production of Voice. Albany. 1885.*

Martel, E.: Études sur la physiologie de la phonation, in: Rev. bibliogr. univ. d. sciences méd. 1885. janv.-mars, N. 13 u. 15.*

Michaelis, G.: Über die Theorie der Zischlaute, in: ZOr. 1885. V, 1—5.
Cf. InZ. 87. III, 347. (*Tch.:R.*)

Michaelis, G.: Über das mittlere *A*, in: InZ. 1885. II, 269—276.
A. Vgl. damit Storm (*Engl. Philol.*² S. 129, 161, 279, 329 u. passim), dessen Auffassung vom *A* von derjenigen Michaelis' abweicht.

Noreen, Adolf: Om Språkriktighet, in: Nordisk Tidskrift för vetenscap etc. 1885. Sep. ersch. Stockh. 1886. 41 S. 8⁰.*
I.: Kritik der bisherigen Ansichten: 1. Der literargeschichtl. Standpunkt (J. Grimm, Rydquist, Säve, Rydberg). 2. Der naturgeschichtl. (Schleicher, M. Müller in seinen älteren Schriften, Richert). 3. Der rationelle Standpunkt (Madvig, Whitney, Leskien, H. Paul, Tegnér); Neubildungen, Einfluss des Einzelnen auf den Sprachgebrauch, Schönheit der Sprache, Verwendung von Fremdwörtern.
Cf. LBl. 86. VII, 357—60. (*Vis.:R.*) Tit. 88. I, N. 6. (?)*
InZ. 87. III, 353. (*Tch.:R.*)

Paul, W.: Der Vokal *A*. Ein Beitrag zur Methodik des Artikulationsunterrichts der Taubstummen. Strassburg. 1885. 40 S. 8⁰.
Cf. InZ. 87. III, 362—3. (*Tch.:R.*)

Pol, H.: Einiges über den Nutzen der Phonetik oder Lautphysiologie, in: TaS. 1885. VI, 173—181.
A. In hohem Grade oberflächlich.

Schäfer, Friedr.: Die Sprache des Kindes, in: Daheim. 1885, S. 692—696.
A. Allzu elementar!

Schneider, G. H.: Störungen der Sprache, in: Ill. Deutsche Monatshefte. 1885, S. 562—567.*
Cf. InZ. 89. IV, 302—3. (*Tch.:R.*)

Seelmann, Emil: Die Laute als Teile des Wortes, in: Die Aussprache des Latein nach physiologisch-historischen Grundsätzen. Heilbronn. 1885. XII. u. 387 S. 8⁰.

I.: Accent ... (Wesen des Accents 15, Accentarten 16, Accentstufen 16, Accentformen 16, Accentstelle. Verhältnis des festen u. freien Accentes zu einander, Accentcombinationen 18, sprachgeschichtl. Einflüsse 20 bis 22). — Vokalquantität (Physiologische Vorbemerkungen 65, Expirationskraft u. Expirationsdauer 66, Energiehöhe u. Energiedauer 67, Expirationsweite und Expirationsdauer 67, Accentform, Quantität u. Klang 68, Messung der Vokale 69). ... Consonantengemination 109 bis 111, Silbenteilung 132—137.

Techmer, Friedr.: Zur Veranschaulichung der Lautbildung. Mit Tafel. Lpz. 1885. 32 S. 8⁰.

Ur. Bedeutender Fortschritt (*Kew.*); sehr zu empf. (*Mi.*).
A. Ist in der Hauptsache eine verbesserte Auflage eines Teiles der von T. in der InZ. (I) veröffentlichten Abhandlung.
Cf. LZ. 86. S. 54.   (*Mi.*) | PhSt. 88. I, 71—2.   (*Kew.*)

Vierordt, Karl v.: Die Schall- und Tonstärke und das Schallleitungsvermögen der Körper. Tüb. 1885. XXII u. 274 S. 8.

I.: Herstellung u. Messung von Schallen u. Tönen 9. — Messung des Schallleitungsvermögens der Körper 119. — Messung der Intensität gegebener Schalle 269—274.

1886.

Alexandrow, A.: Über die Bedeutung der Sprachstörungen für die Sprachwissenschaft. Antrittsvorlesung. Dorpat. 1886. 14 S. 8⁰.

A. Schon vorher (Russ. fil. věstnik, 1884) hatte A. eine genaue Beschreibung derjenigen Sprachlaute gegeben, welche nach Amputierung der Zunge noch hervorgebracht werden konnten. Vgl. Schulten, 1891.
Cf. InZ. 89. IV. 177. (*Tch.: R.*)

Bell, Alex. Melville: Essays and Postscripts on Elocution. N.-Y. 1886. 208 S. 8⁰.*

Ur. Reicher Inhalt (*Vie.*); Lehrern des Engl. zu empf., doch mit Vorsicht zu benutzen, da Bell von Geburt Schotte ist (*Tch.*).
A. Storm (*Engl. Philol.*[2] S. 119) bringt nur die kurze Bemerkung. dass das Buch für die eigentl. Wissenschaft wenig Neues bringe, fügt aber

S. 216 f. hinzu, dass es „viel Treffendes" [über Betonung u. Tonfall] enthalte.
Cf. PhSt. 88. I, 75—77.   (*Vic.*) | InZ. 89. IV, 184—5.   (*Tch.*)

Bredsdorff, J. H.: Om Aarsagerne till Sprogenes Forandringer. Paa nyt udgivet af V. Thomsen. Kop. 1886.*

Castex, A.: Sur la physiologie de la voix et du chant, in: Ann. de mal. or. du larynx. 1886. XII, 1 ff.*

Coën, Dr. Rafael: Pathologie u. Therapie der Sprachanomalien für Ärzte u. Studirende. Wien u. Lpz. 1886. VI. u. 246 S. 8⁰.

I.: Handelt über Artikulationsstörungen (Lispeln, Schnarren, Stammeln etc.), Funktionsstörungen (Poltern, Stottern, Gaxen etc.), über Sprach- und und Hörlosigkeit u. Taubstummheit.

Doumer, E.: Mesure de la hauteur des sons par les flammes manométriques, in: AcaS. 1886. CIV, 340—342.

I.: Der Verf. versucht, die Tonhöhe zu bestimmen. Zu dem Zwecke bringt er an dem König'schen Flammenapparate eine Vorrichtung an, mittels welcher die im rotierenden Spiegel erscheinenden Flammenbilder photographiert werden können. Über die gewonnenen Ergebnisse berichtet Doumer im Jahre 1887.

Eldar, [Frau] A. M.: Spreken en Zingen in Verband gebracht met de nederlandsche taal. Tiel. 1886.*

Fick, Ad.: Betrachtungen über den Mechanismus des Paukenfells. Verh. d. med. Gesellsch. in Würzburg. 1886.*

Hensen, Victor: Untersuchung über Wahrnehmung der Geräusche, in: AOhr. 1886. XXIII, 69—90.

Lahr, J.: Die Grassmann'sche Vokaltheorie im Lichte des Experiments. Leipz. 1885, in: Ann. 1886. N. F. XXVII. 94—119.

I.: Sucht die *akustische* Richtigkeit der bereits 1854 von Grassmann aufgestellten u. 1877 weiter entwickelten Vokaltheorie zu beweisen.
Ur. Den Resultaten ist zuzustimmen (*Gart.*); es fehlt ein *abschliessendes* Ergebnis (*Tch.*).
A. 1. Die Lahr'sche Arbeit wurde dann von A. Eichhorn, 1890, zur Grundlage für seine Versuche mit der Vocalsirene genommen.
A. 2. Vgl. noch das *Journ. de Phys.* 1887. VI, 526—529, u. Pipping, Z. f. Biol. 1890. XXVII, 7 ff.   /
Cf. LBl. 86. VII, 192.   (*Gart.*) | InZ. 89. IV, 246—7.   (*Tch.*)

Lermoyez, Le Dr. M.: Étude expérimentale sur la phonation. Par. 1886. 200 S. 8⁰.

I.: I. Les quatre modes d'étude de la phonation (l'homme vivant, l'animal, le larynx artificiel, le cadavre) 1. — Expériences sur des larynx détachés 20. — Expér. sur les animaux 41. — Expér. sur les cadavres de cholériques 45.
II. Théories. De la formation de la voix 53. — De l'occlusion de la glotte 59. — De la tension active des cordes vocales 68. — De la tension passive d. c. v. 118. — Le son vocal est-il dû aux vibrations des cordes ou de l'air? 136. — Quelle est la partie vibrante des cordes v.? 143.
Conclusions 183. — Index 187—200.

March, F. A.: On Consonant Notation and Vowel Definition, in: ProAmPhilAss. 1886. (S. XXX f.)*

Cf. InZ. 89. IV, 256—7. (*Tch.:R.*)

Marey, E. J.: Étude de la locomotion animale par la chrono-photographie, in: Rev. scientif. 1886, 27 nov.*

I.: Beschreibung des chrono-photographischen Verfahrens, die Bewegungen zu zergliedern.
A. 1. Über den Inhalt dieser Abhandlung gibt Techmer (InZ. 1890. V, 223—224) einen kurzen Bericht.
A. 2. Der Astronom Jansen gab die erste Anregung zu einem solchen Verfahren, welches zuerst von dem amerikanischen Photographen Muybridge wirklich zur Ausführung gebracht wurde.

Marey, E. J.: Des lois de la mécanique en biologie, in: Rev. scientif. 1886, 3 juillet.*

A. Über die wichtigsten Grundsätze dieses Artikels ist von Techmer (InZ. 1890. V, 222—223) berichtet worden.

Oldenberg, A.: Über den Tiefton von Tonsilben, in: NJJ. 1886. 2. Abt. S. 560—571.

Trautmann, Mor.: Über Wesen und Entstehung der Sprachlaute. Vortrag. S. 112—121, in: Verh. d. 38. Vers. deutsch. Philologen etc. Leipz. 1886. 322 S. 4⁰.

A. Mittelst akustischer Experimente erläutert der Verf. sein auf den geflüsterten Lauten beruhendes System.

Wendeler, Paul: Ein Versuch, die Schallbewegung einiger Konsonanten u. anderer Geräusche dem Hensen'schen Sprachzeichner graphisch darzustellen. Gekrönte Preisschrift. Dissert. München 1886. Gekürzt in: ZBi. 1887. XXIII, 303—320.

Ur. Diese „exakten" Versuche liefern noch recht inexakte Ergebnisse (*An.*; s. A. 2.); die Lautkurven sind wertvoll, aber des Verf.'s Untersuchungsmethode ist mangelhaft u. er selber nicht genügend vertraut mit der Geschichte der Phonetik u. ihren bisherigen Ergebnissen (*Tch.*).

A. 1. Vgl. dazu Wagner's Beschreibung des Apparats in PhSt. 1891. IV, 74 f.

A. 2. Die Kurven der gesprochenen Vokale zeigen nämlich eine grosse Unregelmässigkeit der Form.

A. 3. Eine ergänzende Untersuchung zu dieser Arbeit wurde von Martens, 1888—89, geliefert.

Cf. InZ. 89. IV, 325—7. (*Tch.*) | J.-B.⁴ 89. XI, 7. (*An.*)

1887.

Bell, Alex. Melville: University Lectures on Phonetics. N.-Y. 1887.*

Doumer, E.: Études du timbre des sons, par la méthode des flammes manométriques in: AcaS. 1887. CV, 222—224. — Ferner: Des voyelles dont le caractère est très aigu, ibd. CV, 1247—1249.

Fick, Ad.: Zur Phonographik, in den C. Ludwig gewidmeten Beiträgen. Lpz. 1887. S. 23 ff.*

Cf. CBl.⁴ 88. I, 251. (*Frey: R.*)

Forchhammer, J. G.: Phonoskopet in: Tid. 1887. VIII, 97—103.*

Handmann, [S. J.] P. R.: Die menschliche Stimme u. Sprache in physiologisch-psychologischer Beziehung. Münster. 1887. VIII u. 230 S. 8° u. 27 Figuren.

I.: I. Die Stimm- u. Sprachorgane 1. — II. Zusammenhang der Sprachorgane unter sich u. mit anderen Hauptorganen 16. — III. Physiologie der Stimme u. Sprache 34. — Theorie des Tones 36. — Stimmbildung: a. Allgemeine akustische Eigenschaften der menschl. Stimme 48. — b. Bildung der Sprachlaute 62. — IV. Silben- u. Wortbildung 179.

Anhang. Sprachfehler (Stammeln, Stottern) 183. — Stimm- und Sprachübungen 192—230.

A. Fleissige Arbeit eines gewissenhaften Forschers, der sich vor allem auf Merkel u. Sievers stützt. Neue Resultate bietet das Werk nicht, wohl aber einiges Bedenkliche.

Hensen, Victor: Über die Schrift von Schallbewegungen, in: Z. f. Biol. 1887. XXIII, 291—302.

I.: Beschreibung seines unter dem Namen *Sprachzeichner* bekannten Membran-Phonautographen. Der Erfinder ist dabei von der Ansicht ausgegangen, dass es für das Studium der Sprache darauf ankomme, „die [durch die Schallwellen] hervorgerufene Bewegung so zu sehen, wie sie etwa das menschliche Trommelfell von sich aus an das Labyrinth weiter gibt."

A. 1. Eine schematische Abbildung des Apparats findet sich in Grützner's *Physiologie* der Sprache (= Hermann's *Handb. d. Physiol.* II, 187).

A. 2. Über spätere, an dem Apparate vorgenommene Verbesserungen berichtet Martens, 1888 (S. 2) u. Pipping, 1890.

A. 3. Die Herstellung dieses Sprachzeichners kostet etwa 900—1000 Mk. s. *PhSt.* 1891. IV, 75.

Cf. InZ. 89. IV, 228. (*Tch.: R.*)

Hey, Jul.: Deutscher Gesangs-U. Lehrbuch des sprachlichen u. gesanglichen Vortrags. Mainz. 1887. 3 Teile. 4°. —

I.: In das Gebiet der Phonetik gehören im 3. Teile: 1. Der anatomisch-physiolog. Überblick. Die Organe der Klangerzeugung 36. — 2. Die bei der Klangbildung betheiligten Organe 38—49.

A. 1. Es ist dies der erste von einem Künstler unternommene, Erfolg verheissende Versuch, eine künstlerisch vollendete Vortragsweise sowohl beim Sprechen als auch beim Singen durch wissenschaftliche, sprachphysiologische Hilfsmittel zu erzielen. Leider stehen die meisten andern Gesangslehrer noch auf dem dilettantenhaften Standpunkte Rokitansky's, der, wie er sagt, im Unterrichte jeder lautphysiologischen Untersuchung aus dem Wege geht. (Siehe seine Schrift: *Über Sänger u. Singen.* Wien. 1891. S. 99.)

A. 2. Eine notwendige Ergänzung zu Hey's Lehrbuch ist die mehr systematisch vorgehende, kleine Schrift Goldschmidt's.

Karsten, Gustaf: Speech Unities and their Role in Sound-Changes and Phonetic Laws, in: TrMoL. 1887. III, 186—195. (In deutscher Übersetzung u. d. T. „Spracheinheiten u. deren Rolle in Lautwandel u. Lautgesetz", in: PhSt. 1890. III, 1—11, 120; gekürzt in: CBl.[2] 1890. IV, 2—8.)

I.: Der Verf. sucht den Begriff *Sprachlaut* festzustellen u. die *Lautgesetze* als das durch Ausgleichung mannigfacher Einzelwandlungen zu Stande kommende Ergebnis zu erweisen. „Die durch die regelmässige Organthätigkeit in uns hervorgerufenen *Erinnerungsbilder* sind es, welche bei allem Lautwandel eine so hervorragende Rolle spielen."

Ur. Frisch u. anregend geschrieben, verficht aber eine haltlose Theorie (*Seel.*); treffl. Ausführungen, aber die Terminologie ist z. T. unverständlich (*Schum.*).

A. Der Verf. polemisiert u. a. gegen die Art u. Weise, wie H. Paul (*Prinzipien* S. 62) den Vorgang der lautl. Entwicklung am einzelnen Individuum dargestellt hat.

Cf. ANSp. 90. LXXXIV, 332. (*Schum.*) | J.-B.[3] 90. I, 12—14. (*Seel.*)

Kingsley, Norman W.: Illustrations of the Articulations of the Tongue, in: InZ. 1887. III, 225—248.

I.: Bericht über die Gaumenbilder verschiedener englischer Laute u. zwar wurden jene Bilder gewonnen mittels des von Kingsley's zuerst in die Stomatoskopie eingeführten *künstlichen* Gaumens aus schwarzem Hartgummi.

A. 1. Diese Ausführungen waren schon einige Jahre früher erschienen u. befinden sich bereits in des Verf.'s deutologischem Werke *On Oral Deformities. London. 1880.*

A. 2. Vgl. noch Hagelin's *Stomat. Undersökn.*, 1889, S. 2; Vietor, in den *PhSt.* VII, 32—33 (= Beibl. zu den *NSp*. 1893, I); Storm, *Engl. Philologie*[2] S. 331. Der Letztgenannte findet, dass die K.'schen Bilder unsere Kenntnis nicht erheblich fördern.

Lenz, Rud.: Zur Physiologie und Geschichte der Palatalen. Diss. [Bonn] Gütersloh. 1887. 37 S. 8° u. eine Tafel. (Vollständig in: ZvSf. 1888. XXIX, 1—59.)

Ur. Dankenswert u. lehrreich (*Lju.*); les conclusions chronologiques sont particulièrement intéressantes (*G. P.*); der Verf. überschätzt die Bedeutung der an *seinem* Gaumen gewonnenen Bilder u. ist zu kühn gewesen, daraus für die *Geschichte* der Palatalen allgemeinere Schlüsse von grösserer Tragweite zu ziehen (*Tch.*).

A. 1. Vgl. auch Vietor in den *PhSt.* VII, 32 (= App. zu den *NSp.* 1893, I.) u. Schuchardt, welcher im *LBl.* 1892 (XIII, 244) hervorhebt, dass Lenz „den richtigen Weg" eingeschlagen habe. Und wie Hagelin 1889 (S. 1) die Untersuchung als eine vortreffliche bezeichnet, so rühmt an ihr Storm (*Engl. Philol.*[2] S. 291) scharfe Beobachtung, exakte Methode, historisches Wissen u. praktische Richtung.

A. 2. Lenz hat für seine Abbildungen das stomatoskopische Verfahren benutzt, welches, so weit bekannt, von dem englischen Zahnarzt Oakley-Coles (*Tr. of the Odontological Society of Great Britain. New Series. Vol IV. London 1871—72*) erfunden zu sein scheint.

A. 3. Die Polemik Lenzens (S. 9 f.) gegen Sievers wird von Ljunggren als eine „ungerechte oder doch kleinliche" bezeichnet (*PhSt.* 1888. I, 287).

Cf. Rom. 87. XVI, 630—1. (*G. P.*) | Rcr. 88. XXV, 162. (*P. L.: R.*)
InZ. 87. III, 248. (*Tch.*) | CBl.⁴ 88. I. 164. (*Grü.: R.*)
PhSt. 88. I, 286—7. (*Lju.*) | InZ. 89. IV, 238. (*Tch.*)

Michaelis, J.: Über das *H* und die verwandten Laute, in: ANSp. 1887. LXXIX, 49—84, 283—308.

A. Übersichtl., wenn auch nicht erschöpfende Darstellung der von alten und neueren Sprachforschern, Physiologen u. Phonetikern unternommenen Versuche, die physiologische Natur des *H* zu bestimmen.

Weber, F.: On Melody in Speech, in: The Popular Science Monthly. New-York, April 1887. S. 778—788.*

A. Vgl. Storm, *Engl. Philol.*² S. 217: Trotz einiger, guter Bemerkungen eine dilettantische Arbeit.

1888.

Bourdon, B.: L'évolution phonétique du langage in: Rev. philos. 1888. XXVI, 335—369.

A. Hängt nur indirekt mit rein phonetischen Fragen zusammen.

Grandgent, C. H., and **Sheldon, E. S.**: Phonetic Compensations, in: MoL. 1888. III.*

Grimsehl, Ernst: Tonstärke-Messung. Pro. R.-G. Johanneum. Hamburg. 1888. 20 S. 4" u. 4 Tafeln.

I.: Beschreibung des von dem Verf. erfundenen Apparates, welcher zur Messung der Tonstärke dient.

A. Die Richtigkeit der gewonnenen Resultate wird von Wien, 1888, bestritten.

Gröber, Gust.: Die empirische Lautlehre, in: Grundriss der romanisch. Philologie 1888. I, 218—224.

Günther, Ed.: Praktische Anleitung zur vollständigen Heilung des Stotterns etc. 2. Aufl. Neuwied u. Berl. 1888. — 3. Aufl. ibd. 1893.

A. Von Berkhan, 1889 (S. 41), werden die Günther'schen Sprach- u. Leseübungen als sehr empfehlenswert bezeichnet. In der That sind sie vortrefflich geeignet, das Übel des Stotterns zu beseitigen.

Guillemin, —: Étude sur la voix humaine. Lyon. 1888.*

Karsten, Gust.: Das Transskriptionssystem der „Phonetischen Sektion" in Amerika, in: PhSt. 1888. I, 305—306.

Lundell, J. A.: Die Phonetik als Universitätsfach, in: PhSt. 1888. I, 1—17.
Ur. Interessant (*Lan.*[1]); höchst fesselnd (*Klg.*).
A. Auf diesen Aufsatz stützt sich die Einleitung von Scuff-Georgi's *Redekunst*. 1892.
Cf. ESt. 88. XI, 205—6. (*Klg.*) | ZfrS. 88. X. R. 132—3. (*Lan.*[1])

Martens, William: Über das Verhalten von Vocalen u. Dyphthongen (sic!) in gesprochenen Worten. Untersuchung mit dem [Hensen'schen] Sprachzeichner. 39 S. 8 ° u. 1 Tafel. Diss. [Kiel] München. 1888. Abgedr. in: ZBi. 1889. XXV, 289—327.
Ur. Lehrreiche Untersuchung (*Grü.*).
I.: Martens' Streben ist darauf gerichtet, die *Tonhöhe* u. den *Einsatz* der Vokale festzustellen, u. den tonischen Silben- u. Wortaccent, i. e. die Tonbewegung innerhalb einer u. derselben Silbe oder mehrerer auf einander folgender Silben zu bestimmen, ein äusserst schwieriges Experiment. Der Verf. kommt zu dem Ergebnis, dass die Tonhöhe des einzelnen in einem Worte *gesprochenen* Vokals sich recht bedeutend verändert.
A. 1. Eine Beschreibung der von M. angestellten Versuche gibt Ph. Wagner, in: *PhSt.* 1891. IV, 74 f.
A. 2. M.' Aufsatz ergänzt die früheren Untersuchungen Wendeler's, 1886.
Cf. CBl.[4] 89. II, 736—8. (*Grü.*).

Paul, Dr. A.: Über vokalische Aspiration u. reinen Vokaleinsatz etc. Pro. Höh. B.-Sch. Hamburg. 1888. — Sep. ersch. Leipz. 1888. 60 S. 4°.
I.: Handelt über die Physiologie der Vokaleinsätze (leiser, fester, stark aspirierter, gehauchter) u. deren Vorkommen in den wichtigsten indogermanischen Sprachen sowie beim Singen.
Ur. Wohlgegliedert. treffl. orientierend u. in gewissem Sinne erschöpfend (*Gart.*; s. A. 1); étude consciencieuse et sérieusement scientifique, en un mot, un travail d'une valeur réelle (*Pas.*).
A. 1. Gartner weist hier u. a. auf die vielen Phonetikern, auch Paul (S. 40) unbekannte Thatsache hin, dass es in den slavischen Sprachen ein stimmhaftes *h* gibt.
A. 2. Vgl. die z. T. abweichenden Ansichten Vietor's in dessen *Elementen*[2] S. 18 f.
Cf. Woch.[1] 88. VIII, 1588. (*An.:R.*)| Mai. 89. IV, 12—13. (*Pas.*)
PhSt. 89 II, 85—6. (*Gart.*) |

Richter, G.: Vergleichende Hörprüfungen an Individuen verschiedener Altersklassen, in: AOhr. 1888. XXXVI, 150—169, 241—270.

Sheldon, E. S., and Grandgent, C. H.: Phonetic Compensations, in: MoL. 1888. III.*
A. Vgl. Storm, *Engl. Philol.*² S. 331. A. 2.

Spannhoofd, E.: The Phonetic Method, in: Academy [America]. 1888. III. 3. April.*

Trautmann, Mor.: Kleine lautwissenschaftliche Beiträge, in: PhSt. 1888. I, 63—65.
I.: Zur Geschichte des Zäpfchen-*r* im Deutschen 63. — Stimmhaftwerden stimmloser Konsonanten im Deutschen 64—65.
Ur. Z. Teil unrichtige Ansichten (*Lan.*¹).
Cf. ZfrS. 88. X, R. 142. (*Lan.*¹)

Vietor, W.: Aus C. F. Hellwags Nachlass, in: PhSt. 1888. I, 257—261; 1890. III, 43—55.
A. V. teilt an erster Stelle aus Hellwags hs. Nachlasse Beobachtungen mit, welche letzterer an einem Manne mit künstlichem Gaumen gemacht hat; der zweite Aufsatz bringt aus derselben Quelle den Entwurf zu Hellwag's bekannter Dissertation *De formatione loquelae* (s. A. 1.) u. noch drei kürzere Aufsätze. — Auch über den Lebensgang H.'s (1754—1835) werden einige nähere Angaben gemacht, ibd. I, 257 f.
Ur. Fesselt in mancher Beziehung unser Interesse (*Seel.*)
A. 1. Diese in der Geschichte der Phonetik so bedeutungsvolle Schrift wurde von Vietor neu herausgegeben, Heilbronn. 1886. IV u. 60 S. 8⁰.
Vgl. *ESt.* 1886. IX, 468—470; *InZ.* 1889. IV, 277—278.
A. 2. Über Hellwag's Dreieck s. eine beachtenswerte Bemerkung Pipping's in seiner *Theorie der Vocale*, S. 30.
Cf. J.-B.³ 95. I, 5—6. (*Scel.*)

Vœlkel, G.: Sur le changement de l'*L* en *U*. Pro. Collège royal français. Charlottenburg. 1888. 48 S. 8⁰.
I.: Handelt von den *ł*-Lauten (bzw. von deren Ersatz *u*) in den slavischen, germanischen, griechischen, lateinischen u. französischen Sprachen, u. stellt zum Schluss die Ansichten der Phonetiker über den *ł*-Laut (= velares *l*) zusammen.
Ur. Verdienstvoll (*Hart.*); zu empf. (*Ten.*); compilation indigeste (*Pas.*).
A. Vgl. dazu Seelmann, *Aussyr. d. Lat.* S. 324 ff., besonders 327; Storm, *Engl. Philologie*² S. 65 f., 79.
Cf. LBl. 88. IX, 451—2. (*Mey.-L.: R.*) PhSt. 89. II, 86—7. (*Gart.*) ZfrS. 88. X, R. 246—9. (*Ten.*) Mai. 89. IV, 13. (*Pas.*)

Wien, Max: Über Messung der Tonstärke. Diss. Berl. 1888. 8⁰, u. in: Ann. 1889. N. F. XXXVI, 834—857.

I.: Der Verf. wendet sich gegen Grimsehl u. schlägt einen andern Weg ein, um der Lösung des Problems näher zu kommen.

1889.

Bell, Alex. Melville: A Popular Manual of Vocal Physiology and Visible Speech. Lo. 1889. 59 S. 8 °.

Ur. An invaluable book, although its statements are sometimes too positive (*Ll.*); neat and handy, yet we cannot always agree with B.'s analysis of foreign sounds (*Pas.*)

Cf. Maî. 89. IV, 93--4.   (*Pas.*) | PhSt. 91. IV, 114—7.   (*Ll.*)

Berkhan, Dr. O.: Über Störungen der Sprache und der Schriftsprache. Für Ärzte u. Lehrer dargestellt. Mit Holzschnitten und 2 Tafeln. Berlin. 1889. VII u. 89 S. 8 °.

I.: Handelt über Stottern, Stammeln, Poltern, Lispeln etc., untersucht die Gründe, welche zu diesen Sprachstörungen Veranlassung geben u. macht geeignete Vorschläge, um denselben abzuhelfen. Zu diesem Zwecke wird ein *besonderer* Sprachheilunterricht empfohlen, während andere Ärzte, die Heilung der Sprachgebrechen in den *Allgemein*unterricht hineinverlegt wissen wollen. (s. A. 1.)

Ur. Reicher, hochinteressanter Inhalt. (*Kra.*)

A. 1. Gutzmann, 1894 (S. 4) hält die von B. gemachten Vorschläge weder für praktisch noch geeignet, dem Übel gründlich abzuhelfen.

A. 2. Die ältere, sehr reiche Literatur findet sich verzeichnet bei Kussmaul, 1877, S. 225 f.

Cf. LZ. 90. S. 1694—5. (*Kra.*)

Evans, W. R.: On the Bell Vowel-System, in: PhSt. 1889. II, 1—20, 113—135.

I.: Evans bekämpft hier das Bell'sche Vokalsystem, dessen Hauptmangel er in dem Umstande erblickt, dass es zum Einleitungsgrunde nur den *Grad* der von aussen sichtbaren Zungenerhebung, und nicht die *örtliche Verschiedenheit* der *Ansatzstelle* des Mundraumes habe, also auf *begleitende*, statt auf *wesentliche* Erscheinungen der Vokalbildung gegründet sei. (s. A. 3.)

Ur. Einschneidende Kritik des Bell-Ellis-Sweet'schen Vokal-Systems, dessen Unrichtigkeit endgültig dargethan wird, die Gesichtspunkte sind neu u. beachtenswert, die Kritik selbst eine ruhige, rein sachliche (*Lan.*[1]); intéressant, mais les observations de l'auteur ne sont pas de nature à changer nos vues d'ensemble sur la formation des voyelles. (*Pas.*)

A. 1. Der zweite Teil dieser Abhandlung (S. 113 ff.) ist nach dem Tode Evans' aus seinem Nachlasse von Victor herausgegeben worden.

A. 2. „Diese Abhandlung muss mit viel Kritik gelesen werden", sagt Storm, Engl. Philol.² S. 106.

A. 3. Ausser von Evans ist das Bell'sche „ausgekünstelte Schachbrettsystem" besonders von folgenden namhaften Forschern verworfen worden:
Trautmann, Anz. z. Angl. 1881. IV, 57—66; Techmer, InZ. 1884, I, 156 ff.; Vietor, Elemente¹ (1884) S. 22 ff. [= El.² S. 34 ff.; El.³ S. 48 ff.], u. ESt. 1887. X, 303; Gartner, LBl. (1886) VII, 191 f. [später PhSt. 1891. IV, 119]; Lahr, Ann. (1886) Jan.; Lloyd, PhSt. (1891) IV, 199.

Doch darf nicht unerwähnt bleiben, dass Bell das Vierecksystem nur unter dem Zwange seiner *Visible Speech*-Schrift verwendet zu haben scheint (s. Vietor, *Einführung in das Studium d. engl. Philol.* S. 21; PhSt. 1890. III, 80; Elemente³ S. 48), sonst aber schon 1849, dann wieder 1886 (*Essays* etc.) die Vokale in Form eines Dreiecks geordnet hat. (Vietor, ESt. X, 372; PhSt. 1888. I, 75 f.)

Eine Übersicht über die verschiedenen, bisher aufgestellten Vokalsysteme haben ausser Trautmann, Vietor u. Sievers noch F. Franke (ESt. 1885. VIII, 331 ff.), Jespersen (Articulations 1889, S. 20 ff.) u. Storm, Engl. Philol.² S. 118 f. u. besonders 399 ff. gegeben. Ein Vermittlungsvorschlag ist von Western (ESt. 1888. XI, 329 ff.; PhSt. 1888. I, 84) gemacht worden.

Cf. Maî. 89. IV, 83—4. (*Pas.*) | ZfrS. 91. XIII, R. 95—7. (*Lan.*¹)

Fröhlich, O.: Neue optische Darstellung von Schwingungskurven mit Anwendung auf Telephone, Wechselstrommaschinen, in: ElZ. 1889. X, 65 ff.*

Hagelin, Hugo: Stomatoskopiska Undersökningar af Franska Språkljud. Stockh. 1889. II u. 18 S. 4⁰ nebst 4 Tafeln.

I.: Kritik der wichtigeren, früheren, stomatoskopischen Methoden (Techmer, Lenz, Kingsley, Balassa); eignes Verfahren S. 6 ff.: mit schwarzem Firnis überpinselter u. im Innern mit Kreide überzogener Kupfergaumen, Wiedergabe der photographierten Gaumenbilder in Lichtdruck.

Ur. Verdienstvoll u. sorgfältig, verdient Nachahmung, trotz einiger Mängel (*Len.*); trotz der Genauigkeit sind die Photographien nicht scharf (*Vie.*).

A. 1. Während Hagelin die gewonnenen Gaumenbilder *photographiert*, werden sie nach Rousselot'scher Methode *graphisch* wiedergegeben.

A. 2. Vgl. Storm, Engl. Philol.² S. 328 ff.

Cf. Maî. 90. V, 54. (*Pas.: R.*) | PhSt. 93. VII, 33—4. *Vie.*) LBl. 92. XIII. 93—7. (*Len.*)

Hermann, L.: Phonophotographische Untersuchungen, in

APhys., u. zwar 4 Aufsätze 1889—1892. XLV, 582 ff., XLVII, 44 ff., XLVII, 347 ff., LIII, 1—51.

I.: Nach des Verf.'s Ansicht, wird die *graphische* Aufzeichnung der Laute, vor allem durch zwei Umstände beeinträchtigt, nämlich einerseits „durch die Einmischung der eignen *Trägheitsschwingungen* des ungesungenen, resp. ungesprochenen Körpers, u. andererseits durch die ungenügende Treue, mit welcher die Schwingungen dieses Körpers in Folge der Reibungen, Eigenschwingungen u. s. f. des schreibenden *Hebels* sich aufzeichnen". (S. 582.) Die letztere Fehlerquelle beseitigt Hermann dadurch, dass er sich des *Lichtstrahls* als Hebel bedient. Dieser zeichnet die mikroskopisch kleinen Schwingungen der von ihm verwendeten Membran vergrössert auf eine lichtempfindliche Papierfläche, so dass jene *unmittelbar photographiert* werden.

Zum Schluss bringt Hermann die Resultate hinsichtlich der Klangzusammensetzung der Vokale. — Vgl. damit die Zusammenstellungen in Hermann's *Lehrbuch der Physiologie* 1896 S. 354 ff. —

A. 1. Pipping (ZBio. 1890. XXVII, 433 ff.) bezweifelt, dass Hermann's *Phonophotographische Untersuchungen* geeignet seien, auf die Natur der Vokale ein neues Licht zu werfen.

A. 2. Vgl. Lloyd, PhSt. 1891. IV, 295 ff.

Cf. CBl.[1] 91. IV, 241—2, 560—61 (*Grü.*: *R.*); | ZPsy. 93. V, 409—10 (*Raps*: *R.*) 93. VI, 650—3. (*Wag.*[3] : *R.*) | J.-B.[3] 96. II, 37. (*Kos.*: *R.*)

Hoffmann, Hugo: Die Phonetik im ersten Sprachunterricht der Taubstummen, in: PhSt. 1889. II, 178—184.

Jespersen, Otto: The Articulations of Speech Sounds Represented by Means of Analphabetic Symbols. Marburg. 1889. II u. 94 S. 8º.

I.: Von dem Gedanken ausgehend, dass für eine einheitliche Lautbezeichnung nicht eine Darstellung vom akustischen, sondern allein vom physiologischen Standpunkte aus möglich sei, bezeichnet der Verf. alle Laute gleichmässig nach ihren Bildungs*elementen* und stellt sie, nach Analogie der chemischen Formeln, neben oder unter einander. Es werden nun die artikulierenden Organe durch *griechische*, die Artikulationsstellen durch *lateinische Buchstaben*, die Artikulationsweise dagegen durch *arabische* bzw. *römische Ziffern* bezeichnet. Danach wird z. B. ein geschlossenes *i* durch die Formel ausgedrückt:
α 4 c β e γ 3 g δ o ε ι.

Ur. Die scharfsinnigen Ausführungen verdienen ernste Prüfung u. werden anregend wirken (*Mi.*, 1890); enthält wertvolle Beobachtungen u. gibt neue Aufschlüsse (*Mi.*, 1891); scharfsinnig u. gründl., bedeutet einen wichtigen u. fruchtbaren Fortschritt für die phonetische Wissenschaft (*Gun.*); überaus inhaltreich u. fördernd (*Kar.*); bedeutet eine neue Epoche in der Lautbezeichnung, ist das wichtigste, was seit Sievers

u. Sweet auf phonetischem Gebiete erschienen ist (*Wes.*); interessant, doch praktisch unbrauchbar (*Kauf.*); sinnrikt uttänkta fonetiska teckensystem (*Lju.*); heartily to be recommended (*Mat*).

A. Vgl. noch Western (*Quousq. T. Revy*, 1890, S. 67), Storm, (*Engl. Philol.*² S. 295 ff.) S-e. (*Betrachtungen* etc., 1893), Victor, *Elemente*² S. 14 f.

Cf. Mai. 89. IV, 100—2. (*Log.:R.*) Ark. 90. VII, 195—8. (*Lju.*)
ANSp. 90. LXXXIV, 147—9.(*Mi*) COrg. 90. XVIII, 634—5.(*Krum.:R*)
MoL. 90. V, 172—4. (*Mat.*) LZ. 91. S. 581—2. (*Mi.*)
CBl.¹ 90. S. 248—9. (*Kauf.*) ESt. 92. XVI, 113—9. (*Wes.*)
FrG. 90. VII, 97—9. (*Gun.*) LBl. 92. XIII, 164—8. (*Kar.*)

Karsten, Gust.: The Phonetic Section of the Modern Language Association, in: MoL. 1889. IV, 484—487.

Kauffmann, F.: Zur Geschichte der Vokalsysteme, in: PhSt. 89. II, 61—62.

I.: Berichtet über Zeune's Artikel *Vokalismus*. aus dem Jahre 1853.

Kühn, K.: Vorschläge für eine einheitliche Schullautschrift, in: PhSt. 1889. II, 328—330.

A. Vgl. damit Passy's *Gegenvorschläge*, 1890, u. eine Bem. Logeman's in den *PhSt*. 1890. III, 213.

Loewenberg, Dr. —: Akustische Untersuchgn. über die Nasenvocale, in: Deutsche Mediz. Woch. 1889. XV, 518–520. Sep.-Abdr. s. a. s. l. 7 S. 8⁰.

A. 1. Der Verf. bediente sich bei seinen Untersuchungen des König'schen Tonometers, nämlich einer die ganze musikalische Scala umfassenden Reihe absolut genau abgestimmter Stimmgabeln. L. glaubt nachgewiesen zu haben, dass „die Eigentöne der frz. Nasenvokale $\tilde{a}$, $\tilde{e}$, $\tilde{o}$ gleich den unteren Terzen der Eigentöne der entsprechenden, reinen Vokale a, e o sind". Wenig überzeugend.

A. 2. Dass der Verf. kein Phonetiker ist, ersieht man schon aus seiner Behauptung, dass *ang, eng*, (Anger, Engel) etc. Nasen*vokale* seien.

Nuvoli, —: Fisiologia ... degli organi vocali in relazione all'arte del canto e della parola. Mil. 1889.*

Lyttkens, J. A., et **Wulff,** F. A.: .. La transcription phonétique etc. Stockholm. 1889. 12 S. 8⁰.

Ur. Die vorgeschlagene Lautschrift mit ihrem bunten Durcheinander von antiqua, kursiv, Fettdruck etc. kann nicht empfohlen werden (*Gart.*); der neue Beitrag zur Lösung der schwierigen Aufgabe verdient Erwägung (*Mi.*); trotz prinzipieller Bedenken zu empf. (*Kar.*)

Cf. LBl. 90. XI, 384—6.   (*Kar.*) | PhSt. 91. IV, 117—9. (*Gart.*)
ANSp. 90. LXXXIV, 145—6. (*Mi.*)

Roorda, P.: De Klankleer en hare practische toepassing, vooral met het oog op de studie der niewe talen. Gron. 1889. 160 S. 8°.*

I.: Die Sprachorgane 1. — Übersicht der einzelnen Sprachlaute 8. — Die Sprachlaute in der Zusammensetzung 63 ff. — ?

Ur. Knapp, deutlich, sorgfältig, mit einem Worte ein nützliches Werk (*Brug.*); an admirable and highly useful little book (*Log.*)

A. *R.* gibt den östlichen oder allgemein *nieder*ländischen, L o g e m a n dagegen den rein westlichen oder *holländ*ischen Lautstand.

Cf. Mai. 89. IV, 45—6.   (*Log.*) | PhSt. 90. III, 214—9.   (*Brug.*)

Techmer, F r i e d r.: Zur Lautschrift mittels lateinischer Buchstaben und artikulatorischer Nebenzeichen, in: InZ. 1889. IV, 110—129.

A. Nachtrag zu der Abhandlung vom Jahre 1884.

Techmer, F r i e d r.: Vorwort des Herausgebers [i. e. Techmer's] zu John Wilkins' Essay. Part III. „Natural Grammar", in: InZ. 1889. IV, 339—348.

I.: Der Herausgeber hebt in beredten Worten die Bedeutung Wilkins' hervor, des Begründers der *Phonographie*.

A. Dieser Artikel wurde mit in die *Beiträge*, 1889, aufgenommen.

Vietor, W i l h.: Haben die Vokale feste Resonanzhöhen?, in: PhSt. 89. II, 62—63.

I.: Handelt über die bisher von R e y h e r , F l ö r k e , H e l l w a g , W i l l i s , D o n d e r s , H e l m h o l t z , M e r k e l , K ö n i g , G r a b o w , A u e r b a c h , Z a h n u. T r a u t m a n n unternommenen Versuche, die *Eigentöne* des Mundraumes bei der Artikulation der einzelnen Vokale zu bestimmen, gibt eine Zusammenstellung der gefundenen, von einander sehr abweichenden Tonhöhen u. kommt zu dem Resultate, dass es „nicht mehr erlaubt ist, bestimmte Resonanzhöhen als allgemein gültig anzusetzen; das wäre nur möglich, wenn alle Mundräume von Natur gleich gross wären". Vgl. damit V i e t o r [*ZfrS.* 1880. II, 49; *El. d. Phon.* 1887[2] S. 19 ff.; 1893[3] S. 27 ff. u. S. 387.] *PhSt.* 1888. I, 76 u. S t o r m , *Engl. Philol.*[2] S. 97 ff.

A. 1. Hinsichtlich der neuesten Resultate H e r m a n n ' s , P i p p i n g ' s u. L l o y d ' s , siehe des Letzgenannten Ausführungen in den *NSpr.* 1895. III, 241 ff.

A. 2. V i c t o r gegenüber betont P i p p i n g (*ZfrS.* 1893. XV, R. 164 f., u. *Theorie der Vokale*, 1894, S. 6), dass H e l m h o l t z' diesbezügliche Bemerkung oft missverstanden worden sei u. er zum ersten Male den wichtigen Lehrsatz ausgesprochen habe, *„dass eine u. dieselbe Arti-*

kulationsform bei verschiedenen Individuen, deren Sprachorgane nicht kongruent sind, nicht denselben Laut erzeugt, sondern dass die Einheitlichkeit eines Lautes innerhalb einer Gruppe von Individuen in der Regel ... nur durch Variationen in der Artikulationsform erzielt werden kann." Wie Pipping, so ist auch Hermann zu dem Ergebnis geführt worden, dass die Vokale *feste Resonanzhöhen* haben. (Siehe Hermann's *Untersuchungen*, 1890 ff.)
A. 3. Die Richtigkeit der Helmholtz'schen Ansicht ist von N. Beckmann, 1894, angezweifelt worden.

Wulff, Fredrik: Compte-rendu sommaire d'une transcription phonétique. Stockh. 1889. 12 S. 8⁰.*

Ur. Système d'écriture, relativement facile à exprimer, mais difficile à lire (*Pas.*).
Cf. Maî. 90. V, 25—6. (*Pas.*)

1890.

Arnold, Yourij von [in Moskau]: Zur Theorie von der Physiologie des Klanges, in: ZMus. 1890. LVII, 2—4, 13—15, 25—26, 39—40, 49—51, 61—64, 73—75.

Eichhorn, Alf.: Die Vocalsirene, eine neue Methode der Nachahmung von Vocalklängen, in: Ann. 1890. N. F. XXXIX, 148—154.

Grandgent, Ch. H.: Vowel Measurements, in: Publications of the Mod. Lang. Association of America. 1890. V. Suppl. p. 148—174 8⁰.

I.: Versucht durch genaue Messungen der Mundhöhle die Bildung der 15 Hauptvokale des Bostoner Dialektes zu bestimmen.
Ur. Procédé ingénieux (*An.*).
A. Vgl. Storm, der die Wichtigkeit der Untersuchung anerkennt, zugleich aber deren Mängel hervorhebt, siehe *Engl. Philol.*[2] S. 332 ff. Ebenda, S. 334 ff., gibt Storm sehr lehrreiche, vergleichende Figuren, welche die von einander abweichenden Resultate der von Lenz, Jespersen u. Grandgent vorgenommenen Experimente veranschaulichen.
Cf. Ro. 91. XX, 511. (*An.*)

Grassmann, Rob.: Die Sprachlehre, d. h. die Lehre von den Arten der Laut-, Wort- u. Satzbildungen, welche dem Menschen mögl. sind, von ihren Formen u. Gesetzen, etc. Stettin. 1890. XII u. 216 S. 8⁰.

A. Als Einl. zu seinem unverdaulichen Werke gibt der Verf. eine Lautlehre (S. 4—54), in welcher er statt Vokale u. Konsonanten die Bezeichnungen *Rufe* bezw. *Rausche* „in die Wissenschaft einführt". Er macht den Leser mit einer stattl. Reihe solcher Rausche bekannt, mit dem Lippenrausch, Gaumenrausch, Schlundrausch, Zinnrausch, Starrrausch, Wandrausch etc. Selbst ein Dauerrausch fehlt nicht!

Ur. Gänzl. verfehlt (*An.*).
Cf. J.-B.[1] 91. XIII, 9. (*An.*)

Hermann, L.: Das Hören der Vokale u. die Theorien der Tonempfindungen, ein Vortrag, kurz wiedergegeben in: Schriften der physikalisch-ökonomischen Gesellschaft zu Königsberg i. Preussen. Bd. XXXI. Königsberg. 1890. 4° (cf. Sitzungsberichte S. 27—28) u. Bd. XXXII. 1891. (cf. Sitzungsberichte S. 15—17.)

Hermann, L.: Über das Verhalten der Vokale im neuen Edison'schen Phonographen, in: APhys. 1890. XLVII, 42—44.

I.: Zeigt, dass ein gesungener Vokal durch den Phonographen nur dann unverändert wiedergegeben wird, wenn die Drehgeschwindigkeit dieselbe bleibt, u. dass Veränderung der letzteren auch den Charakter des Vokals ändert, also die Klangkurve des Vokals bei verschiedener Drehgeschwindigkeit eine *verschiedene* Gestalt annimmt.

A. 1. Diese Untersuchungen dienen zur Stütze jener von Helmholtz bereits 1863 geäusserten Ansicht, dass ein Vokal bestimmt wird durch einen charakteristischen Ton von *absoluter* Höhe, nämlich durch den Mundhöhlenton, der sich dem Stimmklang, unabhängig von dessen Höhe, beimischt. S. auch Hermann, *Lehrbuch der Physiologie*, Berlin 1896. S. 352 f.

A. 2. Vgl. jedoch Pipping (*ZfrS.* 93. XV, R. 162), Lloyd (*NSpr.* 1895 III, 241 ff.), Victor (*Elemente*[3] S. 32 ff.).

Hoffmann, Hugo: Der erste Sprech- u. Sprachunterricht in der Taubstummenschule. Marburg. 1890. 64 S. 8° nebst einer Tafel.

Ur. Zu empf. (*Kew.*).
Cf. PhSt. 90. III, 362—5. (*Kew.*)

La Grasserie, R. de: Études de grammaire comparée. Essai de phonétique générale. Par. 1890. 296 S. 8°.

I.: Bietet nach einer allgemeinen, phonetischen Einleitung eine vergleichende Lautlehre der verschiedenartigsten Sprachen der Welt.

Ur. Zeugt von Vielseitigkeit u. Belesenheit, ist aber oberflächlich u. mangelhaft im einzelnen u. für Romanisten entbehrlich (*Seel*).
Cf. J.-B.³ 90. I, 9. (*Seel.*)

Lloyd, R. J.: Some Researches into the Nature of Vowel-Sound. s. l. [Liverpool]. 1890. S. 157—202. 8°.

Ur. Is a work of the very first importance (*Whee*.).
A. Pipping's Kritik siehe unter der folgenden Schrift.
Cf. MoL. 91. VI, 214—7. (Whee.)

Lloyd, R. J.: Speech-Sounds, their Nature and Causation, in: PhSt. 1890. III, 251—278; 1891. IV, 37—67, 183—214, 275—306; 1891. V, 1—32, 129—141, 263—271 (Schluss fehlt).

Ur. Nicht neu, trifft auch den Kern der Sache nicht (*Seel.*; s. A. 2); kerngesunde, treffl. dargestellte Grundanschauungen u. scharfsinnige Einzelbemerkungen, aber irrige Ansichten auf dem Gebiete der Akustik (*Pip.*; s. A. 3).

A. 1. Nur ein Akustiker von Fach wird im stande sein, alle *Einzelheiten* der obigen Abhandlung, in der auch die Ansichten früherer Forscher — Helmholtz, Trautmann, Bell, Sweet, Willis, Pipping, Hensen, Hermann, Grandgent — besprochen werden, auf ihre Richtigkeit hin zu beurteilen. Übrigens hat Lloyd selber die wichtigsten Ergebnisse seiner Untersuchungen noch einmal klar u. bündig zusammengefasst in den *NSp*. 1894 (II, 315). Von der Ansicht ausgehend, dass ausschliesslich physikalische oder ausschliesslich genetische Vokalanalysen befriedigende Resultate zu liefern nicht im stande sind, ist Lloyd bemüht, jene beiden Faktoren bei der Vokalbildung in ihrem gegenseitigen Zusammenhange zu untersuchen. Die Mängel der Arbeit sind vor allem von Pipping hervorgehoben worden, der zugleich eine dankenswerte u. unerlässliche Ergänzung dazu in seinem Exkurs über die Physiologie des Ohrs (s. *Theorie der Vokale*, S. 13 ff.) bietet.

A. 2. Gegen Seelmann's Urteil wendet sich Storm in seiner *Engl. Philol.*². 1892, S. 342 ff. u. sagt. S. 350: „Lloyd ist ein Akustiker ersten Ranges; seine Arbeit ist für die Bestimmung der feinsten Lautschattierungen von geradezu epochemachender Bedeutung; sie gehört zur Phonetik der Zukunft." Vgl. ferner Storm's Urteil in den *PhSt*. 1893 (VI, 205). Lloyd's Ansichten über die Eigentümlichkeiten der englischen Aussprache werden von Storm ibd. (S. 461 ff.) besprochen.

A. 3. Auf Pipping's überaus wichtige Kritik antwortet Lloyd in der *ZfrS*. 1894 (XVI. Misz. S. 201—208), worauf dann der erstere, u. zwar noch im selben Jahre, seine *Theorie der Vokale* erscheinen lässt, in welcher er sein Bedauern darüber äussert, dass Lloyd ihn falsch verstanden habe (S. 6), dass er seine Ansichten alle Augenblicke wechsele (S. 8) etc. etc.

A. 4. Wie Trautmann in den *MiA*. 1894 (IV, 292) Lloyd's Ansicht, dass bei der Vokalbildung nicht die *absolute*, sondern die *relative* Höhe ihrer Resonanzen das bestimmende Element sei, als eine ganze irrige bezeichnet, so spricht ihr, wie bereits angedeutet, auch Pipping (*Theorie der Vokale*, 1894, S. 18) die Bedeutung ab, welche der englische Forscher ihr für die Charakteristik der Vokale zuschreibe. Auch Michaelis äussert Bedenken, s. *ANSp*. 1894 (XCII, 188). — Dagegen ist Vietor (Elemente³ S. 32 ff.) der Ansicht, dass sich Lloyd auf dem richtigen Wege zur Lösung des Problems befinde. — Vgl. übrigens noch Hermann's *Untersuchungen*, 1890.
Cf. J.-B.³ 90. I, 9—10.   (*Seel.*) J.-B.³ 96. II, 35.   (*Kos.: R.*)
ZfrS. 93. XV, R. 157—71. (*Pip.*)

Logeman, Willem S.: Darstellung des niederländischen Lautsystems, in: PhSt. 1890. III, 28—42, 279 – 289.

Ur. Un peu obscur sur certains points, mais néanmoins très instructif (*Pas*).

A. 1. Damit sind noch die kurzen Ausführungen Sweet's zu vergleichen in seinem *Handbook* (S. 139—144) u. in seiner *History* (passim). Eingehender haben darüber Eldar (1886) u. Roorda (1889) gehandelt.
A. Die Richtigkeit der von Logeman (S. 30) aufgestellten Lauttabelle wird von Bruggencate (PhSt. 90. III, 215 ff.) bezweifelt.
Cf. Mai 90. V, 83. (*Pas.*)

Pipping, Hugo: Om Klangfärgen hos sjungna vokaler. Diss. Hels. 1890. 94 S. 8⁰ u. 2 Tafeln. Deutsch u. d. T. Zur Klangfarbe der gesungenen Vokale, in: ZBi. 1890. XXVII, 1—80, 433—438.

A. Der Verf. bediente sich bei seinen Untersuchungen des Hensen'schen Sprachzeichners u. gelangte, wie L. Hermann auf phonophotographischem Wege, zu dem Ergebnis, dass die Höhe der Partialtöne der Vokale mit der Notenhöhe eine wesentliche Veränderung nicht erleidet. (Siehe S. 77, wo der Verf. die Resultate seiner Untersuchungen zusammengefasst hat.)
Cf. CBl.⁴ 91. IV, 529—30. (*Grü.: R.*)

Pipping, Hugo: Om Hensens Fonautograf som ett hjälpmedel för språkvetenskapen. Hels. 1890. (Abgedr. in der ZBiol. 1890. XXVII, 13 ff.)

Schulze, O.: Phonetik, in: Grenzboten. 1890. S. 20—27.

Stern, —: Über mikrophorische Tonstärkemessung. Diss. Königsberg. 1890.*
A. Vgl. damit Wundt's Ausführungen über die Messung von Schall-

stärken in den *Philos. Studien* 1883. I, 10 ff., u. in den *Ann.* XVII, 695 ff.

Swoboda, Wilh.: Zur Geschichte der Phonetik in Österreich, in: ZRW. 1890. XV, 385—406, 449—471.

I.: Einl. 385. — Erste Epoche. Kempelen 388. — Reitter 397. — Czech 387. — J. Grimm 398. — Purkyñe 400.
Zweite Epoche. Brücke 401, 457, 462, 466. — Czermak 451, 464. — Kudelka 458. — Scherer 469—471.
A. Eine vortreffl. orientierende Arbeit!

Tänzer, A.: Die Natur unserer Sprachlaute mit Berücksichtigung des Frz. u. Engl. Pro. R.-G. Zwickau. 1890. 41 S. 4°.

I.: Die Sprachorgane 2. — Die Stimme 4. — Die Lautbildung 7. — Die Vokale 8. — Artikulationsstellen 25. — Stimmabschluss, Gleitvokale u. Diphthonge 26. — Die Konsonanten 28.
Ur. Displays evidences of conscientious and independent investigation; the treatment of the consonants is original and suggestive (*Ll.*); unreife Erstlingsarbeit, zeugt jedoch von Talent zu origineller, gründlicher Beobachtung (*Seel.*); lehrreich (*P. L.*).
Cf. J.-B.³ 90. I, 12. (*Seel.*) MiA. 92. II, 88. (*P. L.*)
PhSt. 91. IV, 247—51. (*Ll.*)

Techmer, Friedr.: Jac. Matthiae de vera literarum doctrina. 1586 [herausgegeben von —], in: InZ. 1890. V, 90—132, nebst Vorwort des Herausgebers, ibd. V, 84—89.

A. Es ist dies wohl der *älteste* Versuch einer *allgemeinen Phonetik*, auf dessen Wichtigkeit bereits Hoffory (Anz. f. deutsches Alterth. VIII, 190) u. Michaelis (in einem Briefe an Techmer) aufmerksam gemacht hatten.
Ur. Sauberer, sorgfältiger Neudruck. (*Seel.*)
Cf. J.-B.³ 95. I, 2—4. (*Seel.*)

Techmer, Friedr.: Beitrag zur Geschichte der frz. und engl. Phonetik u. Phonographie, in: InZ. 1890. V, 145—295, mit 4 Tafeln und 3 Figuren. (Auch sep. u. d. T.: Beiträge etc. I [einziger] Teil.) Heilbronn. 1889 (mit der ursprüngl. Seitenzählung). 8°.

I.: Einleitendes. (Dictionnaire de l'Académie 146, lat. Aussprache u. Schreibung 147 [Seelmann 147], Übergang von lat. u. zu frz. u. 149, lat. k, g 152, lat. (i)gn 154, lat. h 154.) — Altfranzösische Zeit 155, XVI. Jahrh. 161, XVII. Jahrh. 177, XVIII. Jahrh. 182, XIX. Jahrh. 205—295.

Ur. In der Arbeit ist zweierlei verquickt; der Mangel *philologischer Schulung* hat zu den gröbsten Schnitzern geführt (s. A. 1), doch ist Techmer der erste Phonetiker der Welt, der grösste Lautnaturforscher der Neuzeit, der Grossmeister der Phonetik (*Seel.;* s. A. 2); willkommene Gabe (*Tan.*); bietet eine Fülle von Anregung u. Belehrung (*Gun.*); zeugt von beispiellosem Fleisse u. grossem Scharfsinn (*Vie.*).

A. 1. Dagegen bemerkt Storm in den *PhSt.* 1893 (VI. 202 f.), dass Seelmann die Bemerkung Techmers über *n* mit Unrecht bemängelt habe.

A. 2. Anderer Meinung ist Storm, der in den *PhSt.*. 1893 (VI, 201 f.), sich dahin ausspricht, dass Techmer mehr theoretische Spekulationen gebe, als wirkliche Beobachtungen von Thatsachen, dass er die fremden Laute nie wirklich beherrscht u. gekannt habe u. die positive Ausbeute seiner Arbeit überraschend klein sei. (Ähnlich drückt sich Storm in der *Engl. Philol.*[2] S. 262 ff. aus.) Andererseits erkennt aber Storm die ausserordentliche Belesenheit T.'s, seine Arbeitsamkeit u. seinen Scharfsinn ausdrücklich an, s. *Engl. Philol.*[2] S. 281 ff. — Koschwitz (J.-B.[3] 1896. II, 330) hält ihn für den belesensten von allen modernen Phonetikern, dessen Beurteilungen gründliche Kenntnisse u. weiten Blick verraten.

Cf. CBl.[1] 91. S. 1121—3.   (*Vie.*) PhSt. 93. VI, 110—11.   (*Gart.:R.*)
ANSp. 91. LXXXVII,458—60.(*Tan.*) J.-B.[3] 95. I, 2—5.   (*Seel.*)
Fr.-G. 91. VIII, 169—70.   (*Gun.*) J.-B.[3] 96. II, 330.   (*Kos.*)

Wagner, Phil.: Über die Verwendung des Grützner-Marey'schen Apparats u. des Phonographen zu phonetischen Untersuchungen. Vortr., in: PhSt. 1890. IV, 68—82; kurz wiedergegeben in: ANSp. 1890. LXXXV, 377—381.

A. 1. Der Apparat dient u. a. dazu, die Nasalität und die Quantität der Vokale u. Diphthongen, die Zahl der Vibrationen bei der Bildung der *r*-Laute, sowie die Intensitätsverhältnisse des Lautstroms bei der Erzeugung der Konsonanten festzustellen, die Gemination u. den tonischen Silben- u. Wortaccent zu veranschaulichen. — Zum Schluss berichtet der Verf. noch über die eingehenden Versuche, welche er mit dem Phonographen angestellt hat, um die Eigentümlichkeiten der schwäbischen (Reutlinger) Mundart zu bestimmen.

A. 2. Über die Mängel berichtet der Verf. selber, ibd. 1893 (VI, 1).
Cf. J.-B.[3] 96. II, 32. (*Kos.:R.*)

1891.

Boeke, J. D.: Miskroskopische Phonogrammstudien, in: APfl. 1891. L, 297—318.

1.: Versuche mit dem Edison'schen Phonographen, um die Klangfarbe, die persönliche Eigentümlichkeit u. den Ausdruck gesprochener u. gesungener Worte u. Sätze zu konstatieren und mittelst der Hermann'schen Schablonen zu analysieren.

Cf. CBl.⁴ 92. V, 654—5. (*Wag.: R.*) | J.-B.³ 96. II, 37. (*Kos.: R.*)

Borinski, Karl: Grundzüge des Systems der artikulierten Phonetik. Zur Revision der Prinzipien der Sprachwissenschaft. Stuttgart. 1891. XI u. 66 S. 8⁰.

I.: Phonetik u. Sprachwissenschaft 1. — Der Laut 6. — Der Lautwandel 19. — Wort- u. Neubildung 32. — Anmerkungen 39—66.

Ur. Vielseitiger Inhalt (*Mel.*); höchst belehrende u. nutzbringende Bemerkungen, aber in einer orakelhaften u. schwerfälligen Sprache (*S-e.*); zeugt von grosser Belesenheit, neben manchen guten Gedanken finden sich ganz falsche Behauptungen, die Ausdrucksweise ist schwülstig u. unverständl. (*Len.*); gibt eine neue Anregung zu einer tieferen Auffassung der Sprache, dem Ausdruck fehlt es an Klarheit (*Gun.*); eine seltsame Mischung von Schlechtem u. Gutem, von unüberwundener Unklarheit u. gewollter Dunkelheit, alles in recht anmasslichem Tone vorgetragen (*Schu.*); der sprachl. Ausdruck ist vollständig embryonal, die Schrift ist ein Konglomerat von spekulativen u. naturwissenschaftl. Ideen, durchsetzt mit einer eigenartigen Mystik (*Leit.*); bietet einen reichen Inhalt u. gibt vielseitige Anregungen (*Mi.*); orakelhafte Sprache, doch eröffnet der Verf. weite Ausblicke (*To.²*); vielseitig, aber nicht immer neu (*Süt.*); on se demande pour quelle raison l'auteur a écrit son livre, toutefois il y a des considérations capitales (*Hen.*); anregend u. wichtig (*Seem.*); manchmal anregend, aber von Anfang bis Ende mit absprechendem Hochmut geschrieben (*Mey.*): die phonetischen Wissenschaften können von dem schwer verständlichen Vortrage nichts lernen (*Kos.*).

Cf. Rer. 91. XXXII, 441—2. (*Hen.*) LZ. 92. S. 622—4. (*To.²*)
Woch.¹ 92. S. 1431—2. (*Mey.*) Bl.¹ 92. XXVIII, 534—6. (*Je.:R.*)
Korr. 92. XXXIX, 69—70. (*Mel.*) ANSp.92. LXXXVIII,74—7. (*Mi.*)
ZöG. 92. XLIII, 229—32. (*Seem.*) Anz.² 93. II, 7—8. (*Süt.*)
ZfrS. 92. XIV, R. 154—62.(*Leit.*) LBl. 93. XIV, 41—7. (*Schu.*)
Fr.G. 92. IX, 68—70. (*Gun.*) PhSt. 93. VI, 191—9. (*Len.*)
Woch.² 92. S. 486—8. (*Kret.*)* CBl.² 95. IX, 274—5. (*S-e.*)
CBl.¹ 92. S. 1330—31. (*Vie.:R.*) J.-B.³ 96. II, 29—30. (*Kos.*)

Demeny, G.: Analyse des mouvements de la parole par la chronophotographie, in: AcaS. 1891. CXIII, 216—217.

I.: Hält die vom Munde eines Sprechenden genommenen, mit dem Zootrop zusammengesetzten Momentbilder einem Taubstummen vor, der darin Vokale u. Diphthonge zu erkennen im stande ist.

Cf. J.-B.³ 96. II, 38. (*Kos.: R.*)

Deville, G.: Notes sur le développement du langage chez les enfants, in: Rev. de linguistique, 1891. XXIV, 10—42, 128—144, 242—258, 300 320.
- A. Zeigt, in welchem Alter u. in welcher Reihenfolge seine kleine Tochter die einzelnen Laute u. Lautgruppen der frz. Sprache gebildet hat.

Gabelentz, G. von der: Phonetische Schulung. Werth der Phonetik, Stellung derselben zur Sprachwissenschaft. Lautunterscheidung, Articulation, Übung des Sprach- u. Gehörorgans. Phonetische Schriftsysteme (S. 32 -39), in des Verf.'s Schrift: Die Sprachwissenschaft, ihre Aufgaben, Methoden u. bisherigen Ergebnisse. Lpz. 1891. XX u. 502 S. 8⁰.
- A. Eine Zusammenstellung der Urteile der fachwissenschaftl. Kritik bringt der J.—B.⁴ 1892. XIV, 9.

Grimm, W.: Die Natur der Sprachlaute u. ihr Einfluss auf die Leistungsfähigkeit der Stimme für Wort und Ton. Ein rhapsodischer Vortrag. Zürich. 1891. XV u. 12 S. 8⁰.*

Hensen, Victor: Die Harmonie in den Vokalen, in: ZBi. 1891. XXVIII, 39—48, 227—228.
- A. Kommt zu dem von Hermann's Ansicht abweichenden Resultate, „dass der Eigenton der Mundhöhle sich den Vokalklängen nicht zugesellt."
- Cf. J.-B.³ 96. II, 36. (Kos.: R.) | ZPsy. 93. IV, 116—7. (Schä.: R.)

Hermann, L.: Bem. zur Vokalfrage, in: APhys. 1891. XLVIII, 181 ff.*

Hermann, L.: Die Übertragg. der Vokale durch das Telephon u. Mikrophon, in: APhys. 1891. XLVIII, 347—373, 543—574.
- Cf. CBl.⁴ 92. V, 224—5. (Grü.: R.)

Hermann, L.: Über die Prüfg. von Vokalkurven mittelst der König'schen Wellensirene, in: APhys. 1891. XLVIII, 574—577.
- Cf. CBl.⁴ 92. V, 225. (Grü.: R.) J.-B.³ 96. II, 37. (Kos.: R.)

Hermann, L.: Die Übertragung der Vokale durch das Telephon u. das Microphon, in: APhys. 1891. XLVIII, 549—574.

Hermann, L.: Zur Theorie der Combinationstöne, in: APhys. 1891. XLIX, 499—518.

Koschwitz, Ed.: La Phonétique expérimentale et la philologie franco-provençale. Compte Rendu du Congrès scientifique international des Catholiques, Par. 1891. S. 11—24. (Abgedruckt in: Rev. des pat. g.—r. 1891. IV, 214—228; ferner mit Anm. in: ZfrS. 1892. XIV, R. 122—134.)

I.: Konstatiert, dass die in den letzten Jahren fast ausschliesslich von Philologen gehandhabte Phonetik auf d. besten Wege war, zu versumpfen, hebt die Wichtigkeit d. Experimentalphonetik hervor. zeigt, welche Ansprüche sie an die Ausgestaltung der modernen, insbesondere der französisch-provenzalischen Lautlehre stellt u. weist darauf hin, dass die *historische* Grammatik des Französischen durch nichts mehr gefördert werden könne, als durch ein genaues Studium der neufranzösischen u. vor allem der neuprovenzalischen Dialekte.

Cf. MoL. 92. VII, 292—7. (*Mat.: R*) | J.-B.[3] 96. II, 33. (*Kos.*)
LBl. 92. XIII, 340—1. (*Stür.*)

Ur. Richtige Ausführungen in eleganter u. klarer Form (*Stür.*).

A. Hinsichtl. des sog. mouillierten *l* ist noch auf Matzke's Aufsatz in d. *Publ. of the Mod. Lang. Association* V, 52—105 zu verweisen.

Lloyd, R. J.: Sound waves Made Visible by Photography; also an Improved Method of Measuring Articulations. in: Publ. of the Lit. and Philos. Soc. of Liverpool. 1891, 20th. of April.*

I.: Bespricht Arbeiten von Pipping, Hermann u. Grandgent.

Lloyd, R. J.: The Physical Nature of Vowel-Sounds, in: Proc. of the Lit. and Philos. Soc. Liverpool. 1891. XLIV, 243—271.*

Melde, F.: Akustik (S. 823—869), in: Winkelmann's Handbuch der Physik. Breslau. 1891.*

Michaelis, H.: Über die neuere phonetische Literatur, in: Mai. 1891. VI, 136—143; 1892. VII, 15—20.

Rousselot, l'Abbé: Les modifications phonétiques du langage. étudiées dans le patois d'une famille de Cellefrouin (Charente). Étude expérimentale des sons etc., in: Rev. des pat. g.—r. 1. Partie. 1891. No. 14 u. 15. IV, 65—208; 2. Partie. 1892. No. 19—20 V, 209—383; 3. Partie. 1893. V, 381—434. — Sep. ersch. Par. 1892. 374 S. 8[0].

I.: Intr. 65. — I. Analyse physiologique. Appareils (s. A. 3) 72. — Régions d'articulations 87. — Fonction du larynx. Les sonores et les sourdes 101. — Souffle, mesure, accent 125. — Durée 139. — Hauteur musicale des sons 173.
II. Modifications historiques de l'ancien fonds du patois. Objet et division 209. — Géographie et histoire 211. — Documents oraux et doc. écrits 224. — Consonnes 245. — Voyelles 314. —
III. Modifications du fonds nouveau du patois. Créations analogiques 382. — L'élément étranger 386. — Changements subis par les sons étrangers 392. — Modifications imposées au patois par l'élément étranger 401. — Conclusion 410. — Appendice 416. — Table 421—434.

Ur. Bedeutend (*Ram.*); reicher Inhalt, der eingeschlagene Weg ist der einzig richtige (*Beh.*); bedeutet die grösste Förderung lautgeschichtl. Erkenntnis (*Schu.*; s. A. 2.); von hervorragendem Werte (*Kos.*; s. A. 4.); travail de grande valeur, dont le détail est traité dans un excellent esprit philosophique; il faut s'incliner devant la puissance d'observation de l'auteur et admirer son talent d'exposition (*Tho.*); genaue u. zuverlässige Apparate (*Stür.*); moyen précieux pour vérifier, controler et préciser les résultats de la simple observation, mais rien ne vaut une oreille attentive (*Pas.*; s. A. 6); an apparatus of the most ingenious kind (*Mat.*); hier ist zum ersten Male gründliche philologische u. exakte naturwissenschaftl. Forschung auf das innigste verbunden (*Kos.*, 1896); a traité son sujet avec une compétence parfaite et mis la science linguistique sur le chemin où elle est appelée à faire des progrès (*Dou.*).

A. 1. Die Kosten des Apparates betragen 1724 Frs., s. *PhSt.* 93, VI. 125, 364; weitere Angaben über die Kosten der einzelnen zur Verwendung kommenden Apparate finden sich in Verdin's *Catalogue des instruments de précision pour la physiologie et la médecine.* Par. 1890. — Auch werden die einzelnen Apparate von Herrn Verdin (Paris, rue Linné 7) fertig geliefert.

A. 2. Schuchardt's allgemeine, kritische Betrachtungen verdienen aufmerksame Erwägung.

A. 3. Eine deutsche Beschreibung der Apparate hat Koschwitz geliefert, nämlich: Der Registrierapparat, s. *ANSp.* 1892. LXXXVIII, 244 ff.; die Marey'sche Hebeltrommel, ibd. 247 f.; das Deprez'sche elektrische Signal, ibd. 248 ff.; der künstliche Gaumen, ibd. 251 f.; der äussere Zungenbeobachter, ibd. 252 f.; die beiden Lippenbeobachter, ibd. 253 ff., 263 ; die Atmungsbeobachter, ibd. 255 f.; die Marey'sche Trommel, ibd. 256 ff.; die Kehlkopfbeobachter, ibd. 258 f., 263; der Nasenbeobachter, ibd. 259 f., 263; das Mikrophon, ibd. 260 f.; das elektrische Signal, ibd. 261 f.; der Spirometer, ibd. 262; das Stethoskop, ibd. 262; die Stimmgabel, ibd. 262.

A. 4. In dieser kritischen Besprechung bietet Koschwitz zugleich eine wenn auch nicht vollständige, so doch übersichtliche Inhaltsangabe, während er den *methodischen Wert* der R.'schen Untersuchungen besonders in seiner Abhandlung *La phonétique expérimentale* etc., 1891, hervorgehoben hat.

A. 5. Während der letzten Wochen des Sommersemesters 1893 hielt Rousselot im Saale des romanischen Seminars der Universität Greifswald eine Reihe von öffentlichen Vorlesungen, in denen er seine Apparate in Thätigkeit setzte u. die Bedeutung seiner Methode für die gesamte Sprachwissenschaft darthat. (Einen kurzen Bericht über jene, auf exakte Experimente sich stützenden Vorlesungen bringen die *Hochschul-Nachrichten*, 1893, Sept.-Okt., u. *die Neueren Sprachen*, 1893, I, 433f.)

A. 6. Auch Storm (*PhSt.* 1889. II, 141, u. *Engl. Philol.*[2] S. 265, 290f.. 331) äussert einige Zweifel hinsichtl. des Nutzens, den die Phonetik aus der stomatoskopischen Methode u. aus den mechanischen Bestimmungen durch Maschinen ziehen könne; der Phonetiker müsse stets ein feiner, selbständiger Beobachter u. ein praktischer Sprachkenner sein u. die Laute selbst beherrschen. Letzteres versteht sich übrigens von selbst.

Cf. ZfrS. 92. XIV, R. 36—44. (*Beh.*) LBl. 92. XIII, 340. (*Stür.*)
LBl. 92. XIII, 303—15. (*Schu.*) PhSt. 93. VII, 34. (*Vie.:R.*)
ANSp. 92. LXXXVIII, 241—266. (*Kos.*) LBl. 93. XIV, 205—12. (*Kos.*)
PhSt. 92. V. 348—49. (*Ram.*) Mai. 93. VIII, 104—6. (*Pas.*)
Rom. 92. XXI, 437—43. (*Tho.*) Anz.[2] 94. III, 135—40. (*Dou.*)
MoL. 92. VII, 292. (*Mat.*) J.-B.[3] 96. II, 32—3. (*Kos.*)

Rousselot, l'Abbé: La méthode graphique appliquée à la recherche des transformations inconscientes du langage, in: Compte Rendu du Congrès scient. intern. des Catholiques etc. Par. 1891. 6. sect. S. 109—112. Auch sep. ersch. ibd. 1891. S. 5—8.

I.: Zeigt, dass die Experimentalphonetik uns in den Stand setzt, die *unbewussten* Lautveränderungen zu beobachten u. zu registrieren, von denen die lautl. Sprachentwicklung meistens ihren Ausgang nimmt.

Ur. Genauere u. vollständigere Apparate, als diejenigen von Hensen, Grützner etc. (*Stür.*).

Cf. MoL. 92. VII, 292. (*Mat.: R.*) | LBl. 92. XIII, 340. (*Stür.*)

Schulten, M. W. af: Totale Exstirpation der Zunge und deren Einwirkung auf die Sprache, in: ZChir. 1891. XXXV.*

I.: „Zeigt, dass viele Vokale sogar nach Exstirpation der Zunge gut gesprochen werden können." (*Pip.*)

A. Vgl. Alexandrow, 1886.

Sievers, E.: Phonetik, in Paul's Grundr. d. germ. Philol. Strassburg. 1891. I 266—299.

Cf. Anz.[2] 93. II, 41—3. (*Vie.: R.*)

Sikowski, —: Über das Stottern. 1891.*

Simon, Otto: The Study of Vocal Physiology and the Use of the Laryngoscope as Valuable Adjuncts to Voice Training. Baltimore. 1891. 27 S. 8⁰.*

Swoboda, Wilh.: Zur Geschichte der Phonetik, in: PhSt. 1891. IV, 1—36, 147—182.

I.: Handelt über Kempelen 1—36, Brücke 147—161, 164—182, Kudelka 157 ff., Czermak 161—168.
Ur. Anschauliche Schilderung (*Kos.*).
Cf. J.-B.³ 96. II, 30. (*Kos.*)

Thomas, C.: Voiced and Voiceless Consonants, in: The University Record, Univers. of Michigan. 1891. I, 1 ff.*

Treitel, L.: Über akutes Stottern. 1891.*

Zwaardemaker, Dr. H.: Der Verlust an hohen Tönen mit zunehmendem Alter, in: AOhr. 1891. XXXII, 53—56.

I.: Im Alter wird die Hörbreite mehr u. mehr eingegrenzt, die höchsten Töne werden nicht mehr gehört.
Cf. ZPsy. 92. III, 69. (*Urb.: R.*)

1892.

Beuzemaker, J. J.: Some Problems of Phonetics, in: The Philol. Soc. 1892. 18th. of March, u. in: Acad. 1892, April 9th. N. 1040. S. 355.

I.: Sucht zu beweisen "that the present methods of phonetic research are not calculated to add much of value to our knowledge", u. schliesst mit Bemerkungen über die sich kreuzenden Wirkungen des logischen u. des rhythmischen Accentes im Englischen.

Bezold, Fr.: Einige weitere Mitteilungen über die continuirliche Tonreihe etc., in: ZOhr. 1892. XXIII, 254—267.

I.: Zeigt, dass sich die *obere Hörgrenze* mit der Galton'schen Pfeife bei 1,5 befindet.
Cf. J.-B.⁵ 92. I, 133.   (*Her.: R.*) | J.-B.³ 96. II, 41.   (*Kos.: R.*)

Hoffmann, Dr. Eduard: Stärke, Höhe, Länge. Ein Beitrag zur Physiologie der Akzentuation mit spezieller Berücksichtigung des Deutschen. Diss. [Zürich]. Strassburg. 1892. IX u. 51 S. 8⁰.

I.: I. Definition des Wortes *Akzent* 1. — Stärke, Klang, Dauer im It., Span., Prov., Catal., Franz., Lat., Griech. 3 ff. — Tonbewegung 18. — Stärke u. Höhe 20. — Absoluter u. relativer Akzent 23. II. Phonation 30. — Indifferenzlage 31. — Haupt- u. Nebenton 32. — Übergänge 33. — Betonungverschiedenheiten 34. — Fünf Typen 35. — Sprache u. Musik 39. — Der musikalische Akzent 40. — Akzentverschiebungen 47—51.

Ur. Das Ergebnis ist ein irriges, die Schrift eine unklare u. im Ganzen wenig fördernde (*Bre.*); klar, lesbar, stellt die wichtigsten Gesichtspunkte zusammen (*Heu.*).

A. Der V. sucht zu beweisen, dass die *Tonhöhe* eine notwendige Begleiterscheinung der *Tonstärke* sei. — Vgl. dazu seine nachträgl. Bemerkungen, 1893.

Cf. Anz.² 92. I, 125—7. (*Heu.*) | CBl.¹ 93. S. 220. (*Bre.*)

Kries, J. v.: Über das absolute Gehör, in: ZPsy. 1892. III, 257—279.

I.: Handelt über die nur selten sich findende Fähigkeit, die Höhe gehörter Töne jederzeit frei aus dem Gedächtnis zu erkennen. Dieses unmittelbare Erkennen bezeichnen die Musiker als das *absolute Gehör*.

Ur. Interessante Mitteilungen. (*Her.; Kos.*)
Cf. J.-B.⁵ 92. I, 132.   (*Her.*) | J.-B.⁴ 96. II, 41.   (*Kos.*)

Krzywicki, C. von: Über die graphische Darstellung der Kehlkopfbewegungen beim Sprechen u. Singen. Ein kurzer Beitrag zur Lehre von der Stimmbildung. Königsberg. 1892. 16 S. 4⁰.*

I.: Bedient sich des Laryngographen, eines Apparates, welcher dazu bestimmt ist, die Auf- u. Abwärtsbewegungen des Kehlkopfes graphisch darzustellen; findet, dass bei hohen Tönen der Kehlkopf steigt, bei tiefen dagegen sich senkt, u. schliesst daraus, dass die Tonhöhe nicht sowohl von den Stimmbändern, als vielmehr von dem Stande des Kehlkopfes abhänge.

Ur. Interessante Untersuchung, aber fragwürdige Ergebnisse. (*Wag.²; Kos.*)
Cf. ZfrS. 92. XIV, R. 162—5. (*Wag.²*) | CBl.⁴ 93. VI, 557—8. (*Lode.: R.*)
ZPsy. 93. V, 373.   (*Schä.:R.*) | J.-B.³ 96. II, 38.   (*Kos.*)

Lenz, Rodolfo: La Fonética. Santiago de Chile. (Sep.-Abdr. aus dem 81. Bande der Anales de la Universidad de Chile). 1892. 27 S. 8⁰ u. Tafel.*

Ur. Intéressante brochure (*Ar.*); excellent, clair, pratique (*An.*); sehr zu empf. (*An.*); trabajo util e excelente (*Sar.; s. A.*); bemerkenswert (*Kos.*).

A. Vgl. Passy im *Maî* 1893 (VIII, 166), u. Araujo ibd. 1894 (IX, 30).

Cf. Rom. 93. XXIII, 333. (*An.*) | CBl.¹ 94. S. 1600. (*An.*)
Mai. 93. VIII. 149—50. (*Sar.*) | J.-B. 96. II, 31. (*Kos.*)
NSpr. 94. II, 97—101. (*Ar.*) |

Luick, K.: Unechte und steigende Diphthonge, in: Beit.¹ 1892. XVI, 336—342, 561—562.

A. Knüpft an Sievers' Bem. über das Wesen der unechten Diphthonge an, s. Phon.³ S. 143.

Pick, A.: Beiträge zur Lehre von den Störungen der Sprache, in: APsy. 1892. XXIII, 896—918.

Cf. ZPsy. 94. VII, 223—4. (*Go.: R.*)

Seelmann, Emil: Phonetik, in: J.-B.³ 1895. I, 1—24. (Das betreffende Heft erschien bereits 1892 u. berichtet über die phonetischen Arbeiten des Jahres 1890.)

I.: Zur Orientierung 1. — Zur Geschichte der Phonetik (Techmer 2, Victor 5). — Allgemeine Phonetik (P. Passy 6, La Grasserie 9, Lloyd 9, Sweet 10, Tänzer 12, Arnold 12, Karsten 12). — Romanische Phonetik (Araujo 14, Soames 14, Primer 14, Levêque 15, J. Passy 15, Schwan und Pringsheim 15—24).

Ur. Der Verf. gibt Beweise von Begabung, Gelehrsamkeit u. bedeutender Belesenheit, ist aber kaum der rechte Mann, sich als Phonetiker auf den Richtersitz zu setzen. Die Art, wie er sich selbst u. Sinnesverwandten Lob erteilt u. über Andersdenkende die Geissel der Züchtigung schwingt, macht einen höchst eigenthümlichen Eindruck. Trotzdem enthält die Arbeit viel Gutes (*Sto.*).

Cf. PhSt. 93. VI, 199—212 (*Sto.*).

Senff-Georgi, G.: Die Redekunst. Dresden. s. a. [1892] V u. 70 (bzw. 73) S. 8⁰.

A. 1. Zeigt einen Fortschritt gegenüber der ersten Schrift vom Jahre 1884, da sich der Verf. inzwischen mit einigen Resultaten der Phonetik vertraut gemacht hat.

A. 2. Trotzdem der Verf. kein Phonetiker von Fach u. seine *Redekunst* nicht frei von Mängeln ist, so enthält sie doch so viele beachtenswerte Winke über die richtige Aussprache des Hochdeutschen, dass sie Lehrern des Deutschen wohl empfohlen werden kann.

A. 3. Nach dieser Anleitung wird am k. Konservatorium für Musik u. Theater in Dresden unterrichtet. Den U., welcher die Ausbildung der Sprachwerkzeuge, Erlernung einer reinen neuhochdeutschen Aussprache u. Übung im Vortrag von Prosa u. Poesie bezweckt, besuchen mit Erfolg nicht etwa ausschliesslich Sänger u. Schauspieler, sondern auch Prediger, Professoren, Lehrer u. Lehrerinnen, namentl. auch Ausländer aus fast allen Teilen der Welt.

Siebenmann, F.: Beiträge zur functionellen Prüfung des normalen Ohres, in: ZOhr. 1892. XXII, 285—307.
I.: Findet u. a., dass das gesunde, junge Hörorgan die Flüstersprache bis auf eine Entfernung von 25—26 Meter wahrnimmt.
Cf. J.-B.³ 96. II, 42. (*Kos.*)

Swoboda, Wilh.: Ernst Brücke als Phonetiker, in: Beil. z. All. Z. 1892. N. 13. Jan. 16.

Treitel, Dr. L.: Über die Stimme kleiner Kinder, in: CBl.⁴ 1892. V, 415—418.
Cf. J.-B.³ 96. II, 38. (*Kos.: R.*)

Wulff, Fredrik: Von der Rolle des Akzentes in der Versbildung, in: SKA. 1892. I, 59—90.
I.: Ton, Tonhöhe, Rhythmus u. Satzakzent, Vers, Schwedische Verse, Moderne Skandierung lateinischer Verse.

1893.

Bell, Al. Melville: Speech Tones. Washington. 1893. 18 S. 8⁰.*

Bezold, Friedr.: Untersuchungen über das durchschnittliche Hörvermögen im Alter, in: ZOhr. 1893. XXIV, 1—24.
1.: Findet, dass die *Hörweite für Flüstersprache* bei Kindern sich über 16 Meter erstreckt, aber bei der Mehrzahl der Personen über 50 Jahre nur von 16 bis weit unter einen Meter reicht.
A. Vgl. damit die Ergebnisse Siebenmann's, 1892.
Cf. ZPsy. 93. VI, 397. (*Scha.*) J.-B.³ 96. II, 41—42. (*Kos.: R.*)
J.-B.⁵ 93. II, 123. (*An.: R.*)

Chervin, le Dr. —: Bégaiement et autres défauts de prononciation. Par. 1893. 107 S. 8⁰ (= 23 Bd. der Petite Encyclop. méd.).*
Cf. J.-B.³ 96. II, 39—40. (*Kos.: R.*)

Gutzmann, Dr. Herm.: Vorlesungen über die Störungen der Sprache u. ihre Heilung etc. Berl. 1893. IV u. 341 S. 8⁰.
A. Höchst übersichtlich sind die Abschnitte über Anatomie u. Physiologie des Sprachorganismus (S. 3—32), u. Physiologie der Sprachlaute (S. 53 bis 78).

Gutzmann, Dr. Herm.: Zur Prognose der angeborenen Gaumendefekte, in: Mon. 1893.*

Hoffmann, Eduard: Nachträgliches zur Physiologie der Akzentuation, in: PhSt. 1893. VI, 115—117.

I.: Den ihm gemachten Einwänden gegenüber sucht der Verf. die frühere Unterscheidung von relativem u. absolutem Accent u. die Behauptung von der Solidarität von Höhe u. Stärke von neuem zu begründen. Die letztere Behauptung möchte er jetzt ersetzen durch die „These von der ausschliesslichen Kehlkopfthätigkeit bei der Akzentuation".

Král, J. u. **Mareš,** F.: Trvání hlásek a slabik dle objektivne míry (= Laut- u. Silbendauer nach objektiver Messung). Prag. 1893.*

Laubi, —: Die Anwendung der Hypnose in der Therapie des Stotterns, in: Mon. 1893.*

Leconte, F.: Quelques expériences d'acoustique, in: AGen. 1893. L, 193 ff.*

Cf. J.-B.[3] 96. II, 37—8. (*Kos.: R.*)

Lommel, E. von: Schall (Akustik), in des Verf.'s Lehrbuch der Experimentalphysik. Leipz. 1893. X u. 643 S. 8⁰. (Cf. S. 437—471.)

I.: Schall 437. — Geräusch, Ton (Klang), Sirene 444. — Tonleiter, Grundton, Oktave 446. — Absolute Schwingungszahlen, Kammerton 449. — Wellenlänge 450. — Pfeifen 450. — König's Flammenbilder 453. — ... Zungenpfeifen 460. — ... Resonanz 465. — Klangfarbe 466. — Vokale 469. — Phonograph (Edison) 470. — Grammophon 471. — Das Gehör 471.

Neuman, Dr. —: Vorläufige Mitteilungen über den Mechanismus der Kehlkopfmuskulatur, in: CBl.[3] 1893. XXXI, 225—228.

I.: Weist darauf hin, dass die Stimmbänder sich bei der Phonation nicht heben, wie man bisher allgemein angenommen hat, sondern senken. Cf. J.-B.[3] 96. II, 38. (*Kos.. R.*)

Raps, A.: Über Luftschwinggn., in: Ann. 1893. L, 103—220.

A. Stimmt mit den Ergebnissen Hermann's überein. Cf. J.-B.[3] 96. II. 37. (*Kos.: R.*)

S—e.: Betrachtungen über phonetische Bezeichnungen etc., in: CBl.[2] 1893. VII, 289—294, 321—325.

A. Ist eine gemässigte u. z. T. abweisende Besprechung der Jespersen'schen Abhandlung über die *Articulations of Speech Sounds* (1889). Der V. verlangt u. a., dass *Jespersen*, im Anschlusse an *Evans*, die

Vokale „nach der Länge des Schallraumes, in vordere, mittenstehende u. hintere" scheide, ev. noch weitergehende Unterscheidungen mache. Zum Schluss wird das System *Jespersen*'s als ein ausserordentlicher, denkwürdiger Fortschritt bezeichnet.

Swoboda, Wilh.: Fortschritte der Phonetik, in: Beil. d. Münch. Allg. Z. 1893. No. 204, 205 (Abgedr. in: PäA. 1894. XXXVI, 1—18).

Ur. Klar u. übersichtlich (*Lös.*).
Cf. J.-B.[2] 95. IX, 20 (*Lös.*).

Treitel, Dr. L.: Über Sprachstörung u. Sprachentwickelung hauptsächlich auf Grund von Sprachuntersuchungen in den Berliner Kindergärten, in: Arch. f. Psychiatrie. 1892. XXIV, 578 ff. — Sep. ersch. Berl. 1893. 76 S. 8⁰.*

I.: Handelt über Stottern u. Stammeln, deren Ursachen, Entwicklung der Sprache des Kindes.
Ur. Ein interessanter Aufsatz, der auch für die Sprachforschung von hoher Wichtigkeit ist (*Kos.*).
Cf. CBl.[4] 94. VII, 123—4. (*May.*:*R.*) | J.-B.[3] 96. II, 40—1. (*Kos.*)

Victor, Wilh.: Kleine Beiträge zur Experimentalphonetik, in: PhSt. VII, 25—36. (Als Appendix zu Bd. I der NSp. 1893.)

I.: Aufzeichnung der Stimmwellen durch die Marey'sche Lufttrommel 25. — Bestimmung der Zungen — Gaumen — Artikulation durch die stomatoskopische Methode. (Oakley-Coles, Grützner, Techmer, Lenz, Kingsley, Balassa, Hagelin, Rousselot, Bremer) 31. — Eigne Versuche 35—36.
A. 1. Mittels des Kymographions mit Marey'scher Lufttrommel ist es Vietor gelungen, an der Kurvenlinie die Schwingungen der Stimmbänder bei allen stimmhaften Lauten (besonders den Vokalen) für das blosse Auge zu verzeichnen: Während bei stimmlosen Lauten die Linie glatt ist, erscheint sie bei stimmhaften gewellt. Ferner lässt die Zahl der Wellen in der Sekunde die *Tonhöhe* des Lautes, Wortes oder Satzes erkennen. — Eine durch Abbildungen erläuterte Schilderung des Verfahrens findet sich auch in der Leipziger Illustr. Zeitung, 1894, N. 2640. — Eine kurze Andeutung über das befolgte Verfahren gibt V. im *Mai.* 1893. VIII, 147; 1894. IX, 29. — Ergänzungen hierzu bringt Rousselot, ibd. 1894. IX. 16—17.
A. 2. Der Preis eines Kymographions stellt sich auf 25, 50, 180, 450 u. selbst 900 Mk., siehe Albrecht's Preisverzeichnis über Hürthle's hömodynamische Apparate.

Victor, Wilh.: Die phonetischen Apparate, in: PhSt. 1893. VI, 364.

A. Teilt mit, dass der Rousselot'sche Apparat 1724 Frs., der Wagner-Albrecht'sche 180 Mk. kostet. (Über letzteren s. *PhSt.* 1893. VI, 1 ff.)

Vogl, Adolf: Die Sprache u. ihre Beziehung zu den Sprachwerkzeugen. Graz. 1893. 32 S. 8⁰.*

Ur. Laienhaft (*An.*); wertlos (*Trei.*).
Cf. J.-B.⁴ 93. XV, 12.   (*An.*) | CBl.⁴ 94. VII, 222.   (*Trei.*)

Weeks, R. L.: A Method of Recording the Soft-Palate Movements in Speech (with Figures), in: Studies and Notes in Philology and Literature (Harward Univers.). 1893. II, 213—220.*

I.: Beschreibung eines Apparats, der die Bewegungen des weichen Gaumens registriert; dazu erläuternde Holzschnitte.

Wundt, Wilh.: Ist der Hörnerv direct durch Tonschwingungen erregbar?, in: Wundt's Philos. Stud. 1893. VIII, 641—652.

A. Vgl. damit die von Wundt angestellten akustischen Versuche an einer labyrinthlosen Taube ibd. 1894. IX, 496—509.

Zwaardemaker, Dr. H.: Untersuchungen über das presbyacusische Gesetz, in: ZOhr. 1893. XXIV, 280—287.

I.: Findet, dass die *obere Hörgrenze* beim Menschen in der Jugend bis e⁷, im Alter bis a⁶, in seltenen Fällen bis g⁶ reicht.
Cf. J.-B.⁵ 93. II, 123.   (*Her.:R.*) | J.-B.³ 96. II, 42.   (*Kos.:R.*)

Zwaardemaker, Dr. H.: Der Einfluss der Schallintensität auf die Lage der oberen Tongrenze, in: ZOhr. 1893. XXIV, 303—313.

I.: Findet, dass die *Hörschärfe* mit der Annäherung an die *obere Hörgrenze* schnell abnimmt und von der Schallintensität sehr abhängig ist. Wird der Schall auf das Tausendfache verstärkt, dann verschiebt sich die Hörgrenze um eine Terz.
Cf. J.-B.⁵ 93. II 123—4   (*Her.:R.*) | J.-B.³ 96. II, 42.   (*Kos.:R.*)

1894.

Auerbach, F.: Die physikalischen Grundlagen der Phonetik, in: ZfrS. 1894. XVI, 117—171.

I.: I. Die beiden Arten der Charakterisierung der menschl. Laute 117. — Topographische Methoden 118. — Akustische Grundlagen (Schall, Klänge, Obertöne, Amplitüde u. Tonstärke) 118. — Die vom Menschen erzeugten Schalle 124. — Akustische (analytische u. synthetische)

Methoden 127. — Grassmann's Methode 130. — Auerbach's Resonatoren 131. — Seifenblasen, Phoneidoskop 132. — König's Flammenbilder 132. — Forchhammer's Phonoskop 133. — Lissajou'sche Curven 133. — Königs Vibrograph 134. — Der Scott-König'sche Phonautograph 134. — Die Marey'sche Trommel u. Ph. Wagner's Apparat 134. — Schwan-Pringsheim's Apparat 134. — Rousselot's Apparat 134. — Der Phonograph (besonders Jenkin u. Ewing, Fick) 135. — Photographische Methoden (Demeny, Hermann, König-Doumer) 136. — Zungenpfeifen (Kratzenstein, Kempelen, Willis) 136. — Stimmgabeln (Helmholtz) 137. — Vokalsirenen (besonders Hermann) 137. — Lloyd's Flüsterapparat 137. — Gelegentliche u. spezielle Beobachtungen und Experimente 137. —

II. Ergebnisse 138. — Die Natur des Vokalklangs (Willis 139, Grassmann 139, Auerbach 140, Donders 141, Helmholtz 141, König 142, Qvanten 142, Auerbach 142, Jenkin und Ewing 145, Schneebeli 146, Doumer 146, Lahr 147, Pipping 147, Hermann 148, Lloyd 153, Eichhorn u. Hermann 154, Zusammenfassung 155). — Tonhöhe gesprochener u. gesungener Vokale (Schwan u. Pringsheim 157, Martens 157, Pipping 158, Bourseul 160). — Klangfarbe der Vokale im gesprochenen Worte 161. — Länge der Vokale 162. — Diphthonge 163. — Grenze zwischen Vokalen u. Konsonanten 164. — M, N, ng 164. — R 165. — L. 167. — S, Ch, F 167. — Explosivkonsonanten 167. — H 168. — Bibliographie 169—171.

Ur. Mit Nutzen zu lesen, doch beurteilt der Verf. die Werke anderer oft mit einer zu weit gehenden Subjektivität (*Kos.*).

A. Dass Auerbach's Ausführungen nicht in jedem Punkte einwandfrei sind, ist von Lloyd. 1894, hervorgehoben worden.

Cf. J.-B.[3] 96. II, 35. (*Kos.*)

Beckmann, Natanael: Zur Frage von den Vokalklängen, in: PhSt. VIII, 37—44 (= Beibl. zu NSpr. 1894. II).

I.: Richtet sich gegen Helmholtz' Lehre, dass die verschiedenen Vokale durch die absolute Tonhöhe der Mundhöhlen-Resonanz bestimmt seien.

A. Vgl. Vietor, 1889.

Hermann, L.: Beitrag zur Lehre von der Klangwahrnehmung, in: APhys. 1894. LVI, 467—499.

I.: Bringt vor allem neue Beweise für die Helmholtz'sche Ansicht, dass die Klangfarbe von den Phasenverhältnissen der Partialtöne unabhängig sei.

Cf. J.-B.[5] 95. III, 119—120. (*Her.: R.*)

Hoffmann, Hugo: Die Sprachgebrechen in ihrem Einflusse auf Sprache u. Sprechen, in: PhSt. 94. VII, 1—24 (= Beibl. zu den NSp. 1893. I).

Hoffmann, Hugo: Der Bau des menschlichen Gehirns u. seine Thätigkeit mit besonderer Berücksichtigung des Denkens u. Sprechens, in: PhSt. VIII, 21—36 (= Beibl. zu den NSp. 1894. II).

Hubert, A.: Sur le mode de vibration des membranes, et le rôle du muscle thyro-ary-ténoïdien, in: AcaS. 1894. CXII, 715 ff.*
Cf. J.-B.³ 96. II, 39. (*Kos.*)

Lloyd, R. J.: Prof. Auerbach on Phonetics, in: NSp. 1894. II, 309—318.

Pipping, Hugo: Phonautographische Studien über die Quantität schwedischer Worte u. den musikalischen Accent (S. 99—110), in: Finländska Bidrag till Svensk Språk och Folklifsforskning etc. Hels. 1894. 317 S. 8°.*
Cf. CBl.¹ 95. S. 1658—9. (*Mo.: R.*)

Pipping, Hugo: Über die Theorie der Vokale (Acta Societatis Scientiarum Fennicae XX (No. II). Hels. 1894. 68 S. 4° u. 6 Tafeln.
Ur. Siehe die folgende Schrift P.'s, 1895.
Cf. ZfrS. 95. XVII, R. 89—95. (*Wag.²*)

Ritzert, Ad.: Über die Dyslalia nasalis aperta, besonders bei Gaumendefektlern, in: PhSt. VIII, 1—20 (= Beibl. zu d. NSp. 1894, II).
J.: Handelt über Nasalierung, über die Thätigkeit des Gaumensegels sowie über Beeinträchtigungen der Funktion des Gaumensegels oder der Schlundkopfmuskulatur. Zum Schluss wird die Frage aufgeworfen, auf welche Weise bei Personen mit Gaumendefekten das Näseln beseitigt werden könne.
Cf. J.-B.³ 96. II, 39. (*Kos.: R.*)

Rousselot, l'Abbé: Phonétique expérimentale, in: Bull. de l'Institut catholique 1894, nov., S. 366 ff.*
I.: Beschreibung seiner älteren u. neueren Apparate.

Rousselot, l'Abbé: Phonétique expérimentale, in: Maî. 1894. IX, 16—17.
A. Knüpft an Victor's Bemerkung im (Mai 1893. VIII, 147) an.

Skraup, K.: Die Kunst der Rede u. des Vortrags. Lpz. 1894.*

Treitel, Dr. Leop.: Grundriss der Sprachstörungen, deren Ursachen, Verlauf u. Behandlung. Berl. 1894. V u. 100 S. 8⁰.

I.: Handelt über Stammeln, Stottern, völlige Sprachlosigkeit u. dgl.
Ur. Kennt weder die ausländische Forschung noch die Elemente der Lautphysiologie (*Kos.*).
Cf. J.-B.[3.] 96. II, 41. (*Kos.*)

Woods, —: Laws of Transverse Vibrations of Strings Applied to the Human Larynx, in: Journ. of Anatomy and Physiology, 1894. XXVII, 431 ff.*

I.: Sucht zu beweisen, dass die verschiedenen Stimmhöhen nicht sowohl in der Spannung der Stimmbänder als vielmehr in den Veränderungen der schwingenden Masse ihre Erklärung finden (Nach *Kos.*).
Cf. J.-B.[3.] 96. II, 38—9. (*Kos.: R.*)

Zwaardemaker, H.: Der Umfang des Gehörs in den verschiedenen Lebensjahren, in: ZPsy. 1894. VII, 10—28.

1.: Findet, dass unser Gehör im Alter zehn, in der Jugend dagegen elf Oktaven umfasst.

1895.

Gradenigo, G.: Hörfeld u. Hörschärfe, in: ZOhr. 1895. XXVI. 163—168.

Pipping, Hugo: Zur Lehre von den Vokalklängen. Neue Untersuchungen mit Hensen's Sprachzeichner, in: ZBi. 1895. XXXI, 524—583. Sep. ersch.

I.: Resonanzhöhen der Vokale. — Die Fourier'sche Analyse der Vokalklänge. — Der Grundton. — Physiologie des Ohres. — Wichtigkeit der *membrana basilaris*.
Ur. Sehr wichtige, fördernde Untersuchungen, die kein Physiologe oder Sprachforscher unbeachtet lassen kann (*Wag.*[2.]): zeugt von umfassender Sachkenntnis (*Kos.*).
A. 1. Pipping's Ansichten, welche von denjenigen Hermann's in einigen wesentlichen Punkten abweichen, findet (S. 573), dass die von Helmholtz zuerst aufgestellte Theorie richtig sei, nach welcher die Vokale nicht durch die Verhältnisgrössen der Partialtöne, sondern durch feste, sich nur wenig verschiebende Töne charakterisiert werden, mit andern Worten, dass die Vokale *feste Resonanzhöhen haben*. Daraus folge, dass ein streng wissenschaftliches Vokalsystem nicht auf die typischen Artikulationsformen, sondern nur auf die *konstanten*

Elemente bei der Vokalbildung (i. e. die *Resonanzhöhen* u. die *Resonanzbreiten*) gegründet werden könne.

A. 2. Auf S. 11 f. seiner *Theorie der Vokale*, 1894, macht P. noch folgende, für die Klassifikation der Vokale wichtige Bemerkungen: „Alle diejenigen Phonetiker, deren Systeme sich auf Beobachtungen der Zungen- u. Lippenstellungen u. s. w. basieren, haben stillschweigend angenommen, dass dieselbe Articulationsform auch denselben Laut erzeugen müsse. Sowie diese nie bewiesene u. in der That falsche Voraussetzung beseitigt wird, stürzen die Systeme krachend zusammen." ... „Nur die Physiologie des Ohrs bietet die richtige Grundlage der Vocallehre."

Cf. ZfrS. 95. XVII, R. 89—95. (*Wag.*[2]) | J.-B.[3] 96. II. 36. (*Kos.*)

II. Phonetik der einzelnen Sprachen.

1. Französisch.

1876.

Goldschmidt, —: Über die Aussprache des frz. *h* etc. (S. 1 bis 43.) Pro. R.-S. Sondershausen. 1876. 54 S. 4°.

1878.

Lücking, G.: Die reinen Vocale des Französischen nach Malvin-Cazal, in: ANSp. 1878. LIX, 403—442.

A. Malvin-Cazal's Aussprache war die der guten Pariser Gesellschaft in der Zeit von c. 1830—1860.

1879.

Grabow, Dr. Aug.: Über Nasalirung u. Brechung der Vokale im Französischen, in: ANSp. 1879. LXII, 93—106.

A. 1. Führt die nasale Aussprache der Vokale auf fränkische Einflüsse zurück! Meint dass, wie aus *viginti* — *vingt* geworden sei, ebenso gut aus *triginta* — *trinte* hätte hervorgehen können!

A. 2. Die Literatur über den Ursprung u. die weitere Entwicklung der Nasalität im Französischen ist zuletzt von Koschwitz in der ZfrS., 1892. (XIV, R. 128—132), übersichtl. zusammengestellt u. die bisherige Forschung auf diesem Gebiete kritisch beleuchtet worden.

Lubarsch, E. O.: Sylbenzählung (S. 1—16), in: Franz. Verslehre etc. Berl. 1879. XII u. 522 S. 8°.

I.: In obigem Abschnitte sucht L. die bekannten Widersprüche der Philologen über die Geltung des dumpfen e am Ende u. im Innern des Verses als nur scheinbar vorhanden nachzuweisen. — Vgl. auch des Verf.'s Abriss der frz. Verslehre Berl. 1879. VIII u. 92 S. 8.

Storm, J.: Om vokalernes kvantitet i de romanske sprog i sin udvikling fra Latinen etc. Vortr. 1876. Gedruckt Kopenhagen, 1879, deutsch u. d. T. Romanische Quantität, in: PhSt. 1889. II, 139—177.

A. Vortreffl., feine Bemerkungen, die auch jetzt noch Beachtung verdienen, z. T. allerdings durch des Verf.'s *Engl. Philol.* bereits weiteren Kreisen bekannt geworden sind.
Cf. ZfrS. 91. XIII. R. 99. (*Lan.*[1]*: R.*)

1880.

Kräuter, J. F.: Stimmlose antepalatale u. mediopalatale Reibelaute im Neufranzösischen, in: ZfrS. 1880. II, 23—25.

I.: Weist darauf hin, dass es im Französischen einen dem deutschen ähnlichen *ch*-Laut gebe.
Cf. InZ. 90. V, 285—6. (*Tch.: R.*)

Levêque, Charles: Étude sur l'accentuation. Pro. R.-Sch. Geisenheim a/Rh. 1880.*

A. 1. Ausführlicher dargestellt in einem im Freien deutschen Hochstifte zu Frankfurt gehaltenen Vortrage. — Die hier geäusserten Ansichten bilden die Grundlage zu den späteren Ausführungen des fein beobachtenden Verfassers, siehe 1888.
A. 2. L. † 1891, s. *PhSt.* 1891. IV, 145.

Mende, Adolf: Étude sur la prononciation de l'Emuet•à Paris. Londres. 1880. 152 S. 8°.

Ur. Der Verf. besitzt keine lautphysiologische Schulung, trotzdem ist sein Verfahren vortreffl. (*Kräu.*): zu empf. (*Bg.*): fleissige Arbeit (*Sg.*).
Cf. CBl.[1.] 80. S. 1471. (*Sg.*) ZfrS. 82. III. R. 583—7. (*Kräu.*)
ANSp. 80. LXIV. 223—4. (*Bg.*)

Merkel, T.: Der frz. Wortton. Pro. B.-Sch. Freiburg i. B. 1880. 39 S. 4°.

I.: Sucht zu beweisen, dass im Frz. der Nachdruck auf die volltönende *erste* Silbe der Wörter fällt.

Ur. Der Verf. entbehrt der philolog. Schulung, die gewonnenen Resultate sind abzuweisen (*Kos.*); fleissig, aber z. T. irrige Ansichten (*Sto.*); ne manque pas d'intérêt, l'auteur n'est pas au courant des études faites sur ce point (*An.*).
A. Vgl. auch Storm's *Engl. Philol.* 1. Aufl. S. 77. 2. Aufl. S. 278.
Cf. Rom. 80. IX, 634—5. (*An.*) ZfrS. 82. III, 111. (*Kos.*)
LBl. 81. II, 59—60. (*Sto.*)

Tobler, Ad.: Vom frz. Versbau alter u. neuer Zeit. Leipz. 1880. IV u. 124 S. 8⁰. — 2. Aufl. ibd. 1883. VIII u. 149 S. 8⁰. — 3. Aufl. ibd.
A. Wird hier mit aufgeführt wegen der grundlegenden Ausführungen über die Geltung des *e sourd*, welche sich auf den Seiten 25—54 (1. Aufl.), 29—62 (2. Aufl.) finden.

1881.

Cauvet, Alfred: La Prononciation française et la diction etc. Par. 1881. 9. Aufl. 1895. 117 S. 8⁰.
Ur. Utile et pratique (*Gau.*).
A. Alter Standpunkt. Den phonetischen Bestrebungen der Gegenwart ist der Verf. vollständig fremd geblieben.
Cf. Rpol. 82. 3e sér. II, 571. (*Gau.*)

Guyard, Stanislas: Une particularité de l'accentuation fr., in: Mém. soc. ling. 1881. IV, 30—36.
Ur. Des Verf.'s Betrachtungsweise ist epochemachend (*Schw.*).
A. Vgl. Storm (*Engl. Philol.*² S. 150): „Feine, aber etwas spitzfindige Bemerkungen".
Cf. ANSp. 90. LXXXV, 225—9. (*Schw.*)

Thurot, Charles: De la prononciation française depuis le commencement du XVIe siècle d'après les témoignages des grammairiens. Par. 1881 u. 1883. 2 Bde. 8⁰ (I: CIV u. 568 S.; II: 775 S. Préf. XVIII S. u. Index 71 S.).
Ur. Bedeutend, wenngleich die im übrigen so sorgfältige historische Darstellung in Folge der ungenauen *phonetischen* Analyse zu wünschen übrig lässt u. einer Neubearbeitung durch einen physiologisch geschulten Phonetiker bedürfte (*Tch.*); ausserordentlich wertvoll (*Kos.*).
Cf. ZfrS. 82. IV, R. 87. (*Kos.*) | LnZ. 90. V, 234—7. (*Tch.*)

Merkel, T.: Die deutsch-französische Aussprache. Pro. B.-Sch.

Freiburg i. B. 1. Teil. 1881. 39 S. 4°. — 2. Teil. 1882. S. 41—76. 4°.

A. Gegen mehrere seiner unrichtigen Behauptungen wendet sich Devantier, 1883.

Wulff, Fr.: Några ord om Aksent i allmänhet och om den moderna Franska aksentueringen i synnerhet. Föredrag etc. (= Einige Worte über den Accent im allgemeinen u. die moderne franz. Accentuierung im besonderen.) Vortrag etc. in: Forhandlinger paa det andet nordiske Filologmöde i Kristiania etc. 1881. ed. Storm. (S. 169—183.) Kristiania. 1883. 8°.

I.: Die Hauptergebnisse lassen sich in folgende 4 Punkte zusammenfassen:
1. Das *einzelne* frz. Wort hat auf der volllautenden letzten Silbe den Hauptdruck u. eine bedeutende Tonerhebung über den Mittelton.
2. Wortkomplexe verhalten sich wie einzelne Wörter.
3. In zusammenhängender Rede fällt die Tonerhebung nur auf die letzte Silbe der hervorgehobenen Wörter.
4. Jede merklichere Tonerhebung oder Senkung kann eine extra Senkung bzw. Erhebung, gewöhnlich auf der vorhergehenden Silbe, hervorrufen.

Ur. Den Resultaten ist zuzustimmen (*Vis.*).

A. 1. Den Inhalt hat Schwan im *ANSp.* 1890 (LXXXV, 219 ff.) kurz, aber wenig übersichtlich angedeutet.

A. 2. Von Storm,'*Engl. Philol.*² S. 188 f., als „treffl. Arbeit" bezeichnet.

Cf. LBl. 83. IV, 391—2. (*Vis.*)

1882.

Bleton, A.: Essai sur l'e muet. Lyon, in: Lyon-Revue. 1882. Déc.*

Jäger, Jul.: Die Quantität der betonten Vokale im Neufranzösischen. Diss. [Bonn]. Altenburg. 1882. 29 S. 8°. Vollständig ersch. in: Frz. Stud. 1883. IV u. 68 S. 8°.

Ur. Ansprechende Resultate (*Kos.*); sorgfältige u. wissenschaftl. Behandlung des Gegenstandes, aber mangelhafte Kenntnis der Sprache (*Jor.*).

Cf. ZfrS. 82. IV, R. 87.   (*Kos.*) | LBl. 83. IV, 183—6.   (*Jor.*)

1883.

Devantier, Fr.: Zur Physiologie der frz. u. deutschen Konsonanten, in: ANSp. 1883. LXIX, 97—106.

A. Richtet sich gegen verschiedene der von Merkel (*die deutsch-frz. Aussprache*, 1881) vorgebrachten irrigen Behauptungen.

Duperré de Lisle, M me F.: Étude sur la prononciation fr. Par. 1883. XIV u. 160 S. 8°.

A. Ebenso mangelhaft wie oberflächlich u. ungenau.

Kirste, J.: Quelques particularités de la prononc. fr., in: Rev. scientif. 1883. Nr. 12.*

Laget, A.: Traité de prononc. Toulouse. 1883. 116 S. 8°.

A. Vor der Benutzung dieser von einem Laien herrührenden Schrift muss gewarnt werden.

Lange, Aug.: Der vocalische Lautstand in d. frz. Spr. des 16. Jahrhunderts etc. Elbing. 1883. II u. 46 S. 8°.

I.: Laut u. Lautzeichen 1. — Die Quellen 3. — Dauer u. Klang 7. — Die frz. Vokaltafel 11. — ... Das weibl. e 25. — Die Nasalvokale 28. — ... Ein- u. Absätze der Vokale 37. — Diphthonge 39—46.

Ur. Wertvoll trotz einzelner Fehler (*Tch.*); wenig gesicherte Resultate (*γ.*); zeugt von gesundem Urteile u. treffl. Kenntnissen (*An.*); im ganzen zu loben, wenn auch wenig neue Ergebnisse (*Lüt.*).

Cf. Fr-G. 84. I, 66—7.   (*Lüt.*) ' InZ. 84. I, 465—6.   (*Tch.*)
CBl.¹· 84. S. 219—20.   (*An.*)   LZ. 84. S. 126—7.   (*γ.*)

Lütgenau, Franz: Wie würde sich die Lehre von der Femininalbildung [!] des frz. Adjektivs in unserer Schule darstellen, wenn das Französische eine phonetische Schrift wäre, in: ANSp. 1883. LXX, 73—81.

I.: Sucht zu beweisen, dass eine *phonetische* frz. Orthographie die Erlernung des Französischen bedeutend erschweren würde.

Robert, C. M.: Remarques sur la Prononciation fr., in: TaS. 1883. IV, 129—154.

I.: Introd. 129. — Accent 131. — Syll. finales 135. — e sourd 138. — Sons nasaux 141. — Sons mouillés 142. — Consonnes 144. — Noms propres 148—154.

A. Recht elementar gehaltene Bemerkungen.

1884.

Beaunis, H.: De la justesse et de la fausseté de la voix etc. Par. 1884.*

Böhmer, E.: Gemeinsame Transscription für Frz. u. Engl., in: ZfrS. 1884. VI, 1—10.

A. 1. Enthält zugleich eine kurze Kritik der von Bell, Sweet u. Trautmann verwendeten Lautschriften.
A. 2. Vgl. dazu Kreuzberg, .. *Böhmer's phonet. Tr. u. ihre Verwendbarkeit im frz. U. Festschr.* 9 S. 8⁰ nebst einer Tafel. — Für eine gemeinsame Schullautschrift hat Kühn (*PhSt.* 1889. II, 328—330) Vorschläge gemacht, gegen die Passy einige Bedenken äussert (*PhSt.* 1890. III, 69—70.).
A. 3. Schon früher war die Frage von B. behandelt worden in dem Artikel *De sonis grammaticis accuratius distinguendis et notandis,* in: RoSt. 1872. 2. Heft, S. 295—301, (enthalten in Bd. I. der *RoSt.* 1875). — Vgl. dazu die *Rcr.* 1872. II, 106 ff. (Havet), nebst Böhmers Erwiderung in den *RoSt.* I, 627, u. Havet's Schlussbemerkung in der *Rom.* 1875. IV, 503 ff.
Cf. InZ. 85. II, 294. (*Tch.: R.*)

Jespersen, Otto: Træk af det Parisiske vulgærsprogs Grammatik, kort udsigt over det filologisk-historiske samfunds virksomhed. 1884 u. 1885.*

Lütgenau, Franz: Physiologische Untersuchungen über das frz. Lautsystem, in: ANSp. 1884. LXXII, 59—104.

J.: Einl. 59. — Stimmtonlaute 62. — Geräuschlaute 73. — Die Silbe 76. — Die Berührung zweier Laute; Diphthonge 76. — Gemination 86.— Der Silbenaccent 89. — Die Quantität 92. — Der Wort- u. Satzaccent 93. — Der Satz 96. — Das Trautmann'sche Vokalschema 97. — Gemination 100. — Die labiolabiale Spirans *w* 100. — Victor's Phonetik 100. — Der Accent 102. — Der Silbenaccent 103. — Die Phonetik in der Schule 103—104.

Passy, Paul: Premier livre de lecture. (Méthode phonétique.) Par. 1884. 32 S. 8⁰. 2. Aufl. 1890.*
Cf. InZ. 90. V, 246—7. (*Tch.: R.*)

Ricken, W.: Untersuchungen über die metrische Technik Corneille's u. ihr Verhältnis zu den Regeln der frz. Verskunst. 1. Teil Silbenzählung u. Hiatus. Berl. 1884. 67 S. 8⁰.

Ur. Sehr zu empf. (*Gröbd.*).
A. Die Schrift ist mit aufgeführt worden, weil sie auch über die *moderne* Aussprache des e nicht unwichtige Bemerkungen enthält.
Cf. ZfrS. 85. VII, 235—8. (*Gröbd.*)

Salzmann, Joh.: Über die Aussprache der frz. Laute. Pro. G. Stendal. 1884. 19 S. 4⁰.
Ur. Lesenswert, jedoch nicht fehlerfrei (*Tch.*).
A. Durch neuere Forschungen längst überholt u. daher jetzt nicht mehr lesenswert.
Cf. InZ. 89. IV, 297—9. (*Tch.*)

Schumann, Paul: Französ. Lautlehre für Mitteldeutsche, insbesondere für Sachsen. Ein Hilfsbuch für den U. in der frz. Ausspr. Dresden. 1884. 27 S. 8⁰.
I.: Wesen u. Zweck der Phon. 3. — Sprachwerkzeuge 6. — Konson. 9. — Vok. u. Diphth. 18. — Frz. Quant. 23—27.
Ur. Nicht immer genau, z. T. unwissenschaftlich; der Titel sollte lauten: Frz. Lautlehre für Dresdener (*Bey.*²·).
Cf. PhSt. 90. III, 110—113. (*Bey.*²·)

Spelthahn, J. H.: Die frz. Aussprache. München. 1884. 22 S. 8⁰.

Trautmann, Mor.: Sprachlaute ..., 1884, s. oben unter I, S. 27.

Vietor, Wilh.: Elemente der Phonetik, 1884, s. oben unter I, S. 28.

1885.

Ricken, Wilh.: Neue Beiträge zur Hiatusfrage, in: ZfrS. 1885. VII, 97—116; 1886. VIII, R. 205.

Sonnenburg, Dr. R.: Wie sind die frz. Verse zu lesen? Berl. 1885. 26 S. 8⁰.
I.: Handelt auf S. 4—22, 24—26 über die Aussprache des *e sourd*, u. kommt zu dem Ergebnis, dass, wo das e in der Prosa stumm ist, es im allgemeinen auch im Verse nicht gesprochen werde.
Ur. Verdient weiteste Verbreitung (*Lös.*); ist zu empfehlen, aber leider nicht frei von Ungenauigkeiten u. **masslosen oder übereilten** Ausdrücken (*Fo.*); in den meisten Punkten zutreffend (*Bar.*).
A. 1. Vgl. damit die Streitschrift Lubarsch's, 1888, u. Ricken in der ZfrS. 1890 (XII, R. 21), welcher Sonnenburg einen oberflächlich, leichtfertig urteilenden Arbeiter nennt.

Cf. ZfrS. 85. VII, R. 58—63. (*Fo.*) ANSp. 87. LXXIX, 472—3. (*Lös.*)
ZfrS. 85. VII. R. 63—4. (*Bar.*)

1886.

Franke, Felix: Phrases de tous les jours. Heilbronn. 1886.
IV u. 60 S. 8⁰. Dazu: Ergänzungsheft etc. Heilbr. 1886.
IV u. 66 S. 8⁰.
Ur. Dringend zu empf. (*Nöl., Ram., Kre., Neu.*); knapp, zuverlässig, vortreffl. (*Bey.*²·) vorzüglich (*Rho.*).
A. 1. Eine englische Übersetzung der französischen Redensarten ist von E. Th. Truc geliefert worden u. d. T. *Every Day Talk*, 1890, VII u. 51 S. 8⁰.
A. 2. Über Franke's Lebensgang berichtet Jespersen in den *PhSt.* 1889. II, 22—26.
Cf. COrg. 86. XIV, 726. (*Nöl.*) | ZfrS. 87. IX, 137—42. (*Rho.*)
TaS. 86. VII, 339. (*Baa.:R.*) | LBl. 87. VIII, 308—9. (*Neu.*)
Fr.-G. 86. III, 403—5. (*Kre.*) | ANSp. 87. LXXIX, 107—109. (*Bey.*²·)
Tit. 86. 3. Juli. (*Pas.*)* | PhSt. 88. I, 79—82. (*Ram.*)
MoL. 86. I, 253 ff. (?)* | InZ. 89. IV, 212—3. (*Tch.:R.*)

— — 2. Aufl. ibd. 1889. IV u. 60 S. 8.
Cf. Tit. 88. N 10. (?)*

— — 4. Aufl. ibd. IV u. 99 S. 8⁰.
Ur. Vorzügl. (*Klg.*): der Wert des Büchleins liegt in der sorgfältigen Transscription (*Wür.*).

— — 6. Aufl. ibd. 1895. IV u. 60 S. 8⁰.
Cf. ESt. 94. XIX, 132. (*Klg.*) | ZRW. 94. XIX, 226. (*Wür.*)

Jespersen, Otto: Noter til Felix Franke: Phrases de tous les jours. Kop. 1886. 32 S. 8⁰.*
Ur. Mit grossem Nutzen zu gebrauchen (*Ram.*); zu empf. (*Tch.*).
Cf. Tit. 86. déc. (*Pas.*)* | InZ. 89. IV, 233. (*Tch.*)
PhSt. 88. I, 80—1. (*Ram.*) |

Passy, Paul: Le Français Parlé etc. Heilbr. 1886. XII u. 115 S. 8⁰.
I.: Enthält 20 teils prosaische, teils poetische Texte sowohl in der gewöhnlichen Orthographie als auch in phonetischer Umschrift.
Ur. Dringend zu empf. (*Nöl.; Kü.; Kre.; Neu.*); vorzügl. (*Ram.*); zu empf. (*Dus.; —r.*); brauchbar, aber nicht fehlerfrei (*Tch.*: s. A. 2.); ein treffliches Hilfsmittel (*Bey.*²·).
A. 1. Auch ist die Abhandlung Levêque's (1888) zu vergleichen, der sich dahin ausspricht «que M. P. a placé l'échelon inférieur du langage familier un peu bas.»

A. 2. Gegen Techmer's Kritik wendet sich Storm, *Engl. Philol.*²·, S. 284 ff.

Cf. TaS. 86. VII, 338—9. (*Baa.:R.*) Korr. 87. XXXIV, 452—3. (—*r.*)
COrg. 86. XIV, 726. (*Nöl.*) ANSp. 87. LXXIX, 109—111. (*Bey.*²·)
MoL. 86. I, 253 ff. (?)* ZfrS. 87. IX, 142—3. (*Kü.*)
Fr.-G. 86. III, 403—5. (*Kre.*) PhSt. 88. I, 81—2. (*Ram.*)
J.-B.¹· 87. XL, 544—5. (*Hau.:R.*) ZRW. 88. XII, 165—6. (*Dns.*)
LBl. 87. VIII, 306—8. (*Neu.*) InZ. 90. V, 247—8. (*Tch.*)

Passy, Paul: Le Français Parlé etc. 2ᵉ éd. ibd. 1889. VIII u. 122 S. 8⁰.

Ur. La notation suivie dans la 2ᵉ édition est plus constante que dans la première (*Lev.*; s. A.); wesentl. verbessert (*Tch.*, *Spey.*); mérite l'éloge et la reconnaissance de tous les professeurs étrangers qui enseignent la langue française (*Ram.*); la prononciation de M. P. P. n'est pas absolument conforme, en quelques détails, à celle qui est le plus usitée à Paris (*G. P.*); à recommander (*Hen.*).

A. Levêque's Besprechung wird von A. Lange in der *ZfrS*. 1893, (XV, R. 120—123) kritisiert u. in einzelnen Punkten berichtigt.

Cf. Rcr. 89. XXVIII, 293—4. (*Hen.*) InZ. 90. V, 248. (*Tch.*)
PhSt. 90. III, 101—8. (*Lev.*) Mai. 90. V, 35—7. (*Ram.*)
ANSp. 90. LXXXIV, 205—7. (*Spey.*) Rom. 90. XIX, 371. (*G. P.*)

— — 3. Aufl. Leipzig. 1892. VIII u. 122 S. 8⁰.

Ur. Excellent (*Lar.*); zu empf. (*An.*).
A. Von unbedeutenden Korrekturen abgesehen, stimmt die 3. Aufl. mit der 2. genau überein.
Cf. Mai. 92. VII. 93—4. (*Lar.*) ZRW. 93. XVIII. 174. (*An.*)

1887.

Beyer, Franz: Das Lautsystem des Neufranzösischen etc. Cöthen. 1887. VIII u. 104 S. 8⁰.

I.: Zur Aussprachereform (... Plötz 13, Maass 16, Toussaint-Langenscheidt 19, Benecke 22, ...) — Die Stimmtonlaute (... Trautmann's Vokalsystem 36, Bell's System 40, Sweet's System 42, ...) — Die Geräuschlaute (Verschlusslaute 75, Reibelaute 85). — Nachträge 97—104.

Ur. Nicht einwandfrei (*Wes.*); die Arbeit eines Anfängers, welchem noch die nötigen anatomischen wie physiologischen Vorkenntnisse fehlen u. der mit der Geschichte der Phonetik nicht gehörig vertraut ist (*Tch.*; s. A. 2.); fein u. scharf beobachtender Phonetiker (*Lan.*¹·); reich an selbständigen, ausserordentl. sorgfältigen Beobachtungen (*Gun.*); marks a distinct advance in the science of phonetics (*An.* [Ac.]):

gründliche Darstellung (*Str*.): treffl. u. feine Beobachtungen (*Ohl*.); traité vraiment scientifique (*Pas*.); zu empf. (*An*. [*ZRW*.]); wer sich einmal für die wunderbare Heilkraft der Phonetik erwärmt hat, bei dem kommen die Patienten nicht leichten Kaufes davon (*Jent*; s. A. 3).
A. 1. Vgl. noch S t o r m (*Engl. Philol.*[2] S. 193 ff.) der ein sehr günstiges Urteil über die Schrift fällt.
A. 2. Zu Techmer's Kritik vgl. Storm, *Engl. Philol.*[2] S. 285.
A. 3. Der in dieser Kritik angeschlagene Ton ist wenig empfehlenswert.
Cf. Tit. 87. I, N. 11.   (*Pas*.)*   NorT. 87—88. VIII, 233—37. (*Wes*.)
J.-B.[1] 87. XL, 543—4.   (*Hau.:R*.) COrg. 88. XVI, 541—2.   (*Str*.)
Rcr. 87. XXIII, 413—5. (*Pas*.)   Bl.[1] 88. XXIV, 220—1.   (*Jent*)
ZfrS. 87. IX, R. 130—7. (*Lan*.[1])   ZRW. 88. XIII, 54.   (*An*.)
Fr.-G. 87. IV, 193—6. (*Gun*.)   MäS. 88. I, 85—9.   (*Ohl*.)
CBl.[2] 87. I, 76.   (*Kas.:R*.) InZ. 90. V, 261—4.   (*Tch*.)
Ac. 87. Nr. 785.   (*An*.)

Ferrette, J u l e s : La néografie esquissée è egzamplifiée. Lausanne. 1887. (?)*

Cf. Tit. 88. I, Nr. 6. (?)*

Ferrette, J u l e s : Trété d ekritur fonetik. Lausanne. (Duvoisin). 1887.*

Cf. Tit. 88. I, Nr. 6. (?)*

— — 3. Aufl. ibd. 1889. 40 S. 8⁰.

Ur. C'est un travail à revoir (*Pas*.).
Cf. Mai. 89. IV, 84. (*Pas*.) | InZ. 90. V, 294.   (*Tch.: R*.)

Passy, P a u l : Les Sons du Français, leur formation, leur combinaison, leur représentation. Par. s. a. [1887]. 64 S. 8⁰.

I.: Siehe die 3. Aufl.
Ur. A recommander (*An*.).
A. Vgl. auch die Kritiken L e v ê q u e ' s (in d. *PhSt*. 1888. I, 274—277) u. Storm's, *Engl. Philol.*[2] S. 158 ff.
Cf. Rcr. 87. XXIV, 252. (*An*.)   ZfrS. 88. X, R. 25—6.   (*Ram.: R*.)
Phon. Teacher. 1887. (*Bey*.[2])* NorT. 88. VIII, 237.   (*Wes*.)

— — Les Sons etc. 2e éd. revue, corijée et augmantée. Par. 1889. 96 S. 8⁰.

Ur. Reicher Inhalt in klarer, kurzer Form (*Bad.;* s. A.); hat die Ergebnisse englischer u. deutscher Phonetiker für das Französ. verwertet u. verdient alle Beachtung (*Tch*.); clair, juste, pratique (*Ram*.); sehr zu empf. (*Bey*.[2]); intéressant, précis, exact (*Hen*.).
A. Die ausführliche Kritik B a d k e's enthält einige feine, phonetische Beobachtungen, die ernstlicher Erwägung wert sind.

Cf.	Rcr. 89. XXVIII, 293—5. (*Hen.*)	Mai. 90. V, 22—5.	(*Ram.*)
	MäS. 89. II, 411—3. (*Bey.*²·)	PhSt. 92. V. 212—29.	(*Bad.*)
	InZ. 90. V, 247—67. (*Tch.*)		

Passy, Paul: Les sons du Français etc. 3e éd. entièrement refondue. Par. ibd. 1892. 143 S. 8°.

I.: Des sons 9. — Appareil de la parole 16. — Transcription phonétique 21. — Divisions 25. — Variations ... du langage 28. — Intensité 30. — Netteté 35. — Timbre 36. — Accessoires 37. — Groupes de souffle 40. — Intensité .. des parties du groupe de souffle 47. — Accent de force 51. — Sonorité 57. — Syllabes 58. — Durée 62. — Sons doubles 65. — Intonation 67. — Voyelles 71. — Consonnes 86. — Sons accessoires 109. — Sons transitoires 111. — Assimilation 114. — Élision 116. — Liaison 117. — Représentation du langage 120. — Spécimens 126. — Table 141—143.

Ur. A standard work (*Ram.*); eine vorzügl. Schrift in klarer, anschaulicher, logisch-scharfer Ausführung (*Qu.*): admirable (*Clo.*); a été amélioré en maint endroit (*Bour.*).

| Cf. | NSp. 93. I, 569—80. (*Qu.*) | Rcr. 93. XXXVI, 231—2. | (*Bour.*) |
| | MoL. 93. VIII, 386—8. (*Ram.*) | Mai. 93. VII, 124—5. | (*Clo.*) |

— — 4e éd. ibd. 1895. 165 S. 8°.

Passy, Paul: Le phonétisme au congrès philologique de Stockholm en 1886 etc. Par. 1887. 44 S. 8°. Auch in den Mém. et documents scolaires publ. p. le Musée pédagog. Paris. 1887. Fasc. 26.

Ur. Gibt ein klares Bild von der phonetischen Reformbewegung (*Kü.*).
Cf. Tit. 87. Nr. 19. (?)* | PhSt. 88. I, 178—9. (*Kü.*)

Ricard, Anselme: Système de la quantité syllabique et de l'articulation des sons graves et des aigus. Recherches orthoépiques et phonétiques sur la phonométrie et les tons de la langue française. Prag. 1887. IV u. 92 S. 8°.

I.: In wirrem Durcheinander handelt der Verf. in 24 §§ über Accent, Diphthonge, Silbentrennung, Doppelkonsonanten, Quantität etc. etc.

Ur. Geistreich u. interessant, aber ohne wissenschaftl. Objektivität u Gründlichkeit (*Ram.*).

A. Vor der Benutzung dieses von einem Dilettanten herrührenden Elaborats müssen selbst die Laien gewarnt werden. Die Phonetiker vom Fach werden den Unwert desselben sofort erkennen. Dazu genügen bereits die wenigen, aber schlagenden, von Rambeau (S. 294 f.) zusammengestellten Beispiele.

Cf. ZfrS. 90. XII, R. 293—5. (*Ram.*)

Toussaint-Langenscheidt: Dictionnaire français-allemand etc.
Berl. 1887. XXIV u. 1630 (VIII) S. 8°.

Uschakoff, Ivan: De franska konsonanterna. Ett kapitel ur den moderna högfranskans ljudlära. Pro. Nya Svenska Läroverket. Helsingfors. 1887. 15 S. 8°.*

Ur. Eine treffl. u. leichtfassl. Charakteristik der neufranzös. Konsonanten (*Vis.*).
Cf. LBl. 88. IX, 174—5. (*Vis.*)

1888.

Beyer, Franz: Frz. Phonetik für Lehrer u. Studierende. Cöthen. 1888. XIV u. 186 S. 8°.

L.: I. Das Sprachorgan 1. — Die Sprachlaute 4. — II. Analyse (Vokale 15, Konsonanten 33, Artikulationsbasis 54, Praktische Winke 57). — Analyse (Silbe u. Silbenbildung 63, Dauer 74, Nachdruck 82, Intonation, Stimmmodulation 99, Sandhi 109). — III. Zeitmass 122, Sprechstärke 124, Geste u. Mimik 125, Stimmqualität 128. — IV. Transskription 131. — Texte 135. — Beiträge Passy's, Storm's u. Vietor's 154. — Litteratur 174. — Register 177—186.

Ur. Bestens zu empf. (*Hau.*; *Wür.*); eine im ganzen vertrauenswerte Darstellung (*Jes.*; s. A. 2); es lässt sich ein Fortschritt erkennen, wertvoll ist die besondere franz. Phonetik, recht wenig befriedigt dagegen der allgemeinere, phonetische Teil, Beyer u. Passy überschätzen gegenseitig ihre Bedeutung für die franz. Phonetik (*Tch.*); leider hat der Verf. die nachlässige Umgangssprache geradezu als allgemeine Musteraussprache hingestellt, im übrigen vortrefflich (*Lan.*¹·); das Beste u. Vollkommenste, das auf diesem Gebiete bisher erschienen ist (*Gun.*); allzu weitschweifiger Stil, zu viel lobende Eigenschaftswörter, es fehlt an systematischer Klarheit, doch freudig zu begrüssen u. warm zu empfehlen (*Pas.*); indispensable to a thorough study of the subject (*An.*).

A. 1. Vgl. auch J. Passy, in: *PhSt.* 1890. III, 345—354, u. Storm, *Engl. Philol.*²· S. 193 ff.

A. 2. Dazu A. Lange (*ZfrS.* 1891. XIII, R. 97): „Jespersen's Kritik enthält manche beachtenswerte Äusserungen."

Cf. Fr.-G. 88. V, 427—30.   (*Gun.*) | Tit. 88. I, Nr. 6.   (?)*
    J.-B.²· 88. XLI, 440.   (*Hau.*) | PhSt. 89. II, 90—93.   (*Jes.*)
    ZRW. 88. XIII, 542.   (*Wür.*) | ZfrS. 89. XI, R. 229—34. (*Lan.*¹·)
    LBl. 88. IX, 399—403.   (*Pas.*) | InZ. 90. V, 264—7.   (*Tch.*)
    Aca. 88. Nr. 245.   (*An.*) |

Duschinsky, Wilh.: Über das stumme *e* des Neufranzösischen in: ZRW. 1888. XIII, 72—83.

A. Lässt viel zu wünschen übrig.

Humbert, C.: Die Gesetze des frz. Verses etc. Lpz. 1888. IV u. 55 S. 8°.

I.: Handelt auf S. 26 ff. u. passim über die Aussprache des *e sourd*.

Ur. Die Schrift kann empfohlen werden, obgleich sie eine Lösung nicht bringt (*Böd.*); zeigt mehr Eifer, als eindringende Tiefe (*S-e.*); ästhetisierenden Metrikern zu empf. (*Bec.*); wunderl. Ansichten, die in verworrener. ungeniessbarer Darstellungsweise vorgetragen werden (*Kna.*); mit Nutzen zu lesen, trotzdem der Verf. die neuere, metrische Literatur nur ungenügend kennt (*Kos.*).

A. 1. Der Verf. führt ein Phantasiegebäude auf.

A. 2. Vgl. die Kritik Ricken's (1889).

A. 3. Den abfälligen Kritiken gegenüber versuchte H. seine Ansichten in einer 2. Schrift, 1890, nochmals zu verteidigen.

Cf. LZ. 89. Nr. 35. S. 1273—4. (*Kos.*) | LBl. 90. XI, 376—7. (*Bec.*)
CBl. '89. Nr. 31. S. 1049—50. (*Kna.*) | CBl.² 91. V, 17—20. (*S-e.*)
PhSt. 90. III, 369—73. (*Böd.*) |

Koschwitz, Eduard: Neufrz. Formenlehre nach ihrem Lautstande dargestellt. Opp. & Lpz. 1888. VIII u. 34 S. 8°.

Ur. Ist kein Schulbuch, auch nicht frei von Mängeln, aber als anregende Schrift zu empf. (*Bad.*; s. A. 2.); beachtenswert (*Gun.*); gar manches ist unvollkommen, manches unnütz, nicht weniges geradezu falsch, alles in allem ist die Schrift eine nicht sehr gut gelungene, halbphonetische Nachbildung einer Grammatik des Schriftfranzösischen (*Pas.*; s. A. 3.); rendra les plus grands services (*Gill.*); weder stoffl. neu, noch belehrend (*Schul.*).

A. 1. Des Verf.'s Absicht war, einmal zu zeigen, „wie die bald gewünschte. bald gefürchtete phonetische Grammatik der Zukunft beschaffen sein würde." Vgl. auch die von K. in der ZfrS. 1890. (XII, 1 ff.) gegebenen Ausführungen, die, wie er sagt, dazu bestimmt seien, seinen Herren Kritikern wenigstens zu der nachträglichen Einsicht zu helfen, was mit der „Formenlehre" eigentlich bezweckt werden sollte.

A. 2. Hinsichtlich Badke's Ansichten über die Verwendung der Phonetik beim usp. U. (Er möchte auf die Erlernung der fremden Aussprache 1—2 Jahre verwenden!), siehe Lange in der ZfrS. 1891. XIII. R 98, u. meine *Neusprachl. Ref.-Lit.* S. 27.

A. 3. Koschwitz erwidert darauf im *LBl.* 1889. X, 196—198; die Antwort Passy's ibd. S. 198; vgl. ferner Passy's abfällige Bemerkungen im Mai. 1889 (IV, 93), 1890 (V, 65), 1896 (XI, 68, Anm.).

Cf. J.-B.¹⁻88. XLI, 442—3. (*Hau.:R.*)
Fr-G. 88. V, 230—2. (*Gun.*)
Tit. 88. III, Nr. 10. (*Pas.*)*
LBl. 89. X, 101—4. (*Pas.*)
PhSt. 89. II, 94—100. (*Bad.*)

ZGW. 89. XLIII, 471—3. (*Schul.*)
Rpat. 89. II, 303—4. (*Gill.*)
InZ. 90. V. 270—3. (*Tch.*; *R.*)
J.-B.³⁻95. V. 331. (*Kos.* : *R.*)

Levêque, Ch.: Des enclitiques en français etc., in: PhSt. 1888. I, 157—169, 262—277.

I.: Handelt auf Grund der von Passy gegebenen Texte (Le franç. parlé, 1886) von der Aussprache des dumpfen e in den enklitisch gebrauchten Wörtern *me, ne, je, de, que, te, se*, u. bespricht dann (S. 274), im Anschluss von Passy's *Sons du fr.*, 1887, einige Sandhi-Erscheinungen.

Ur. Fleissige u. wertvolle Arbeit (*Lan.*¹⁻).

·Cf. ZfrS. 91. XIII, R. 93—95 (*Lan.*¹⁻)

Lubarsch, E. O.: Über Deklamation u. Rhythmus der frz. Verse. Zur Beantwortung der Frage: Wie sind die frz. Verse zu lesen? Aus dem Nachlasse des Verfassers herausgegeben von E. Koschwitz. Oppeln u. Lpz. 1888. XI u. 50 S. 8⁰.

Ur. Anregend, wenn auch nichts Neues bringend (*Böd.*); anziehend, lehrreich, anregend (*Ri.*)·

A. 1. Handelt u. a. wieder über die Aussprache des *e sourd*.
A. 2. Vgl. die Kritik Ricken's (1889).
A. 3. Richtet sich gegen Sonnenburg's Schrift, 1885.

Cf. ZfrS. 90. XII, R. 21—29. (*Ri.*) | PhSt. 91. IV, 119—24. (*Böd.*)

Passy, Paul: Kurze Darstellung des frz. Lautsystems, in: PhSt. 1888. I, 18—40, 115—130, 245—256.

I.: Während der erste Abschnitt die einzelnen Laute bespricht, handelt der zweite vom Sprachgefüge (Artikulationsbasis, Schallstärke, Klangfülle, Ausatmungsstärke, Silbenbildung, Nachdruck, Dauer, Tonhöhe. Gleitlaute, Bindung, Sandhi); schliesslich bringt der dritte Abschnitt drei französische Texte in phonetischer Schrift, gleichsam drei von einander verschiedene Aussprach-Dialekte, nämlich ein zwangloses Gespräch, ein höheres Prosastück u. ein Gedicht.

Der Vergleich dieser drei Stufen wird für viele nicht nur interessant sein, sondern auch lehrreich.

Ur. Zeigt stellenweis eine grosse Unkenntnis der Geschichte der Phonetik der 2. Abschnitt befriedigt weniger: der schnellen u. bequemen Umgangssprache hat der Verf. einen zu weiten Spielraum gestattet (*Tch.*): höchst wertvoll u. belehrend (*Lan.*¹⁻ 1888).

A. 1. Auf Logeman's Fragen, *PhSt.* 1888. (I, 170—171), antwortet Passy ibd. I. 171—172.

A. 2. Zu vergleichen ist noch die Kritik Storm's, *Engl. Philol.*²⁻ S 158 ff.

Cf. ZfrS. 88. X, 133—42. (Lan.¹·), ZfrS. 91. XIII, R. 91—3. (Lan.¹·: R.) InZ. 90. V, 248—259. (Tch.)

Passy, Paul: L'association fonétique des professeurs de langues vivantes, in: CBl.²· 1888. II, 436—439.

A. Handelt über den Ursprung, Ziele, methodische U.'s-Grundsätze u. Erfolge dieser Vereinigung.

Suchier, Herm.: Die lebende Sprache (S. 590—592). in: Grundr. d. rom. Philol. Halle. I. 1888. XII u. 853 S. 8".

1889.

Ballu, Victor: Observations sur les éléments musicaux de la langue française, in: PhSt. 1889. II, 195—202, 303—310.

1.: Voyelles, consonnes, syllabes, versification, ponctuation, rythme.
Ur. Eigenartige u. beachtenswerte Ausführungen, wenngleich nicht einwandfrei (Tch.).
A. 1. Dass die Abhandlung mehr populär, als wissenschaftl. sei u. neben einigen guten Bemerkungen auch manche anfechtbare enthalte, ist bereits von Storm, Engl. Philol.²· S. 193 bemerkt worden.
A. 2. Über eine ältere Schrift Ballu's aus dem Jahre 1868 berichten Havet (Mém. soc. ling. 1873. II, 218 ff.) u. Techmer (InZ. 1890. V, 226—229). Letzterer nennt sie „eine der beachtenswertesten u. eigenartigsten über die neueste franzos. Phonetik". — Ballu's *Méthode de lecture* etc. (1874) wird von Techmer kurz erwähnt, ibd. (V, 233.)
A. 3. Über Ballu's Bestimmung der *Tonhöhe* berichtet Rousselot, *Modific. phon.* S. 200 ff.
Cf. InZ. 90. V, 229—232. (Tch.) | ZfrS. 91. XIII, R. 99—100. (Lan.:R.)

Marelle, Charles: Sur la prononciation de l'E muet. Vortr., in: ANSp. 1889. LXXXIII. Auch sep. ersch. Berl. 1889. 5 S. 8⁰.*

Ur. Interessant (Ram).
A. Vgl. noch Storm, Engl. Philol.²· S. 198 f.
Cf. PhSt. 92. V, 345—8. (Ram.)

Mende, Adolf: Die Aussprache des französ. unbetonten *e* im Wortauslaut. Zürich. 1889. 126 S. 8⁰.

Ur. Höchst interessant, geschickt u. sorgfältig in der methodischen Behandlung (Ram.); fleissige Arbeit, der es jedoch an wissenschaftl. Schärfe u. Folgerichtigkeit fehlt, die gezogenen Schlüsse sind abzuweisen (Ri.); gründl., mit methodischem Geschick u. feinsinnigem

Urteile durchgeführte Arbeit, deren Resultaten rückhaltlos zuzustimmen ist (*Spey.*).

A. Vgl. noch Koschwitz. der in der ZfrS. 1891 (XIII, 118 ff.) von Mende sagt, dass es ihm sowohl an genügenden sprachhistorischen wie phonetischen Kenntnissen fehle, doch befinde er sich auf richtigem Wege. Ganz ähnlich urteilt Storm, Engl. Philol.[2.] S. 199 ff.

Cf. InZ. 90. V, 244—5. (*Tch.: R.*) ZfrS. 91. XIII, 88—91. (*Ri.*) ANSp. 90. LXXXIV, 209—12.(*Spey.*) PhSt. 92. V, 338—45. (*Ram.*)

Passy, Paul: Deuxième livre de lecture. (Méthode phonétique.) Par. 1889. (?)*

Ricken, Wilh.: Grundzüge der Entwickelung des *e sourd*. Ein Beitrag zur Beantwortung der Frage: Wie sind die frz. Verse zu lesen? in: ZfrS. 1889. XI, 238—256.

A. Ist zugleich eine Kritik der Schriften von Sonnenburg (1885). Humbert (1888), u. Lubarsch (1888).

1890.

Ellinger, Joh.: Zur Bindung in d. frz. Lekt., in: ZRS. 1890. XV, 327—334.

Godart, A.: Abriss der Aussprache der frz. Sprache zum Gebrauche für Deutsche. Leipz. 1890. 64 S. 8°.

Ur. Nicht arm an Absonderlichkeiten (*Lös.*); unwissenschaftl., schwerfällig, verworren (*Arn.*).

A. Albernes Produkt eines unwissenden Dilettanten.

Cf. J.-B.[2.] 90. V, 28. (*Lös.*) | Fr.-G. 91. VIII, 7—8. (*Arn.*)

Humbert, Prof. Dr. C.: Nochmals das *e muet* u. der Vortrag französischer Verse etc. Bielefeld. 1890. 32 S. 8°.

Ur. Der verbitterte Ton berührt um so unangenehmer, als die Schrift nichts Neues bringt (*Böd.*); des Verf.'s Theorie ist unhaltbar, denn z. B. in den Molière'schen Stücken nehmen die Schauspieler des *Théâtre Français* an den sog. *e muets* wahre Hekatomben vor (*Sar.*); dilettantische Arbeit (*Kos.*).

Cf. PhSt. 91. IV, 259—60. (*Böd.*) | J.-B.[3.] 95. I, 331. (*Kos.*) Fr.-G. 91. VIII, 1—3. (*Sar.*)

Koschwitz, Ed.: Phonetik und Grammatik, in: ZfrS. 1890. XII, 1—20.

I.: Handelt über die Aussprache der Pariser, die Grammatik der Umgangssprache, die phonetische Darstellung der Formenlehre u. schliesst

(S. 12—20) mit lehrreichen Bemerkungen über das Verhältnis der Phonetik zur frz. Syntax.
A. Nach des Verf.'s Ansicht wird eine rein phonetische Darstellung der frz. Formenlehre eine Erschwerung für den U. herbeiführen.

Kotrč, K.: Z mé studnijní cesty do Paříže. [Von meiner Studienreise nach Paris]. Pro. R.-S. Pisek. 1890. 49 S. 8°.*
I.: Der erste Teil handelt über die Pariser Aussprache, der zweite über das französische Schulwesen.
Ur. Belehrend u. lesenswert (*Jo.*).
Cf. ZöG. 92. XLIII, 1054. (*Jo.*)

Levêque, Ch.: L'accent tonique et l'écriture, in: PhSt. 1890. III, 199—212.
I.: Behandelt u. a. Tonwechsel, Bindung, Satzdoppelformen, enklitisch gebrauchte, daher unbetonte u. oft verkürzte Wörter, Hiatus, Betonungen im Verse.
Ur. Zeugt von grosser Naivität, ermangelt der Methode u. der Kritik, unerquicklich u. ermüdend (*Seel.*); dilettantisch (*Sto.*); willkürliche Auffassung, inhaltl. wertlos, hätte ungedruckt bleiben sollen (*Lan.*[1]).
Cf. ZfrS. 93. XV, R. 122—3. (*Lan.*[1]) J.-B.[a] 95. I, 15. (*Seel.*)
PhSt. 93. V, 206. (*Sto.*)

Passy, Jean: Notes de phonétique française etc., in: PhSt. 1890. III, 345—354.
I.: Handelt über Betonung, insbesondere Verschiebung des Wortaccents, Verschleifungen u. Verschluckungen («*réductions*») in sehr familiärer, nachlässiger Rede, Heben u. Senken der Stimme («*accent musical*»), Sandhierscheinung («*assimilation*»), über die *harmonie vocalique* oder *réfraction*, endlich über den leider starken u. schädigenden Einfluss der Orthographie auf die Aussprache.
Ur. Wertvoll (*Seel.; Sto.; Kos.*).
A. Auch in der *Engl. Philol.*[2] S. 202 f. beurteilt Storm den Verf. sehr günstig, welcher die frz. Betonungsgesetze mit grösserer Präzision formuliert habe als andere u. ein hervorragender Phonetiker zu werden verspreche.
Cf. ZfrS. 93. XV, R. 123—5. (*Lan.:R.*) J.-B.[a] 95. V, 15. (*Seel.*)
PhSt. 93. V, 206. (*Sto.*) J.-B.[a] 95. V, 331. (*Kos.*)

Passy, Paul: Gegenvorschläge zu Kühn's Lautschrift, in: PhSt. 1890. III, 69—70.

Passy, Paul: Étude sur les changements phonétiques et leurs caractères généraux. Paris. 1890. 270 S. 8°. — Dazu: Corrections et additions à l'Étude sur les changements phonétiques. Supplément au «*Maître phonétique*», 1891, juillet, p. 93—100.

L.: Introd. 7. — *Première partie*. I. Formation du langage. Des sons en général 25. — Sons musicaux 26. — Bruits 29. — Sons mixtes 30. — Appareil de la parole 30. — Formation de la parole 33.
II. Variations d'ensemble des sons 40. — Intensité 41. — Netteté 45. — Timbre 45. — Accessoires 46.
III. Divisions phon. de langage. Groupes de souffle 50. — Intensité relative des parties du groupe de souffle 57. — ... Intonation 68. — Accentuation 71. — Quantité 71. — Sons doubles 72.
IV. Étude des sons 74. — Transcription phon. 76 — Classification 78. — Voyelles 79. — Consonnes 87. — Voy. et Cons. 93. — Sons accessoires 94. — Combinaison des sons 97.
Deuxième partie. I. Changements d'ensemble 105. — Accent 105. — Quantité 128.
II. Changem. des sons indépendants. Voyelles 134. — Consonnes 142.
III. Changements combinatifs 167. — Assimilation 168. — Dissimilation 191. — Action des sons transitoires 203. — Épenthèse et métathèse 216.
Troisième partie. Caractères généraux des changements phon. I. Des tendances phon. 223. — II. Origine de ces tend. 246. — III. Résumé 255. — Corr. et Add. 259. — Table 265—270.

Ur. Zeugt von ungewöhnl. scharfer Beobachtungsgabe u. umfassender Belesenheit: vor den Hypothesen des V.'s ist zu warnen (*An.*); zeugt von sehr umfassender Belesenheit u. tief eindringendem Forschergeist (*Sto.*): ausgezeichnet durch gute Beobachtungsgabe, Unbefangenheit des Urteils, Klarheit im Denken u. Ausdruck, nicht frei von schwerwiegenden Mängeln u. falschen Anschauungen (*Seel.*; s. A. 1.); eine sehr geschickte Zusammenstellung der gegenwärtigen phonetischen Kenntnisse, unentbehrlich für Philologen aller Art. besonders für Germanisten u. Romanisten (*Ram.*); hochbedeutend (*Schu.*); bietet eine unglaubliche Fülle von wissenschaftl. Material (*Klg.*): ein klassisches, wissenschaftl. Werk (*Schm.*); ouvrage provisoire d'un observateur curieux, diligent et sagace (*Bour.*).

A. Storm (PhSt. 1893. VI, 203 f.) findet, dass es der Seelmann'schen Kritik an Genauigkeit u. wissenschaftlicher Begründung fehle.

Cf. J.-B.[3.] 90. I, 6—9.   (*Seel.*)   PhSt. 92. V, 199—212.   (*Sto.*)
Rph. 91. V, 294-98.   (*Regna.*)* ZfrS. 92. XIV, R. 56—66. (*Ram.*)
J.-B.[4.] 91. XIII, 6.   (*An.*)   Rcr. 92. S. 482—7.   (*Bour.*)*
LBl. 92. XIII, 303—15. (*Schu.*) |Mai. 92. VII, 133—4.   (*Schm.*)
CBl.[2.] 92. VI, 53—4.   (*Kas.: R*)|ESt. 93. XVIII, 88—9.   (*Klg.*)

Schwan, Ed., u. Pringsheim, Ed.: Der frz. Accent, in: ANSp. 1890. LXXXV, 203—268. — Auch sep. ersch. Lpz. 1890.

I.: I. Historischer Teil. Seitherige Theorien: 1. *Das Frz. hat überhaupt keinen Accent* (d'Olivet 205, Beza, Maupas, Grimarest, Plötz 206); 2. *Wörter mit männlicher Endung haben ihn auf der letzten, mit weibl. auf der vorletzten Silbe* (Diez, G. Paris 206, Storm, Victor, P. Passy, Beyer, Palsgrave, Nicot, Duez, d'Allais, Régnier 207); 3a. *der Ton liegt nicht auf der letzten, volllautenden Silbe* (Meigret, Beza, Périon, Durand 209, Dubroca, Rapp, Cassal, Sweet 210); 3b. *es gibt ausser dem Hauptelemente noch einen rhetorischen Nebenaccent* (G. Paris 211, Storm, Beyer, Victor, P. Passy, Storm 213, Sweet 216); 3c. *es gibt zwei gleich stark betonte Silben* (Brunnemann 217): 4. *zwei gesondert auftretende Accentarten sind zu unterscheiden, i. e. der expiratorische u. der musikalische* (Merkel 217, Wulff 219, Schuchardt 222 [die Vertreter dieser Theorie weichen stark von einander ab hinsichtlich des Verhältnisses von Haupttton zu Nebenton u. von Tonhöhe zu Tonstärke], Meyer-Lübke, Sweet 224); 5. *ausser dem Accente der Tonhöhe u. dem Accente der Tonstärke ist noch das Walten eines anapästischen Rhythmus in Betracht zu ziehen* (Guyard 225, Beyer 229, Pierson, [welcher im einzelnen von Guyard's Theorie abweicht] 229, Suchier, Koschwitz 234).

II. Physikalisch-experimenteller Teil 235—268.

Cr. Im ganzen brauchbar, wenn auch nicht für schwierigere Probleme (*Au.*); ebenso dürftige, wie fragwürdige Resultate, es fehlt Schwan an Kritik u. phonetischen Kenntnissen, die Arbeit ist vollständig neu zu machen (*Seel.*; s. A. 2.); gänzlich verfehlt, ich stimme Seelmann ganz bei (*Sto.*); expériences intéressantes, mais trop peu nombreuses, l'exemple donné mérite d'être encouragé et suivi (*An.*); hochbedeutsame, wenn auch ein negatives Ergebnis liefernde Arbeit (*Kos.*).

A. 1. Vgl. auch Koschwitz (ANSp. 1892. LXXXVIII, 242): „Die Untersuchung ist in ihrem historischen Teile u. in ihrem Endergebnis anfechtbar, bezeichnet aber dennoch einen schätzenswerten methodischen Fortschritt." Weniger günstig urteilt ein anderer Romanist, dessen durchaus abweisendes Urteil völlig mit demjenigen Storm's übereinstimmt, s. *Engl. Philol.*[2.] S. 351.

A. 2. Seelmann's Ausführungen über den *Accent* zeugen von eindringendem Verständnis für den eigentlichen Kernpunkt dieser schwierigen Frage.

Cf. Rom. 91. XX, 511.   (*An.*) | PhSt. 93. VI. 206—8.   (*Sto.*)
MoL. 91. VI. 238—40. (*Lew.:R.*)| ZfrS. 94. XVI, 134.   (*Au.*)
J.-B.[3.] 92. 1, 16—24.   (*Seel*) | J.-B.[3.] 95. I, 330—1.   (*Kos.*)

1891.

Faure, H.: Quelques bizarreries de la langue fr. Dialogue entre un instituteur et son élève sur les principales difficultés qu'offre la prononciation de notre langue. Moulins. 1891. 30 S. 8⁰.*

Koschwitz, Ed.: Zum tonlosen *e*, in: ZfrS. 1891. XIII, 118 bis 138.

I.: Kritisiert bzw. berichtigt die Angaben Mende's (S. 118—132) u. Lesaint's (S. 132—136), und fasst dann die Ergebnisse fremder u. eigner Forschung in einer Reihe von provisorischen Gesetzen zusammen, welche sich für die normale Aussprache bzw. Nichtaussprache des tonlosen *e* aufstellen lassen (S. 136—138).
A. Vgl. dazu die ergänzenden Bem. Ellinger's in der ZRW. 1892. XVII, 65 ff.

Provost-Blondel, —: Voyelles et Consonnes. Par. 1891. 136 S. 8°.*

Psichari, Jean: Le vers fr. d'aujourd'hui et les poètes décadents, in: Rev. pol. et litt. 1891. 6 juin. S. 721—727.

A. Handelt vor allem über die Aussprache des *e sourd*.

Rolin, Gustave: Essai de grammaire phonétique, in: PhSt. 1891. IV, 307—334; 1892. V, 33—46.

Ur. Der Versuch, die Grammatik einer Sprache auf rein phonetischer Grundlage aufzubauen, macht den Eindruck einer blossen Spielerei. Auch des V.'s Bem. über die jetzige frz. Aussprache sind nicht einwandfrei (*Lan*.); essai tout à fait malheureux (*Pas*.).
Cf. ZfrS. 93. XV, R. 125—8. (*Lan*.) | Maî. 93. VIII, 79. (*Pas*.)

Vising, Johan: Fransk Språklära. I. Ljud-och Skriftlära. Lund. 1891. 40 S. 8°.*

1892.

André, Aug.: Manuel de Diction et de Prononciation françaises. Lausanne. 1892. 126 S. 8°. (Unveränderte Neuauflage 1893.)

I.: La prononciation 9. — La diction 11. — L'accentuation 14. — Liaisons et élisions 15. — La ponctuation 17. — Transcription phonétique 27. — Textes 32. — Traité de prononciation. Voyelles 95. — Consonnes 110. — Table 125—126.
Ur. Sehr brauchbares Hilfsmittel (*Sa*.).
A. Das Werk lässt viel zu wünschen übrig. — Bei dieser Gelegenheit möge darauf hingewiesen werden, dass für das Französische immer noch eine phonetische Anleitungsschrift ähnlich den vortrefflichen, englischen Lautlehren Western's fehlt.
Cf. LBl. 95. XVI, 371. (*Sa*.)

Block, J.: Zur Aussprache des Frz., in: ZfrS. 1892. XIV, 236 bis 265.
I.: Vorbemerkung 236. — Bindung von *s*, *x*, *z*, *t*, *rd*, *r*, *g* 237. — Aussprache von *péril, jadis, gens, sens, plus, mœurs, fils, fait, hymen, suspect* 237. — Rhetorischer Akzent, Tonstärke, Tonhöhe 242. — Das tonlose *e* im Wortauslaut 247. Vier die Aussprache des *e sourd* bestimmende Momente: Das rhythmische, das euphonische, das syntaktische u. das rhetorische 249—265.

Clédat, L.: Phonétique raisonnée du français moderne, in: Rphil. 1892. VI, 241—302; 1893. VII, 292—305.
A. Wurde als erstes Kapitel in des Verfassers *Grammaire raisonnée* aufgenommen.

Ellinger, Joh.: Über die Aussprache des frz. unbetonten *e* in consonantischer Umgebung, in: ZRW. 1892. XVII, 65—78.
A. Ergänzende u. z. T. berichtigende Bemerkungen zu den von Koschwitz (ZfrS. 1889. XIII, 137 f. u. neufrz. Schriftsprache, 1889) aufgestellten Regeln.

Koschwitz, Ed.: Zur Aussprache des Frz. in Genf u. Frankreich. (Suppl. VII zur ZfrS.). Berl. 1892. 79 S. 8°.
Ur. To be recommended (*Lew.*).
A. Die Schrift enthält die bis jetzt besten u. zuverlässigsten Angaben über die augenblickliche Aussprache des Französischen.
Cf. MoL. 93. VIII, 224—7. (*Lew.*) | ANSp. 93. XCI, 333—4. (*Sarr.: R.*)

Passy, Paul: Leçon d'ouverture du cours de phonétique descriptive et historique faite à la Sorbonne le 17 déc. 1891, in: PhSt. 1892. V, 257—262.
Ur. Wenig gründlich (*Kos.*).
Cf. J.-B.[3] 96. II, 29. (*Kos.*)

1893.

Beyer, Franz, u. **Passy**, Paul: Elementarbuch des gesprochenen Französisch. Cöthen. 1893. XIV u. 218 S. 8°. — Dazu: Ergänzungsheft von Franz Beyer, ibd. 1893. VIII u. 104 S. 8°.
I.: Texte 1. — Grammatik 77. — Glossar 171—218.
Ur. Zu empf. (*Blo.*); excellent, yet not without some doubtful points (*Ram.*);

excellent travail, mais les auteurs font des concessions par trop déraisonnées au langage vulgaire, la méthode est entièrement manquée (*Rol.*; s. A. 2.); von hoher Bedeutung (*Klg.*); les textes sont admirables, aussi intéressants que possible, en somme, c'est un ouvrage des plus considérables (*Mich.*; s. A. 3.); livre fort bien fait; les auteurs ont peut-être donné la prononciation de demain (*Bour.*); ist für den Lehrer von grossem Nutzen, bietet aber eine zu nachlässige Aussprache (*Wa.*); kurz, klar, präzis, allen Neuphilologen dringend zu empf. (*Gun.*).

A. 1. Vgl. ferner Rambeau's *Additional Remarks*, 1894.
A. 2. Vgl. die Gegenkritik Passy's in den *PhSt.* 1893. (VI, 344—346), nebst einer Schlussbemerkung Rolin's (ibd. S. 347), der hier darauf hinweist, dass der „Materialismus in der Literatur seinen bösen Einfluss auch auf die ... Aussprache des *fin de siècle* übe"; das habe ihn zu dem Versuche veranlasst, dem weiteren Vordringen des „Strasseneken-Französisch" entgegen zu treten.
A. 3. Vgl. dazu einige Bemerkungen J. Passy's, in: Maî. 1893. VIII, 27—29, 116—121.
Cf. Maî. 92. VII, 143—6, 161—4. (*Mich.*) | ESt. 93. XVIII, 84—7. (*Klg.*)
MoL. 93. VIII, 388—98. (*Ram.*) Rcr. 93. XXXVI, 232. (*Bour.*)
PhSt. 93. VI, 219—34. (*Rol.*) J.-B.² 93. VIII, 27. (?)*
ZfrS. 93. XV, R. 128—33. (*Blo.*) ZRW. 94. XIX, 94—9. (*Wa.*)
Fr.-G. 93. X, 22—3. (*Gun.*)

Ellinger, Joh.: Zu einigen Punkten der Aussprache des Französischen, in denen die Phonetiker von Sachs abweichen, in: ZRW. 1893. XVIII, 449—457.
Ur. Beachtenswert (*Lös.*).
Cf. J.-B.² 93. VIII, 27 (*Lös.*)

Koschwitz, Ed.: Les Parlers Parisiens etc. Par. 1893. XXXII u. 147 S. 8⁰. — 2. Aufl. Par. 1896. XXXII u. 153 S. 8⁰.
A. Einige kritische Notizen bringt der Maî. 1896 (XI, 67—69, 94, 95.)
Cf. Mns. I, N. 9. (*Ha.*)* | J.-B.² 93. VIII, 27. (*Lös.*)

Lenz, Rodolfo: Fonética aplicada a la enseñanza de los idiomas vivos. Fonética francesa. Santiago. 1893. 63 S. 8⁰.*
Ur. Übersichtl. u. leicht verständl. (*An.*).
Cf. CBl.¹ 94. S. 1600. (*An.*)

Nyrop, Kristoffer: Kortfattet Fransk Lydlære, til Brug for Lærere og Studerende. Kop. 1893. 112 S. 8⁰.*
Ur. L'auteur s'est admirablement aquité de sa tâche (*Clo.*).
Cf. Maî. 93. VIII, 171—3. (*Clo.*) | MoL. 94. IX, Nr. 7. (*Ram.*)

Passy, Paul: L'Évangile de Luc, version populaire en transcription phonétique. Par. 1893. 200 S. 8°.*

A. Vgl. darüber das anerkennende Urteil des Pastors Krüger im *Réveil d'Israël* (1894, Febr.), auszugsweise wiedergegeben im Mai. 1894. (IX, 75.).

Rambeau, Wilh.: Additional Remarks upon Beyer-Passy's Elementarbuch etc. and Beyer's Ergänzungsheft, in: MoL. 1893. VIII, 484—486.

Wagner, Phil.: Frz. Quantität (unter Vorführung des Albrecht'schen Apparats), Vortr., in: PhSt. 1893. VI, 1—17, gekürzt in dem CBl.[2.] 1893. VII, 33—40. — Sep. ersch. Marburg. 1893. 17 S. 8°.

Ur. Expériences concluantes qui font grand honneur à l'intelligence et à la prudence de l'observateur (*An.*); l'auteur se flatte d'obtenir par cette méthode des résultats certains, c'est là un espoir chimérique (*Pas.*); beachtenswert (*Kos.*).

A. 1. Vgl. damit des V.'s Vortrag, in: PhSt. 1890. IV. 68—82.
A. 2. Vgl. noch die einschlägigen Bemerkungen Victor's, *Elemente*[3.] S. 267—275,
Cf. Rom. 93. XXII, 338—9. (*An.*)   J.-B.[3.] 96. II, 33   —4.(*Kos.*)
Mai. 94. IX, 87—8.   (*Pas.*)

1894.

Barbeau, A.: Prononciation parisienne, in: Mai. 1894. IX, 104—105.

J.: Handelt über die Frage, ob u. in welchem Umfange in Wörtern wie *roi, moi, bois, poids, droit* etc. ein offenes oder geschlossenes (a oder a zu sprechen sei.
A. Vgl. Mai. 1890. V, 82.

Firmery, J.: La prononciation de l'E muet, in: Rphil. 1894. VIII, 137—139.

A. Dazu einige ergänzende Bemerkungen Clédat's, ibd. S. 140—141.

Marelle, Ch.: La prononciation fr. et les néophilologues allemands, in: Le Temps. 1894, 21 juin. Abgedr. in: Rev. phil. fr. et prov. 1894. XXXVII, 428—433.

Passy, Jean: La dictée phonétique, in: Mai. 1894. IX, 34 bis 38, 50—52.

A. Dazu eine Anfrage Klg.'s, ibd. 67, u. die Antwort P.'s, ibd. 68.

1895.

Ackerknecht, J.: Die Bindung im frz. U., in: NSp. 1895. III, 393—409.

I.: Allgemeines 393. — *l, m* 400. — *n* 400. — *r* 401. — *f* 402. — *s* 402. — *x* 403. — *z* 404. — *p, b* 404. — *t* 404. — *d* 406. — *c* 407 — *g* 408.

Blondel, J. E.: Phonologie mécanique de la langue française. Par. 1895. 409 S. 8°.*

Passy, Paul, et **Tostrup,** Thalla: Leçons de choses en transcription phonétique pour servir au premier enseignement du français. 1ière sér.: A l'École. Par. 1895. 14 S. 8°.

A. S. 13 u. 14 enthalten eine gedrängte Übersicht der einfachsten grammatischen Verhältnisse der *gesprochenen* Sprache.

Souza, R. de: Le rôle de l'*e* muet dans la poésie fr., in: Merc. 1895. Janvier.*

---

2. Die übrigen romanischen Sprachen.

1. Italienisch. 1894.

Anderson, Herm.: Kort öfversigt af den moderna italienskans ljudlära, in: Nord. Tidskr. f. Fil. 3. Raekke. 1894. III, 26—36.*

2. Rhäto-romanisch (1880—1890).

Martineau, Russel: On the Romonsch or Rhætian Language in the Grisons and Tirol, in: TrPhS. 1880—81. S. 402 bis 460.

A. Enthält (S. 406—410) nur wenige u. zwar durchaus ungenügende Angaben über die moderne Aussprache des Rhäto-romanischen.

Soames, Laura: Notes on the Sounds of the Romanch or

Romanese of the Upper Engadine, in: Phon. Stud. 1890. III, 154—161.
Cf. J.-B.³ 95. I, 14. (Seel.: R.)

3. Portugiesisch (1880—1892).

Bonaparte, Prince Louis-Lucien: On Portuguese Simple Sounds etc., in: TrPhS. 1880—81. S. 23—41.

A. Vgl. damit Sweet's Ausführungen über Portugiesische Lautlehre, die von Storm (PhSt. 1893. VI, 200 ff.) als eine scharfe u. feine Analyse bezeichnet werden.

Vianna, A. R. Gonçalves: Essai de phonétique et de phonologie de la langue portugaise d'après le dialecte actuel de Lisbonne, in: Romania. 1883. XII, 1—98.

Vianna, A. R. Gonçalves: Exposição da pronuncia normal portuguesa, para uso de nacionaes e estrangeiros. Lisboa. 1892. 104 S. 8°.

Ur. Très précis et très concis; ne saurait être trop recommandé (*G. P.*): ouvrage écrit par un homme doué d'une grande finesse d'oreille et d'un incroyable talent d'imitation (*Pas.*).

A. Auch Storm (PhSt. 1893. VI, 200 f.) rechnet Vianna's Arbeiten zu den besten, die wir über das Portugiesische haben.

Cf. Rom. 93. XXII, 337. (*G. P.*) | Mai. 94. IX, 74—5. (*Pas.*)

4. Spanisch (1881—1894).

Schuchardt, Hugo: Die Cantes Flamencos, in: Z. f. rom. Philol. 1881. V, 249—322.

A. 1. Der Verf., welcher, wie er sagt, „in der genauesten, geradezu mikroskopischen Erforschung des Gegenwärtigen die breite u. sichere Grundlage aller Wissenschaft erblickt", bietet hier, von S. 301 an, eine reiche Fülle genauester Beobachtungen über die sprachlichen, vor allem lautlichen Verhältnisse des modernen andalousischen Dialekts.

A. 2. Über Storm's abweichende Ansicht von der Aussprache des spanischen *s* bzw. *d*, siehe dessen *Engl. Philologie*² S. 49, 70 f. bzw. 154.

Wulff, Fredrik: Un chapitre de phonétique avec transcription d'un texte andalou, in: Recueil ... offert à M. Gaston Paris par ses élèves suédois etc. (S. 211—260). Lund.

1889. — Auch als Sep.-Abdr. ersch. Stockh. 1889. 50 S. 8°.

Ur. Der Verf. ist der bedeutendste, romanistische Phonetiker der Gegenwart (*Seel.*); anregend u. verdienstl., aber nicht abschliessend (*Schu.*; s. A. 2); lehrreich (*An.*); fort intéressant, le système de notation phonétique est extrêmement simple (*G. P.*); étude intéressante et curieuse (*Via.*); théoriquement la méthode est très voisine de la perfection; quant à la pratique, il faut faire certaines restrictions (*Bour.*).

A. 1. Vgl. ausserdem Storm, *Engl. Phon.*[2] S. 71.

A. 2. Auf die lehrreichen Ausführungen in Schuchardts Kritik sei hier besonders aufmerksam gemacht.

Cf. LBl. 89. X, 380.   (*To.*[1]*: R.*) ZrPh. 90. XIV, 268—9.   (*An.*)
Mai. 90. V, 105—7.   (*Via.*)   LBl. 92. XIII, 235—45.   (*Schu.*)
Rom. 90. XIX, 130.   (*G. P.*)   J.-B.[3] 95. I, 14.   (*Seel.*)
Rer. 90. XXIX, 157—9.   (*Bour.*)

Araujo, Fernando: Recherches sur la phonétique espagnole, in: PhSt. 1890. III, 309—344; 1891. V, 47—70, 142—169; 1893. VI, 35—62, 134—150, 257—273; 1894. XII, 37—51. (Sep. ersch., s. unten.)

Ur. Ungemein gewandte u. verständliche Darstellung (*Seel.; s. A. 1*): zu breit u. unbestimmt, z. T. unverständlich (*Schu.; s. A. 2*).

A. 1. Seelmann's Annahme eines „*i* mit *j*-Beigeräusch" hält Storm (*PhSt.* 1893. V, 206) für eine „phonetische Phantasie".

A. 2. Gegen diese Vorwürfe, die auch Morf (*LBl.* 1896. XVII, 16) für berechtigt hält, verteidigt sich Araujo in den *PhSt.* 1893 (VI, 35—37), u. in seinen *Estudios*, 1894, S. 48 f.

Cf. LBl. 92. XIII, 235.   (*Schu.*) | J.-B.[3] 95. I, 14.   (*Seel.*)

Lenz, Dr. Rud.: Chilenische Studien, in: PhSt. 1892. V, 272—292; 1893. VI, 18—34, 151—166, 274—301.

Araujo, Fernando: Estudios de Fonétika kastelana. Toledo. Par. 1894. 156 S. 8°.

Ur. Les efforts de l'auteur n'ont pas été suivis d'un succès complet (*Sar.*); ouvrage qui marque une étape dans les études espagnoles (*Pas.*); die Schrift leidet an Unklarheiten, Widersprüchen u. nutzlosen Wiederholungen, der Stoff ist nicht streng geordnet, die Lautbeschreibung zu unbestimmt (*Mor.*).

A. Die Arbeit war zuerst, in frz. Sprache, in Vietor's *PhSt.* 1890 ff. erschienen u. d. T. *Recherches* etc.

Cf. Mai. 94. IX, 130.   (*Bas.*)   LBl. 96. XVII, 15—18.   (*Mor.*
Rom. 95. XXIV, 298—303. (*Sar.*)

Escriche, Tomas: Prononciation espagnole, in: Mai. 1894. IX. 30—33.

3. Deutsch.
1876.

Grabow, Dr. Aug.: Über Musik in der deutschen Sprache. Pro. G. Lemgo. 1876. 29 S. 4"; 2. Aufl. Lpz. 1879. 87 S. 8".
I.: Vorr. 3. — Der Rhythmus 8. — Der Schall 9. — Der Ton, das Flüstern, die Tonhöhe der Vokale 12. — Das musikalische Motiv 27. — Die Harmonie 28. — Inhalt 86.
A. 1. Unter *Motiv* versteht der Verf. die Verknüpfung von zwei oder mehr Tönen.
A. 2. Philologen kann die Schrift nicht empfohlen werden, da der Verf. mit dem sprachl. Materiale höchst willkürlich verfährt. *Ein* Beispiel wird genügen, dies zu zeigen: Er stellt den Ablaut im Deutschen (binde, band, gebunden) auf die gleiche Stufe mit dem Frz. vois — vis — vu!

Kiessling, —: Die Laute des Neuhochdeutschen, eine phonetische Studie. Bremen. 1876.*

Kräuter, J. F.: Die Prosodie der neuhochdeutschen Mitlauter, in: Beit.¹ 1876. II, 561—573.
A. Die Richtigkeit der Kr.'schen Auffassung wird von H. Paul bestritten. s. ibd. 1884. IX, 101 ff.

1877.

Kräuter, J. F.: Zur Lautverschiebung. Strassburg 1877. X u. 154 S. 8".
I.: Die jetzigen B. D. G des Hochdeutschen 1. — Die indogermanischen B, D, G 17. — Die urdeutschen B. D. G 40. — Die B, D. G der Alt- u. Mittelhochdeutschen 77. — Vokalische Mitlauter und konsonantische Selbstlauter 110. — Die indogermanischen Tenuesaspiraten 151—154.

1878.

Kräuter, J. F.: Zwölf Sätze über wissensch. Orthographie der Mundarten, in: Germania. 1878. XXIII (= N. R. XI), 117—126.

1879.

Huss, H.: Das Deutsche im Munde des Hannoveraners. Hannover. 1879.*

1882.

Oberländer, Heinr.: Übungen zur Erlernung einer dialektfreien Aussprache. München. 1882. 2. Aufl. ibd. 1890. 3. Aufl. ibd. 1893. VIII u. 204 S. 8°.

Ur. Ein vortreffliches Übungsbuch (*Sen.*).
A. 1. Ausser jungen Schauspielern, für welche das Buch geschrieben ist, kann man auch angehenden Lehrern, Geistlichen, Advokaten etc. die Durchnahme dieser praktisch zusammengestellten u. im Ganzen einwandfreien (s. A. 2.) Übungen empfehlen. Dass es sowohl für das Französische als auch für das Englische, Italienische etc. an Übungen in der richtigen Anwendung der „Tonfarben", d. h. im charakteristischen Vortrage fehlt, ist zu bedauern. Für das Deutsche hat hier der Verf. (von S. 183 an) den richtigen Weg gezeigt.
A. 2. Es wäre zu wünschen, dass der Verf. seinen Vietor noch einmal gründlich durcharbeitete. Das würde ihm Klarheit über manche Dinge verschaffen, die ihm offenbar noch recht schleierhaft sind, es würde ihn aber auch davor bewahren, den phonetischen Schrullen des Grafen Hochberg zu folgen.
Cf. PhSt. 91. IV, 265—270. (*Sen.*)

1883.

Brandstetter, Renward: Die Zischlaute der Mundart von Bero-Münster. Diss. [Basel]. Einsiedeln. 1883. 115 S. 8°. (Abgedr. im Geschichtsfreund, Bd. 38.)*

Ur. Genaue u. sorgfältige Beobachtungen (*Soc.*).

A. Der Verf. behandelt den fast im ganzen Kanton Luzern gesprochenen
Dialekt.
Cf. InZ. 84. I, 428. (Tch.: R.) | LBl. 84. V, 133—5. (Soc.)

1884.

Jütting, Dr. W.: Phonetische, etymologische u. orthographische
Essays über deutsche und fremde Wörter mit harten
und weichen Verschlusslauten. Wittenberg. 1884. XVI
u. 291 S. 8°.

I.: Einl. Harte u. weiche Auslaute 1. — Der lautphysiologische Unterschied zwischen den sog. harten u. weichen Lauten 5. — Harte u. weiche Konsonanten im An- u. Inlaute 27. —... im Auslaute 102. — Adjectiv- u. Substantiv-Suffixe 258. — Register 271—291.

Ur. Fleissiges, brauchbares Werk, das vor allem seminaristisch gebildeten Lehrern zu empf. ist (Sö.); enthält eine Fülle von etymologischen u. orthograph. Bem., sehr zu empf. (Vogr.); enthält viel Brauchbares, der phonetische Teil ist mittelmässig (Fra.); nützl., reichhaltig u. brauchbar (Mahl.); ermüdend u. nicht ohne Fehler (Ort.); elementares mischt sich mit gelehrtem Detail (Seem.).

Cf. COrg. 84. XII, 418—9. (Sö.) | ZRW. 84. IX, 482—5. (Vogr.)
Anz.[3.] 84. X, 418—9. (Seem.) | Bl.[1.] 85. XXI, 183—4. (Ort.)
LZ. 84. S. 796. (Mahl.) | ZOr. 85. V. 5—6. (Fra.)

Kewitsch, —: Zur Aussprache der weichen Consonanten
jetziger Schrift, in: ZOr. 1884. IV, 35—38.

Kewitsch, —: Tenues u. Mediae, in: ZOr. 1884. IV, 58—64.
74—79.

Nörrenberg, K.: Ein niederrheinisches Accentgesetz, in: Beit.[1.]
1884. IX, 402—412. Sep. ersch. Halle. 1884.

Ur. Unklar, auch ist die Transskription nicht ausreichend (Tch.).
Cf. InZ. 85. II. 349. (Tch.)

Nörrenberg, K.: Orthoepisches, in: ZOr. 1884. IV, 79—86.

I.: Der Verf. bringt Zusätze zu seinen früheren Ausführungen über die Aussprache des Neuhochdeutschen am Niederrhein.
Ur. Willkommener Beitrag (Tch.).
Cf. InZ. 87, III, 353—4. (Tch.)

Paul, Herm.: Vokaldehnung u. vokalverkürzung im neuhochdeutschen, in: Beit.[1.] 1884. IX, 101—134.

A. Richtet sich z. T. gegen die von Kräuter, 1876, geäusserte Auffassung.

Trautmann, Mor.: Sprachlaute, 1884, s. oben unter I, S. 27

Vietor, Wilh.: Elemente der Phonetik. 1884. s. oben unter
I. S. 28.

Vietor, Wilh.: Die Zischlaute, insbesondere die deutschen,
in: ZOr. 1884. IV, 10—13, 30—35.

1885.

Kewitsch, —: Zur Aussprache des *ng* u. Bezeichnung des
Gaumennasallautes, in: ZOr. 1885. V, 35—36.

Kewitsch, —: Zur Aussprache des *g* im deutschen, in: ZOr.
1885. V, 37—40.

Vietor, Wilh.: Die Aussprache der in dem Wörterverzeichnis
für die deutsche Rechtschreibung zum Gebrauch in den
preussischen Schulen enthaltenen Wörter etc. Heilbr.
1885. IV u. 64 S. 8°.

I.: Einl. Phonetisches (Vokale 1, Konsonanten 5). — Orthoepisches 7. —
Verzeichnis 15—64.

Cr. Zu empf. (*Schr.*); ausserordentl. sorgfältig (*Res.*); die Auswahl befriedigt nicht, für wissenschaftl. Zwecke unbrauchbar (*Seem.*).

Cf. ZRW. 85. X, 545—6. (*Res.*) Woch.¹ 86. N. 16. (*Schr.*)
ZöG. 86. XXXVII, 444—5. (*Seem.*) InZ. 87. III. 386—7. (*Tch.: R.*)
LBl. 86. VII, 426—7. (*Schr.*)

— — 2. Aufl. u. d. T.: Die Aussprache des Schriftdeutschen
etc. Lpz. 1890. 105 S. 8°.

Cr. Aufs wärmste zu empf. (*Wür.*).
Cf. Mai. 90. VI. 45. (*Pas.:R.*) MoL. 91. VI. 229—32. (*Brandt: R.*)
ZRW. 91. XVI, 480—1. (*Wür.*)

— — 3. Aufl. ibd. 1895. VIII u. 101 S. 8°.

Cr. Zu empf., eine *einheitl.* Ausspr. des Deutschen ist nicht wünschenswert (*Jel.*; s. A.).
A. Vietor erwidert ibd. 1896 (XLVII, 376—8). worauf Jel. nochmal
das Wort ergreift, ibd. S. 378—9.
Cf. ZöG. 95. XLVI, 904—6. (*Jel.*)

Vietor, Dr. Wilh.: German Pronunciation. Practice and Theory.
Heilbr. 1885. V u. 123 S. 8°.

I.: The "best German" 1. — Symbols used in Phonetic Sound-Notation
8. — German Sounds (Vowels 9, Consonants 36). — The Alphabet 59.

— German Accent 91. — Mode of Articulation 91. — Sound-Laws 92. — Stress 94. — Emphasis 98. — Tone = Pitch 99. — Specimens 102—123.

Ur. Klar, vortreffl., einfach (*Schr.*); sehr zu empf. (*Klg.*); instructif (*An.*); excellent (*Jor.*); musterhaft u. eminent praktisch (*Vie.*).
A. Vgl. Storm; *Engl. Philol.*[2.] S. 111.
Cf. ZRW. 85. X, 228—9. (*Res.*) | Aca. 86. N. 663, S. 49. (*An.*)
LBl. 86. VII, 426. (*Schr.*) | Tit. 87. I, N. 11. (*Pas.*)*
ESt. 86. IX, 110. (*Klg.*) | InZ. 87. III, 385—6. (*Tch.:R.*)
Rcr. 86. XXII, 384. (*Jor.*) |

Vietor, Dr. Wilh.: Germ. Pronunc. 2. Aufl. ibd. 141 S. 8°.*
Ur. A treatise which no teacher of German ought to do without (*Pas.*).
A. Dazu eine Bemerkung Richardson's im Mai. 1893. (VIII, 47—48.)
Cf. Mai. 91. VI, 45. (*Pas.*) | MoL. 91. VI, 229—32. (*Brandt.: R.*)

Wiebe, E.: Zu Kewitsch's runden und spitzen Hauptvokalen. in: ZOr. 1885. V, 30—31 (Dazu Kew. ibd. S. 31 f.).

1886.

Diederichs, Aug.: Unsere Selbst- u. Schmelzlaute (auch die englischen) in neuem Lichte. Oder Dehnung u. Brechung als solche u. letztere als Verrätherin alltäglicher, vorzeitlicher u. vorgeschichtlicher Wortwandlungen. Strassburg. 1886. XVI u. 315 S. 8°.
Ur. Gute Einzelbeobachtungen in allzu ausführlicher Breite (*Mau.*); gänzl. verfehlt (*Hol.*); höchst achtenswerte Leistung eines Autodidakten, der im Grunde praktische Zwecke verfolgt u. sich an ein grösseres Laienpublikum wendet (*Nör.*).
A. Der V. hat leider die in Paul u. Braune's *Beitr.* IX, 402 ff. veröffentlichte Abhandlung Nörrenberg's nicht gekannt, der bereits die dem niederrheinischen Dialekte eigene „Brechung" der Vokale eingehend untersucht u. deren Gesetzmässigkeit klargelegt hatte.
Cf. LZ. 86. S. 1680—1. (*Hol.*) PhSt. 88. 1. 74—5. *Mau.*)
Anz.[3.] 87. XIII, 376—88. (*Nör.*)

Rocca, Otto: Die richtige Aussprache des Hochdeutschen etc. Rostock. 1886. VIII u. 116 S. 8°.
Ur. Wird seiner Aufgabe im grossen Ganzen gerecht (*Kew.*).
Cf. PhSt. 88. I, 73—4. (*Kew.*)

1887.

Parow, Dr. Walter: Der Vortrag von Gedichten als Bildungsmittel u. seine Bedeutung für den deutschen Unterricht. Berl. 1887. 84 S. 8°.*

Ur. Die Schrift wird zunächst Achselzucken u. Lächeln hervorrufen, enthält aber viel Gediegenes u. Bedeutendes (*Mün.*).
Cf. PhSt. 88. I, 191—195. (*Mün.*)

Scouboe, S.: Hovedreglerne for den tyske udtale. Kop. 1887. 20 S. 8°.*

Ur. Nützlich, verlässig u. praktisch (*Klg.*).
Cf. PhSt. 90. III, 223—4. (*Klg.*)

1888.

Hoffmann, Hugo: Einführung in die Phonetik u. Orthoepie der deutschen Sprache etc. Marburg. 1888. IV u. 75 S. 8°. Nebst einer Tafel.

I.: Einl. 1. — Die Sprachwerkzeuge 6. — Die Sprachlaute 17. — Die Laute in ihrer Verbindung (Silbe, Wort, Satz) 52. — Die Lautumschrift 59. — Register 66—75.
Ur. Klare, ansprechende Darstellung, die aus den besten Quellen schöpft (*Kew.*).
A. Der Verf. verfolgt den Zweck, den Lehrern des Deutschen, namentl. den Volksschul- u. Taubstummenlehrern ein bequemes Hilfsmittel an die Hand zu geben, um die sicheren Ergebnisse der Phonetik im Unterrichte zu verwerten. Diesen Zweck erreicht die leichtverständliche u. das Wesentliche bequem zusammenfassende Schrift in vorzüglicher Weise.
Cf. PhSt. 89. II, 203—9. (*Kew.*)

Lange, Franz: Hey's Fabeln für Kinder, with Illustrations by O. Speckter. Edited with Phonetic Introduction, and Transcriptions of the Text etc. London. 1888. XXXII u. 90 S. 8°.*

Ur. Ein guter Gedanke! (*Vie.*)
Cf. PhSt. 89. II, 87—89. (*Vie.*)

Reichel, Walther: Von der deutschen Betonung. Diss. Jena. 1888. 35 S. 8°.

Vietor, Dr. Wilh.: Beiträge zur Statistik der Aussprache des

Schriftdeutschen, in: PhSt. 1888. I, 95—115, 209—226;
1889. II, 243—259; 1890. III, 11—27, 121—138.

Ur. Verdienstliches, aber schwieriges Unternehmen (*Lan.*¹·).
Cf. ZfrS. 88. X, R. 143. (*Lan.*¹·) | ZRW. 91. XVI, 480—1. (*Wür.*)

1889.

Balassa, Jos.: Aussprache des Schriftdeutschen in Ungarn,
in: PhSt. 1889. II, 136—138.

Franke, Fel.: Die Umgangssprache der Nieder-Lausitz in
ihren Lauten, in: PhSt. 1889. II, 21—60.

A. 1. Aus Franke's Nachlass mitgeteilt von Jespersen, der ibd. (S. 22—26)
auch über den leider nur allzu kurzen Lebensgang des Verfassers
(1860—1886) interessante Angaben macht.
A. 2. Der Verf. führt (S. 42 f.) auch eine Reihe französischer Beispiele von
Konsonanten-Angleichungen an (stimmhafte an stimmlose u. umgekehrt).
Cf. ZfrS. 91. XIII, R. 97. (*Lan.*¹·: *R.*)

Krumbach, Carl Jul.: Beiträge zur Methodik der deutschen
Lese- u. Sprechübungen in den unteren Klassen höherer
Lehranstalten. Pro. G. Wurzen. 1889. 36 S. 4⁰.

Ur. Eine anregend u. geschmackvoll, mit Sachkenntnis u. massvollem
Urteil geschriebene Arbeit (*Fey.*).
Cf. PhSt. 90. III, 75—8. (*Fey.*)

Wagner, Dr. Phil.: Der gegenwärtige Lautbestand des
Schwäbischen in der Mundart von Reutlingen. Reutl.
1889. 2 Bde.*

Ur. Eine wahrhafte Musterleistung, welche von einer vorzüglichen Beobachtungsgabe zeugt (*Klg.*).
Cf. Mai. 89. IV, 92—3. (*Klg.*)

1890.

Learned, M. D.: Application of the Phonetic System of the
American Dialect Society to Pennsylvania German, in:
MoL. 1890. V, 237—241.

Schmolke, H.: Regeln über die deutsche Aussprache. Pro.
Berl. 1890.*

1891.

Beckmann, —: Bemerkungen zur Förderung des guten Gebrauchs der deutschen Sprache in Altona. Pro. R.-G. Altona. 1891.*

Hoffmann, Hugo: Zur Reform des deutschen Sprachunterrichts in Schulen zweisprachigen Gebiets, in: PhSt. 1891. IV, 350—361.

I.: Einl. 350. — Der Sprach-U. in der sogenannten utraquistischen Schule im Vergleich zu dem in der Taubstummen- u. neusprachl. Schule 351. — Der erste Sprech-U. 354. — Der freie Anschauungs-U. 356. — Lehrproben 360. — Der erste Schreiblese-U. 360. — Andere Lehrfächer 360—361.

1892.

Goldschmidt, Dr. Hugo: Der Vokalismus des neuhochdeutschen Kunstgesanges und der Bühnensprache. Leipz. 1892. 34 S. 8°.

I.: Einl. 3. — Bedeutung der Phonetik für die Vortragskunst 6. — Neuhochdeutsch, Künstlersprache 8. — Der Begriff Vokal 9. — Die Klangreihen-Theorie 11. — Die Anordnung nach Eigentönen 12. — Die englische Anordnung nach der Mundstellung 14. — Aufbau des Vokalismus des Neuhochdeutschen nach den drei Prinzipien der Eigentöne, des Klanges u. der Mundstellung 18. — Die einzelnen Vokale 23. — Die sog. Diphthonge 30. — Nasalierung 33—34.
Ur. Nützliches Unternehmen (*Vie.*); enthält manches Beachtenswerte (*En.*).
A. Auf S. 16 f. beurteilt der Verf. das englische Vokalsystem, das ihm in mehrfacher Beziehung als verfehlt erscheint.
Cf. LZ. 92. S. 988—9. (*En.*) | J.-B.[4.] 93. XV, 9. (*Hart.: R.*)
CBl.[1.] 92. S. 1624—5. (*Vie.*) |

Grandgent, C. H.: German and English Sounds. Boston. 1892. VI u. 42 S. 8°.

I.: Introd. 1. — Accent 2. — Quantity 2. — Consonant Sounds 6. — Vowel Sounds 11. — Synthesis 20. — Remarks on the Drawings 22. — Drawings 28. — Index of Sounds 39—42.

1893.

Bremer, Dr. Otto: Deutsche Phonetik. Leipzig. 1893. XXIV u. 208 S. 8°. Nebst 2 Tafeln.

I.: I. Einl. Begriff u. Ziel d. praktischen Phon. 1. — Aufgabe d. deutsch. Phon. 6. — Verhältnis der Phon. zur Sprachwissensch. 8. — Verhältn· d. Phon. zur Psychologie 9. — Verhältn. der Phon. zur Akustik 15. II. Unsere Sprachwerkzeuge u. ihre Thätigkeit. Die Sprachbildung im Allg. 17. — Die Atmungsorgane 19. — Der Kehlkopf 20. - Das Ansatzrohr 25.
III. Die akustische Wirkung der Thätigkeit unserer Sprachwerkzeuge. Akust. Vorbemerk. 39. — Geräusch 40. — Klang. Akust. Vorbemerk. 112. — Klänge des Ansatzrohrs 117. — Klangfarbe der Vokale 130. — Stimme 174.
IV. Anhang. Lautschrift 198. — Buchstaben 202. — Quantitätsbezeichnung 205. — Silben- u. Worttrennung 207. — Bezeichnung des Akzentes 207. — Textprobe 208. — Bemerk. 209.

Ur. Im wesentlichen ist die Aufgabe in sehr glücklicher Weise gelöst; d. Buch ist aufs wärmste zu begrüssen (Seel.); reiche Quelle der Anregung, wenn auch Einzelnes zu beanstanden ist (Seem.); ein höchst beachtenswertes Buch, klar, verständlich, mit vorzüglichen Abbildungen ausgestattet, allen Germanisten u. Neuphilologen dringend zu empfehlen (Hi.); die Anlage des Buches ist nicht gerade glückl. u. die praktische Verwendbarkeit einigermassen zweifelhaft, doch hat es hohen, wissenschaftl. Wert (Hoff.-K.); zeugt von einer scharfen Beobachtungsgabe u. ist aufs wärmste zu empf. (Wag.[2.]); verdienstl. (Nad.; Je.); vermeidet die Einseitigkeiten der sog. engl. Schule, bietet vieles Neue, allerdings sind die Aufschlüsse über Physiologie u. Physik manchmal irreführend (Pip.); mit Freude u. Dank zu begrüssen (Mi.); von hervorragender Bedeutung, originell, anregend, Neues bietend (Seel.); verrät eine gute Beobachtungsgabe (Kos.); sehr zu empf. (Hart.).

Cf. NSp. 93. I, 536—8.   (Wag.[2.]) LZ. 95. S. 76—7.   (Seem.)
Rcr. 93. N. 46, S. 331—3. (Hen.)   ZDPh. 95. XXVIII 375-7. (Pip.)
MiA. 94. IV, 168—9.   (Hi.)   J.-B.[4.] 95. XVI, 8.   (Hart.)
ANSp. 94. XCII. 181—90.   (Mi.)   Mus. ? II, ?   (Pol.)*
CBl.[1.] 94. N. 47. S. 1701—2. (Seel.) Bl.[1.] 96. XXXII, 90—2. (Je.)
ESt. 95. XX, 454—7.   (Nad.)   J.-B.[3.] 96. II, 31—32.   (Kos.)
LBl. 95. XVI, 146—7.   (Hoff.-K.)

Hildebrand, R.: Zur Geschichte der Aussprache aus neuester Zeit, in: ZdU. 1893. VII, 153—165, 449—451.

Krumbach, Carl Jul.: Deutsche Sprech-, Lese- u. Sprachübungen etc. Ausg. für Lehrer u. Ausg. für Schüler. Lpz. 1893. 8°.

Ur. Angelegentl. zu empf., sind geeignet, segensreich zu wirken (Hoff.).
Cf. PhSt. 93. VI, 336—9. (Hoff.)

Vietor, Wilh.: Wie ist die Aussprache des Deutschen zu lehren? Ein Vortrag. Marburg. 1893. 26 S. 8°.

L.: Sucht zu beweisen, dass 1. die Schule eine mustergültige, d. h. die in der Hauptsache *norddeutsche Bühnensprache* lehren, u. 2. dass der U. im Deutschen vom *Laute* ausgehen müsse.

Ur. Mit dem ersten Vorschlage dürfte er wohl wenig Anklang finden, der 2. ist ganz unpraktisch u. undurchführbar (*Weiss;* s. A. 1.); anregend u. zweckentsprechend, wird aber manchem Widerspruch hervorrufen (*An.*).

A. 1. Vgl. dazu die Erwiderung Vietor's ibd. IX, 358—360, u. die Entgegnung Weiss', ibd. 1896. X, 7—9. Ferner Victor ibd. 96. X, 72 ff.. 141 ff., u. Weiss ibd. 96. X, 136 ff.

A. 2. Fassbender (CBl.² 96. X, 175) macht darauf aufmerksam, dass Vietor's Vokal-Schema für die Schleswig-Holsteinsche Aussprache nicht zutreffe.

Cf. CBl.¹ 93. X. 47, S. 1683. (*An.*) | CBl.² 95. IX, 304—6. (*Wei.*)

1894.

Bangert, W.: Fibel für den ersten Sprech-, Lese- u. Schreibunterricht. Nach den Grundsätzen der Phonetik bearbeitet. Mit 27 Originalzeichnungen von E. J. Müller. Frankfurt a. M. 1894. VII u. 120 S. 8⁰.

Ur. Sehr zu empf. (*Hoff.*); freudig zu begr. (*Fass.*).

Cf. NSp. 95. III, 376—7. (*Hoff.*) | CBl.² 96. X, 173—6. (*Fass.*)

Felsberg, O.: Zur Aussprache des Schriftdeutschen. Pro. Alexandrinen-Sch. Koburg. 1894. 16 S. 4⁰.*

Cf. J.-B.⁴ 95. XVI, 9. (*An.: R.*)

Hoppe, Otto: Tysk ljud- och uttalslära. Stockholm. 1894. 28 S. 8⁰.*

Ur. A certain spirit of life is wanting in the somewhat dry description (*Öst.*).

Cf. NSpr. 94. II, 580—1. (*Öst.*)

4. Englisch.

1878.

Storm, Dr. Joh.: Engelsk Filologi etc. I. Det levende Sprog. Kristiania. 1878. — XIV u. 350 S. 8⁰, in deutscher Über-

setzung u. d. T. Englische Philologie etc. Heilbronn. 1881. XVI u. 468 S. 8°.
1.: Siehe 2. Aufl.
Ur. Angelegentl. zu empf. (*Ash.*; *Na.*; *A.*); die mangelhafte Verteilung des Stoffes ist zu tadeln, doch bringt die Schrift eine überraschende Fülle wissenswerter Einzelheiten u. belehrender Bemerkungen (*Tr.*); sorgfältig u. lehrreich (*Klg.*); verrät gründl. Kenntnisse, ermangelt aber eines festen Planes, logischer Anordnung u. gleichmässiger Behandlung (*Var.*); ein ebenso treuer u. zuverlässiger wie unentbehrlicher Ratgeber (*Sie.*); ungemein reichhaltiger Inhalt, zeugt von feiner, scharfsinniger Beobachtung (*Reg.*); verdienstl. (*Wü*); this book will prove of the highest interest to all students of phonology (*Sw.*, 1879); shows an astonishing command of English in all its stages (*Sw.*, 1882); a very useful book written in a clear style (*Gar.*): unentbehrlich für den Phonetiker u. den modernen Philologen überhaupt (*Sw.*, 1881); (*Jor.*; s. A. 4) zeugt von wissenschaftl. u. zugleich praktischer, vorurteilsfreier Auffassung (*Schi.*); one of the most important philolog. works of our time (*Stof.*); zeugt von grosser Sachkenntnis (*Wol.*).

A. 1. Über Storm's Vokalschema s. Michaelis, in A*NSp*. 1881. LXV, 450 f.

A. 2. Die Richtigkeit einzelner Angaben Storm' wird von Lütgenau bestritten, s. A*NSp*. 1884. LXXII, 100 ff.

A. 3. In den *ESt*. 1882. V, 256—259. 459 f. gibt Thum einige erläuternde Zusätze über *it is me, shall*, Macaulay's *Stil, to part from* u. *to part with, I differ with* u. *I differ from*.

A. 4. Gegen Joret's Missverständnisse wendet sich Storm in der *Rcr.* 1882. XVI, 449—451 u. *Engl. Philologie*² S. 63; dazu eine Gegenbemerkung Joret's, *Rcr.* 1882. XVI, 452.

Cf. Ac. 79. Okt. 11. S. 269—70. (*Sw.*) Poly. 81. XIII, 515 ff. (*Wag.*¹·)*
Tid. 79. S. 366. (*Stj.*)* AJPh. 81. II, 484—96. (*Gar.*)
Tid. 79. S. 444. (*Sto.*)* Tidsk. 81. Aug. (*Stj.*)*
TaS. 79. 1, 351 ff. (*Stof.*) ESt. 82. V. 398—408. (*Reg.*)
TaS. 80. II, 292—9. (*Stof.*) Rcr. 82. XVI, 284—7. (.*Jor.*)*
Anz.¹· 81. IV, 128—31. (*Tr.*) ZfrS. 82. III, R. 112—3. (*Kos.*)
ANSp. 81. LXV, 321—9. (*Ash.*) LBl. 82. III, 266—70. (*Sie.*)
LZ. 81. S. 519—21. (*Na.*) ZöG. 82. XXXIII. 305—8.(*Schi.*)
CBl.¹· 81. S. 906—7. (*Wü.*) Ac. 82. N. 556. S. 272—3.(*Sw.*)
Nation 81. March 31st. (*An.*) Spectator 1882. June 17th. (*An.*)*
GgA. 81. S 1398—1408. (*Sw.*) Bl.¹· 83. XIX. 64—7. (*Wol.*)
ZRW. 81. VI, 561—2. (*A.*) Anz.³· 83. IX. 168—81. (*Var.*)
Ath. 81. Juli 30. S. 143. (*An.;R.*) ESt. 85. VIII. 295. (*Klg.*)

— — 2. Aufl. 1. Teil. Die lebende Sprache. 1. Abteilung. Phonetik und Aussprache. Lpz. 1892. XV u. 484 S. 8°.

— 2. Abteilung. Rede und Schrift. ibd. 1896. XXI, S. 485—1098.

I.: *Erste Abteilung.* Einl. 1. — Elze's Grundriss 18. — Vietor's Einführung 22. — Körting's Encyclopädie 24. Aussprache. Allgemeine Phonetik 35. — Merkel 36. — Brücke 36. — Rumpelt 45. — Lepsius 52. — Helmholtz 52. — ... Frz. Nasalvokale 63. — ... Bell's Vis. Speech 111. — ... Ellis' E. E. Pron. 119. — ... Frz. Accent 203. — Sprachmelodie (Nachdruck, Ton, Gleittöne) 205. — Littauische u. lettische Töne 208. — Serbisch-Kroatische Töne 210. — Chinesische Töne 212. — Engl. u. frz. Tonfall (Satz-, Sprachmelodie) 214. — Bell's Manual 216. — Frz. Tonfall 218. — Ital. Tonfall 219. — Span. Tonfall 220.
Nordische Sprachen 221—259.
Allgem. Phonetik 260—350. — ... Edison's Phonograph 351. — Englische Aussprache 353—473. — Nachträge 474—484.
Zweite Abteilung. Der Inhalt dieses Teiles liegt ausserhalb des Rahmens der vorliegenden Schrift, mit Ausnahme der folgenden Abschnitte:
Zur Lautlehre der Vulgärsprache 813—826. — Amerikanische Aussprache 914—918. — Vulgärsprache des achtzehnten Jahrhunderts 945—951.

Ur. Reichhaltige, aber nicht systematische Behandlung des Gegenstandes, nicht ohne Fehler im einzelnen (*Tr.*): hervorragende Leistung (*Bül.*); a mine of miscellaneous phonetic information coupled with kindly but outspoken and judicious criticism (*Ll.*; s. A.); admirable, on y trouve une immense érudition jointe à un jugement très personnel (*An.*); eine objektive, ungemein reichhaltige Quelle der Belehrung (*Seel.*); il faut admirer la prodigieuse érudition de l'auteur, sa finesse d'observation et sa sûreté de jugement (*Pas.*); die von Storm u. seinen Gesinnungsgenossen vertretene Art der Phonetik nimmt innerhalb der Wissenschaft eine sehr bescheidene Stellung ein, denn Storm ist weder Physiologe noch Akustiker noch Experimentalphonetiker (*Kos.*); reicher Inhalt, der von ausgebreiteter Sprachkenntnis u. scharfer Beobachtungsgabe zeugt (*Nad.*).

A. Die ausführliche Besprechung Lloyd's, welche über den gewöhnlichen Rahmen einer Kritik weit hinausgeht, enthält eine Fülle lehrreicher, feiner Beobachtungen und Urteile, die kein Phonetiker unbeachtet lassen darf.

Cf. CBl.[1] 93. S. 651—2. (*Seel.*) ESt. 94. XIX, 252—7. (*Nad.*)
Mai. 93. VIII, 61—3. (*Pas.*) NSpr. 95. III, 48—53, 91—103,
Rom. 93. XXII, 333—4. (*An.*) 240—251, 300—309. (*Ll.*)
LBl. 94. XV, 10—11. (*Bül.*) Rom. 96. XXV, 349. (*An.*)
MiA. 94. IV. N. X, 289—93. (*Tr.*) J.-B.[3.] 96. II, 30—31. (*Kos.*)

1879.

Bell, D. C., and **Bell**, Alex. Melville: Standard Elocutionist. Lond. 1879. New Edit. ibd. 1883.

1881.

Sweet, Dr. Henry: The Elementary Sounds of English. Lond. 1881.*

Tulov, M.: Über die Elementarlaute der menschlichen Stimme u. über das Alphabet. Kiew. 1881. 112 S. 8°. (Russisch.)*

1882.

Sachs, H.: Die gesprochenen Laute der englischen Sprache u. die Schriftzeichen, welche zur Darstellung derselben benutzt werden etc. Lo. 1882. XII u. 400 S. 8°.*

Ur. Der Verf. ist ohne alle phonetische Bildung; obgleich in England lebend, macht er Fehler der elementarsten Art u. hat nicht einmal eine Ahnung von dem Unterschiede stimmhafter u. stimmloser Laute (*Sie.*); geschwätzig, unwissenschaftlich, abschreckend durch den Mangel an Übersichtlichkeit (*An.*); enthält neben manchen Fehlern auch treffende Bemerkungen (*Tch.*).

A. Auch Storm warnt vor Benutzung dieses dilettantenhaften Buches, s. *Engl. Philol.*² S. 474 f.

Cf. J.-B.⁴ 83. V, 206—7. (*An.*) InZ. 85. II, 361. (*Tch.*) ESt. 84. VII, 153—56. (*Sie.*)

Sweet, Henry: On Intonation in Spoken English, in: ProPhS. 1882—83.

A. Der Verf. macht den Versuch, die Intervalle zwischen den Hebungen u. Senkungen bei den verschiedenen Ausdrucksarten zu bestimmen.

Western, Aug.: Engelsk Lydlære for Studerende og Lærere. Krist. 1882. VII u. 92 S. 8°.

Ur. Die beste u. zuverlässigste Lautlehre des Neuenglischen, die bisher selbst in England erschienen ist (*Stj*).

Cf. NorR. 83. S. 78f. (*Stj.*)* ESt. 85. VIII, 348—50. (*Klg.: R.*) LBl. 84. V, 103—4. (*Stj.*)

1883.

Steuerwald, Wilh.: Lehrbuch der engl. Aussprache nebst Vokabular. München. 1883. XVI u. 422 S. 8°.

I.: Bringt ausser einer treffl. Vorrede, in welcher der Nutzen einer guten u. reinen Aussprache, sowie die Notwendigkeit der Verwendung der Phonetik für den praktischen U. betont wird, auf den ersten 33 Seiten eine allgemeine Übersicht u. Beschreibung der einzelnen, englischen Laute, dann auf S. 34—107 Regeln über Aussprache u. Betonung, endl. ein sachl. geordnetes, systematisches Vokabular nebst idiomatischen Ausdrücken, einigen Gedichten u. ein Verzeichnis der gebräuchlichsten englischen Abkürzungen.

Ur. Der Verf. scheint die einschlägigen, phonetischen Werke wenig benutzt zu haben, das Werk muss gründlich überarbeitet u. die Walker'sche Transcription durch eine wirkl. phonetische ersetzt werden (*Schr.*); sorgfältige, klare Darstellung (*Wür.*).

Cf. LBl. 85. VI, 191—93. (*Schr.*) Gm. 85. XVI, 555 f. (*Pla.*)*
ZRW. 85. X, 42—43. (*Wür.*)

1884.

Trautmann, Mor.: Sprachlaute, 1884. s. oben unter I, S. 27.

Victor, Wilh.: Elemente der Phonetik. 1884. s. oben unter I, S. 28.

1885.

Jespersen, Otto: Kortfattet Engelsk Grammatik for Tale-og Skriftsproget. Kop. 1885. 59 S. 8°.*

Ur. Recht beachtenswert, wenn auch für den Schulgebrauch nicht zu empfehlen, da es dem Werke vollständig an Plan u. Methode fehlt (*Klg.*).

Cf. ESt. 86. IX, 350—2. (*Klg.*)

Schröer, Arn.: Einleitung u. Paradigmen zur Lehre von der Aussprache u. Wortbildung etc. Wien. 1885. VI u. 34 S. 8°. Nebst 11 Holzschnitten. (Dazu Schröer's ergänzende Erklärung, in: ESt. 1887. X, 529—31.)

Ur. Recht brauchbar (*Hau.*); verdient Beachtung, die Aussprachebezeichnung ist nicht überall glücklich getroffen (*Bic.*): knapper, klarer, dankenswerter Anfang zu den Grammatiken (*Sal.*); zeugt von selb-

ständiger Beobachtung, ist aber zur Verwendung im Unterrichte nicht recht geeignet (*Vie.*); vorzüglich (*Wer.*).
Cf. LBl. 85. VI, 258.   (*Sal.*) |COrg. 86. XIV, 486.   (*Wer.*)
J.-B.¹⁻ 85. XXXVIII, 365—6. (*Hau.*) ESt. 87. X, 320—2.   (*Vie.*)
ANSp. 86. LXXV, 465—6. (*Bie.*) |InZ. 87. III, 369—70.   (*Tch.: R.*)

Sweet, Henry: Elementarbuch des gesprochenen Englisch. Grammatik, Text u. Glossar. Oxf. u. Lpz. 1885. LXIV u. 63 S. 8⁰.

I.: Siehe die 2. Aufl., 1886.
Ur. Eine bahnbrechende Leistung, die nicht genug empfohlen werden kann (*Bey.*²⁻; s. A. 2.); ein höchst interessantes, geniales Werk (*Schr.*): eine epochemachende Erscheinung (*Klg.*); sehr zu empf. (*Hau.*); of highest interest (*Brug.*); hiermit ist die praktische Aussprachelehre auf die Stufe wissenschaftl. Systematik gehoben (*Bran.*).
A. 1. Ausserdem sind noch zu vergleichen die abfälligen Bem. F. A. March's (*Standard English* etc.), in: American Philol. Association XIX, u. Tanger's, der im ANSp., 1892 (LXXXVIII, 431) Sw. vorwirft, dass er „eine flüchtige, liederliche, nicht selten sogar als vulgär anstössige Aussprache, nur weil sie oft gehört wird, als die ausschlaggebende ansieht". (Vgl. A. 3.) Dies abfällige Urteil hat aber Tanger nicht abgehalten, Sweet's Verdiensten um die Phonetik „vollste Anerkennung, ja Bewunderung zu zollen", siehe ANSp.. 1892 (LXXXIX. 81). In ähnlichem Sinne äussert sich F. Beyer in seinem Lautsystem, 1887, S. 9 ff. Endl. ist noch auf die erschöpfende, fein u. gerecht abwägende Kritik Storm's zu verweisen in dessen *Engl. Philol.*²⁻ S. 406 ff.
A. 2. Vgl. damit Eidam, der im *ANSp.*, 1888 (LXXX, 433—439) Beyer's Lob für ein „wahrhaft überschwengliches" erklärt u. dasselbe auf ein bescheideneres Mass zurückzuführen sucht.
A. 3. Ähnlich drückt sich W. S. Logeman (*PhSt.* 1891. IV, 386, A.) aus: "The pronunciation given by Mr. S. is altogether slovenly ... no teacher should use it as a model etc."

Cf. LZ. 86. S. 441.   (*Hau.*) |ESt. 87. X, 155—8.   (*Klg.*)
LBl. 86. VII, 424—6. (*Schr.*) |ANSp. 87. LXXVII. 425 -43. (*Bey.*²⁻)
ZöG. 87. XXXVIII. 547. (*Bran.*) |TnS. 87. VIII, 18—26.   (*Brug.*)
ESt. 87. X, 72 ff.   (*Klg.*) |

— — Elementarbuch etc. 2. Aufl. ibd. 1886. VI u. 158 S. 8".

I.: I. Lautlehre. Die Sprachorgane 9. — Quantität 10. — Tonstärke 11. — Tonhöhe 12. — Articulationsbasis 12. — Vocale 13. — Consonanten 17. — Lautstellung u. Lautberührung 20. — II. Formenlehre. Abstufung 21. — Substantiva etc. 25—37. — III. Syntax. Tonstärke 38. — Tonhöhe 43. — Substantiva etc. 45—56. — IV. Texte (57) 58. — V. Glossar 136—158

Ur. This book is a blow aimed at correctness of speech (*McL.*; s. A.
1 u. 2); warm zu empfehlen (*Flü.*).
A. 1. Diese Kritik beantwortet Sweet (PhSt. 90. III, 114—115) in nicht
gerade höflicher, aber deutlicher Weise dahin, dass sie "utter and
complacent ignorance of the elements of phonetics and philology"
erkennen lasse. In einer kurzen Erwiderung (ibd. 115) bleibt
McLintock bei seiner Behauptung, dass Sweet's El.-B. in vielen
Einzelheiten ein entschiedenes (Londoner) Cockney-Englisch biete.
A. 2. McLintock ist ein Nordengländer, was z. T. seinen von Sweet
abweichenden, orthoepischen Standpunkt erklärt. Wenn auch die
konservativeren Nordengländer, sowie die Schotten u. Irländer, die
Amerikaner u. die Kolonisten der im Süden Englands rascher fort-
schreitenden Sprachentwicklung meist noch ablehnend gegenüber
stehen (s. Victor, *Einführung in das Studium der Engl. Philologie.
Marburg. 1888.* S. 16; Storm, *Engl. Phil.*[2.] S. 24), so verbreitet sich
trotzdem die südenglische Normalaussprache immer mehr unter den
Gebildeten Nordenglands.

Cf. J.-B.[1.] 86. XXXIX, 360—6. (*Hau.:R.*)'ESt. 88. XI, 334—6. (*Klg.:R.*)
Tit. 87. I, N. 12. (*Pas.*)* |Ang. 88. XI, 635—6. (*Flü.*)
Verd. 87. — (?)* |PhSt. 89. II, 212—16. (*McL.*)

Sweet, Henry: Elementarbuch etc. 3. Aufl. ibd. 1891. 155 S. 8°.

Western, Aug.: Englische Lautlehre für Studierende u. Lehrer.
Heilbr. 1885. VIII u. 98 S. 8°.

Ur. Zu empf. trotz der manirierten Transcription (*Hau.*); sehr zu empf.,
die Transcription ist verständl. u. praktisch (*Schr.*); aufs wärmste zu
empf. (*Klg.*; *Würz.*); d. allgemeine Teil befriedigt weniger, als d.
besondere (*Tch.*); klar, übersichtl., zuverlässig (*Haus.*); careful and
systematic (*Gar.*); zu empf. (*Nöl.*); earnestly to be recommended (*Brug.*).
A. 1. Ist eine Umarbeitung u. Erweiterung der 1882 erschienenen *Engelsk
Lydlære*.
A. 2. Vgl. Storm, *Engl. Philol.*[2.] S. 466 ff., woselbst noch verschiedene
Rezensionen über die *norwegische* Ausgabe aufgeführt sind.

Cf. J.-B.[1.] 85. XXXVIII, 366—8. (*Hau.*) |COrg. 86. XLV, 352—3. (*Nöl.*)
LZ. 86. S. 259. (*Haus.*)|Tit. 86. Aug. (?)*
LBl. 86. VII, 422—4. (*Schr.*) |TaSt. 87. VIII, 22—26. (*Brug.*)
ZRW. 86. XI, 488. (*Wür.*) |ESt. 87. X, 491—5. (*Klg.*)
AJPh. 86. VII, 388—9. (*Gar.*) |JnZ. 87. III, 388—90. (*Tch.*)

1886.

Passy, Paul: Élémans d'Anglais parlé. Par. 1886.*

Ur. Aufs wärmste zu empf. (*Hau.*); nach Inhalt, Plan u. Durchführung

grundverschieden von früheren Schriften des V.'s (1882) (*Jes.*); einfach,
genau, vortreffl. (*Lös.*).
Cf. J.-B.[1.] 86. XXXIX, 376. (*Hau.*) J.-B.[2.] 88. III, 152. (*Lös.*)
Tit. 87. I, Nr. 9. (*Wes.*)* PhSt. 88. I, 77—9. (*Jes.*)

Passy, Paul: Élémans d'Anglais parlé. 2. Aufl. Par. 1887.
96 S. 8⁰.*

Ur. Verdient ernste Beachtung, ist aber in mancher Hinsicht verbesserungsbedürftig (*Klg.*); bündig, leicht fasslich (*Nad.*).
Cf. ZRW. 88. XIII, 95—6. (*Nad.*) | ESt. 90. XIV, 284—87. (*Klg.*)

Western, Aug.: Kurze Darstellung der englischen Aussprache
für Schulen und zum Selbstunterricht. Heilbronn. 1886.
43 S. 8⁰.

Ur. Aufs lebhafteste zu begrüssen (*Hau.*); accurate (*Ll.*); zu empf. (*Schr.*);
völlig unzulänglich (*Klg.*); brauchbar (*Nöl.*; *Wür.*).
A. 1. Ist die deutsche Übersetzung der 1882 erschienenen *Engelsk lydlære
for skoler.*
A. 2. Vgl. Storm, *Engl. Philol.*[2.] S. 469 ff.
Cf. J.-B.[1.] 85. XXXVIII, 368. (*Hau.*) LZ. 86. S. 260. (*Haus.:R.*)
LBl. 86. VII, 424. (*Schr.*) ZRW.86. XI, 488. (*Wür.*)
AJPh. 86. VII, 389. (*Gar.:R.*) ESt. 87. X, 495. (*Klg.*)
COrg. 86. XIV, 353. (*Nöl.*) PhSt. 93. VI, 106—10. (*Ll.*)

— — 2. Aufl. Lpz. 1892. 121 S. 8⁰.

Ur. Trotz einiger Bedenken zu empfehlen (*Ko.*); carefully written, correct,
exceedingly accurate (*Ll.*).
Cf. PhSt. 93. VI, 108—10. (*Ll.*) | ANSp. 93. XC, 173—4. (*Ko.*)

Anon. [Zimmermann, J. W.]: Die englische Aussprache auf
akustischer und physiologischer Grundlage methodisch bearbeitet für den Schul- und Privatunterricht. Naumburg.
1886. VIII u. 32 S. 8⁰.

Ur. Verfehlt (*Tan.*): nach Anlage u. Absicht gänzl. verfehlt (*Klg.*).
A. „Die engl. Vokale sind entweder einlautige, oder zweilautige, oder
einlautige Doppelvokale!" „Weiches b wird mit geschlossenen Lippen
gesprochen!" Das dürfte genügen.
Cf. ESt. 87. X, 158—61. (*Klg.*) J.-B.[2.] 94. VIII, 49. (*Lös.*)
ANSp. 87. LXXVII, 216—19. (*Tan.*)

— — Die englische Aussprache auf phonetischer Grundlage
etc. Braunschweig. 1889. VIII u. 57 S. 8⁰.

A. Diese Schrift ist nur eine Umarbeitung der 1886 anonym erschienenen
ganz verfehlten Schrift desselben Verfassers.
Ur. Bedarf einer gründl. Umarbeitung (*Wi.*).

Cf. ZöG. 91. XLII, 528. (*Wa.*) | MiA. 91. I, 80—1. (*Wi.*)
ZRW. 91. XVI, 161. (*Res.*)

Anon. |Zimmermann, J. W.]: Die Englische Aussprache. 2. Aufl. ibd. 1893. X u. 56 S. 8⁰.*
Ur. Leidet nach jeder Richtung hin an zahlreichen u. keineswegs geringfügigen Mängeln (*Spey.*).
Cf. ANSp. 94. XCII, 428—30. (*Spey.*) MiA. 94. V. 54 f. (*Kla.*)*

1887.

Bell, Alex. Melville: English Line Writing etc. N.-Y. s. a. [1887]. 8⁰.*

Wagner, Dr. Phil.: Die Sprachlaute des Englischen. Ein Hilfsbuch für den Schul- u. Privatunterricht. Tüb. 1887. VI u. 107 S. 8⁰.
Ur. Zählt zu den besten Schriften ihrer Art, ist aber in vielen Punkten verbesserungsbedürftig (*Bey.²·*).
Cf. ESt. 88. XI, 337—40. (*Bey.²·*)

1888.

Bell, Alex. Melville: World-English. The Universal Language. Lo. 1888.*
A. Bringt Vorschläge zu einer phonetischen Schrift für das Englische u. hofft, dass dasselbe dereinst Weltsprache werde.
Cf. Ath. 88. N. 3175. S. 287. (*An.*: *R.*)

Primer, Sylvester: Charleston Provincialisms, in: PhSt. 1888. I, 227—243.
Ur. Wertvolle Beobachtungen (*Lang*).
Cf. PhSt. 89. II, 185—6. (*H. R. Lang*).

Schmidt, H.: *Cl, gl* > *Tl, dl* in English Pronunciation, in: MoL. 1888. III, 126—130, 192.*

Sweet, Henry: Phonetics (1—50), Sound-change (S. 272—278), in des Verf.'s History of English Sounds from the Earliest Period etc. Oxf. 1888. XVI u. 409 S. 8⁰.
Ur. Von hoher Bedeutung (*Wül.*); the chapter on general phonetics is, at the present moment, the best treatise there is on the subject (*Pas.*).

A. Es ist dies dem Titel nach eine Neuauflage des früheren Werkes (1874), in Wirklichkeit aber ein ganz neues Buch.
Cf. Ang. 88. XI, 316—7. (*Wül.*) | PhSt. 90. III. 79—94. (*Vie.; R.*) Mai. 89. IV, 22—4. (*Pas.*)

1889.

Ellis, Alex. J.: The Existing Phonology of English Dialects Compared with that of West Saxon (= Last Chapter of Early English Pronunciation, Part. V.), in: PhSt. 1889. II, 283—298.

A. Vgl. damit die Illustrations of the Pronunciation of English during the Nineteenth Century (Bd. IV, 1085—1432) in des Verf.'s grossem Werke: On Early English Pronunciation etc. Lond. 1869 ff. 5 Bde. 8⁰.

March, Francis A.: Standard English: its Pronunciation, How Lerned (sic!), in: TrAPhAss. 1889. XIX, 70—78.

I.: Richtet sich gegen Sweet's Bevorzugung der nachlässigen Londoner Aussprache.
A. Über das am 24. Okt. 1895 zu Ehren M.'s gefeierte Jubiläum berichten die Addresses delivered at a Celebration in Honor of Prof. Francis A. March ... Easton 1895, u. die NSp. 1896. IV, 125.

Soames, Laura: On English Stress, in: Mai. 1889. IV, 34 bis 35.

Sweet, Henry: On English Stress, in: Mai. 1889. IV, 18.

Swoboda, Wilh.: Engl. Leselehre nach neuer Methode. Wien. 1889. IV u. 58 S. 8⁰.*

I.: Aussprachelehre — Texte — Wörterverzeichnis.
Ur. Die Schrift sollte nicht ein Buch zugleich für Lehrer u. Schüler u. in manchen Punkten viel genauer, d. h. wissenschaftlicher sein (*Bey.*²·); bietet Sweet's Elementarbuch in vereinfachter Form, aber darüber hinaus nichts Beachtenswertes (*Pal.*); zu empf. (*Wi.; Nad.*).
Cf. ANSp. 90. LXXXIV, 346 - 8.(*Pal.*) ESt. 90. XIV, 287—9. (*Nad.*) PhSt. 90. III, 98—101. (*Bey.*²·)| MiA. 91. I, 51—3. (*Wi.*)

Swoboda, Wilh.: Toddys Aussprache in Habbertons Helen's Babies, in: PhSt. 1889. II, 302—303.

I.: Handelt über die Aussprache eines dreijährigen, amerikanisch-englischen Kindes.

1890.

Lüke, Heinr.: Die Aussprache des Englischen in tabellarischer Übersicht (S. 3—26.). Pro. G. Conitz. 1890. 43 S. 4⁰.
A. Hätte ungedruckt bleiben sollen!

Primer, Sylvester: The Huguenot Element in Charleston's Pronunciation, in: PhSt. 1890. III, 139—153, 290—308.
1.: Schildert die lautlichen Veränderungen, welche die Sprache der seit 1670 nach Amerika ausgewanderten, reformierten Franzosen erlitten u. welchen Einfluss dieselbe auf den Lautstand des englischen Idioms ausgeübt hat.
Ur. Eine sehr solide Arbeit, die durchaus dem gegenwärtigen Stande der Wissenschaft entspricht (*Klg.*); hält sich nicht streng an das Thema. Im ganzen überwiegt das sprachgeschichtliche Interesse das rein phonetische. Anglisten werden mehr darin finden, als Romanisten (*Seel.*).
A. Vgl. des Verf.'s Abhandlung über die Charleston's Provincialisms, in den PhSt. 88. I, 227—234.
Cf. ESt. 90. XIV, 283.   (*Klg.*)   J.-B.¹ 95. I, 14—5.   (*Seel.*)

Sweet, Henry: A Primer of Phonetics. Oxf. 1890. XI u. 113 S. 8⁰.
Ur. There are too many difficult details, the subject is not well graduated; though instructive and suggestive, this little book is somewhat puzzling (*Soa.* [PhSt.]; s. A. 1); not without mistakes (*Soa.* [ESt.]); unzureichend, die Lautschrift ist verwirrend, ungeschickt, widersinnig, man beginnt, dem Verf. mit Nichtachtung zu begegnen, sein Wirken wird bereits als drückender Hemmschuh empfunden (*Seel.*; s. A. 2.); wichtige Schrift (*Mi.*); a most valuable little book (*Pas.*); vorzügl. für Vorgeschrittenere, für Anfänger nicht geeignet, die gewählte Transskription ist eine gefährliche Spielerei (*Bre.*); an admirable book (*Ell.*); careful, yet the pronunciation seems to be somewhat slovenly (*An*); sehr zu empf. (*Nad., Bran.*).
A. 1. Miss Soames' Kritik beantwortet Sweet in den PhSt. 1892 (V, 117—119), worauf erstere ibd. (V, 119—120) in fast unterwürfigem Tone Abbitte leistet. — Es ist überaus peinlich, zu sehen, wie in dieser kritischen Fehde ein Gelehrter wie Sweet gleichsam mit Keulenschlägen über die arme Miss S. herfällt! Sweet scheint denn doch ein etwas allzu irrazibler Herr u. *rather touchy* zu sein (vgl. seine Behandlung Mc. Lintock's). Dass Miss S. in vielen Punkten ihrer ganz sachlich gehaltenen Kritik das Richtige getroffen hat, wird jeder unparteiische Kenner zugeben.
A. 2. Seelmann's Urteil wird von Storm in den PhSt., 1893 (V, 205 f.)

als ein einseitiges, von verletzter Autoreneitelkeit eingegebenes bezeichnet.
A. 3. Gegen Sweets Vokalsystem wendet sich Tanger in den *ANSp.* 1892. LXXXIX, 81 ff.
A. 4. Vgl. noch Storm's Kritik in dessen *Engl. Philol.*[2.] S. 155 ff.

Cf. Mai. 90. V, 43—5.   (*Pas.*)   The Nation 91. N. 1302.   (?)*
Rcr. 90. S. 97 ff.   (*Hen.*)* ZRW. 91. XVI, 612—3.   (*Nad.*)
Ath. 90. N. 3278. S. 251—2. (*An.*)   ESt. 92. XVI, 107—10.   (*Soa.*)
ANSp.90. LXXXV, 59—61.   (*Mi.*)   ZöG. 92. XLIII, 250—51. (*Bran.*)
PhSt. 91. IV, 369—79.   (*Soa.*)   Anz.[2.] 92. I, 92—3.   (*Bre.*)
MoL. 91. VI, 301—8.   (*Ell.*)   J.-B.[3.] 95. I, 10—12. (*Seel.*)

Sweet, Henry: A Primer of Spoken English. Oxf. 1890. XII u. 97 S. 8⁰.

I.: Es ist dies eine nur wenig veränderte Übersetzung des grammatischen Teiles des Elementarbuchs nebst einer Reihe neuer Texte in phonetischer Umschrift.
Ur. The texts are chosen with very great care (*Pas.*); wertvoll, die Texte sind wissenschaftl. unschätzbar (*Schr.*; *Nad.*): vorzügl. (*Bran.*).
A. Vgl. noch Storm, der das Buch als eine vorzügliche dialektologische Studie bezeichnet, die aber nicht als ein Muster zur Nachahmung empfohlen werden könne, s. *Engl. Philol.*[2.] S. 445.

Cf. Mai. 90. V, 64—5.   (*Pas.*)   ZRW. 92. XVII, 162—3. (*Nad.*)
PhSt. 91. IV, 251—5.   (*Schr.*)   ZöG. 92. XLIII. 250—1. (*Bran.*)
ESt. 92. XVI, 110—113.   (*Soa.: R.*)

1891.

Grandgent, Ch. H.: Notes on American Pronunciation, in: MoL. 1891. VI, 82—87. 458—467.

Bell, Alex. Melv.: The Sounds of *R.* Paper read before the Phonetic Section of the Mod. Lang. Assoc. Dec. 1891, in: Science, (N.-York). 1892, 14th of October. S. 217 f.*

A. Nach J.-B.[1.] (92. XIV, 7) richtet sich dieser Aufsatz gegen die Aussprache von Miss L. Soames, die postvokalisches *r* vor Konsonanten ganz unterdrückt, (*arms, lord* lauten nach ihr = *alms, laud*), u. betont die Notwendigkeit, in phonetischen Werken auch die feinsten Unterschiede zu beachten. — Eine kurze Stelle des Vortrags ist von Victor in den PhSt. 1893 (VI, 362—363) wieder abgedruckt worden.

Jeaffreson, C. H., u. Boensel, O.: English Dialogues with

Phonetic Transcriptions. Hamburg. 1891. XXVII u. 214 S. 8°. — 2. Aufl. Leipz. 1895. XXVII u. 214 S. 8°.

A. 1. Bringt in d. Einl. (S. VI—XXVII) eine kurze Darstellung der neuengl. Laute, die allerdings nicht in jeder Beziehung einwandfrei ist.
A. 2. Zwischen S. XXII u. XXIII sind leider die S. 209—212 hineingeraten, die dann später noch einmal vorkommen.
Cf. Mai. 91. VI, 107. (*Pas.*: *R.*)

Soames, Laura: An Introduction to Phonetics (English, French and German) with Reading Lessons and Exercises. Lo. 1891. 2 Teile in einem Bande: 1. T. XXIV u. 164 S.; 2. T. 85 S. 8°.

I.: *Part 1st.* Introd. 1. — The Vocal Organs 8. — English Sounds 11. — English Analysis 30. — Engl. Synthesis 55. — Loan Words used in Engl. 86. — Hints for Teachers 101. — French Analysis 120. — French Synthesis 133. — German Analysis 143. — German Synthesis 156. — Symbolization of German Sounds 161—164.
Part 2nd. Prose Reading Book 5. — Poetry R. B. 30. — Exercises 67. — Appendices. Specimens of French 76. — Specimens of German 79. — Specimens of English 82—85.

Ur. The authoress has evidently a fine feeling for pure and graceful English, which appears equally in the admirable clearness of her exposition and in the rigid exclusion of vulgarisms (*Ll.;* s. A. 4.); tüchtige Leistung, doch ist die Lautschrift gänzlich verfehlt (*Bey.*[2]; *Tan.*); verbindet solide Kenntnis, feine Beobachtung u. Gründlichkeit mit didaktischem Geschick (*Schrö.*, 1892); eine vorzügl. Schrift (*Vie.*; *Nad.*); im ganzen wohl zu empf. (*Mi.*); in most points the author has been very successful (*Jes.*; s. A. 1.); may be cordially recommended (*An.*); a very useful book, but too big, the English part abounds in new material and practical suggestions (*Gran.*; s. A. 5.); bedeutet keine Förderung der Wissenschaft (*Kos.*).

A. 1. Miss Soames antwortet auf eine Frage Jespersen's im Mai. 1892. VII, 63—64.
A. 2. Vgl. auch Mayhew's *Synopsis of Old English Phonology*, in: Ac. 1891. S. 1012, u. Storm's anerkennendes Urteil in dessen *Engl. Philol.*[2.] S. 352, A. 3, u. S. 446 ff.
A. 3. Gegen Miss Soames' Aussprache des *R* richtet sich Bell, 1891.
A. 4. Lloyd's Kritik ist lesenswert, weil sie darauf ausgeht, den Unterschied zwischen Süd- u. Nord-Englischer Aussprache zu veranschaulichen.
A. 5. Dazu eine kurze Notiz Miss Soames' MoL. 1892. VII, 314 f.
A. 6. Miss S. † 24. Jan. 1895. Siehe NSpr. 1894. II, 489—491; ESt. 1895 XXI, 197—199.

Cf. ANSp. 91. XXXVII, 450—8. (Tan.) | PhSt. 92. V, 78—96 (Ll.)
CBl.¹· 91. S. 1365—6. (Vie.) ZfrS. 92. XIV, R. 66—72. (Bey.²·)
Aca. 91. N. 1012. S. 267. (An.) | MoL. 92. VII, 92—97. (Gran.)
WiR. 91. 15. Sept. N. 418. (Schrö.) Maî. 92. VII, 48—9. (Jes.)
LZ. 91. S. 1749. (Mi.) | ZRW.93. XVIII, 224 ff. (?)*
ZRW. 92. XVII, 224—5. (Nad.) | J.-B.³·96. II, 32. (Kos.)
MiA. 92. II, 272—3. (Schrö.)

Soames, Miss Laura: American Pronunciation, in: Maî. 1891. VI, 75.

A. Handelt über die amerikanische Aussprache der Vokale bezw. Diphthonge in Wörtern wie *burn* u. *lay*.

Vietor, Wilh.: Englische Ansichten über die Aussprache des Englischen, in: PhSt. 1891. IV, 396—399.

I.: Handelt vor allem über die Aussprache des *r* im Neuenglischen.

1892.

Fruit, J. P.: Uncle Remus in Phonetic Spelling, in: Amer. Dial. Notes. 1892. IV.*

True, E. Th., and **Jespersen,** Otto: Spoken English. Everyday Talk with Phonetic Transcription. Lpz. 1892. IV u. 60 S. 8⁰.*

Ur. Highly to be recommended (Ll.): die angegebene Aussprache ist affektiert-nachlässig, stellenweise sogar vulgär (Tan.); vorzüglich (Wen.); unbedingt zuverlässig (Klg.).
A. Über True's *Everyday Talk* siehe Fel. Franke.
Cf. ANSp. 92. LXXXVIII, 428—35. (Tan.) | PhSt. 93. VI, 106—8. (Ll.)
MiA. 93. III, 360—1. (Wen.) | ESt. 94. XIX, 133—4. (Klg.)

Grandgent, C. H.: German and Engl. Sounds. 1892. s. oben unter Nr. 3. S. 100.

1893.

Grandgent, C. H.: American Pronunciation again, in: MoL. 1893. VIII, 273—282.

Menger, L. E.: A Note on American Pronunciation, in: Maî. 1893. VIII, 168—171.

A. Vgl. dazu Staples, ibd. 1894. IX, 117—119.

1894.

Grandgent, C. H.: Teat-yure [Teacher], in: MoL. 1894. V. 272—276.

Lloyd, R. J.: Standard English, in: NSp. 1894. II, 52—53.
I.: Handelt über die Diphthongierung sowie über die Aussprache des *r* u. des *a*.
A. Sehr verständige Ansichten.

Schröer, Arn.: Über die heutige englische Aussprache, in: Bl.⁴· 1894. II.*

Staples, J. H.: English Pronunciation, in: Maî. 1894. IX, 117—119.

1895.

Alezais, P. Raymond [S. J.]: Traité de prononciation anglaise. Par. 1895. 278 S. 8⁰.
Ur. Mangelhaft; der Verf. hat die Ergebnisse der neueren Phonetik zu wenig berücksichtigt u. ist ausserdem ohne alle historische Kenntnis der Sprachentwicklung (*K. L.*).
Cf. CBl.¹· 96. S. 590—1. (*K. L.*).

---

5. Holländisch.

Kern, Dr. A.: De *D* als tand- and tongletter [= Über linguales u. dentales *D*]. Taalkundige Bijdragen. Haarlem. 1877. S. 175 ff.*
Ur. Der von Kern angenommene Unterschied ist ein imaginärer (*Log.*).
Cf. PhSt. 91. IV, 90. (*Log.*)

Kern, Dr. A.: Open en gesloten *e* etc., in: Tijdschrift voor nederlandsche taal- and letterkunde. Leiden. 1890.*
A. Der von Kern angenommene Unterschied zwischen holländischem offenem u. geschlossenem *e* wird von Logeman (PhSt. 91. IV, 92) bezweifelt u. des Verf.'s Ansichten von französ. offenem u. geschlossenem *e* werden berichtigt (ibd. IV, 92—93).

6. Nordisch.

1877.

Noreen, A.: Fryksdals målets ljudlära. Ups. 1877.*

Sweet, Henry: Sounds and Forms of Spoken Swedish, in: TrPhS. 1877—79, S. 457—543.
Ur. Ausgezeichnete Anleitung, aus der selbst die Eingeborenen vieles lernen können (*Lun.*).
A. Es ist dies eine der ersten wissenschaftl. Darstellungen der Laute einer modernen Kultursprache, s. Storm, *Engl. Philol.*²· S. 221.
Cf. LBl. 80. I, 332—3. (*Lun.*)

1878.

Kock, Axel: Språkhistoriska Undersökningar om Svensk Akcent. Lund. 1. Teil. 1878. 8°. 2. T. 1885. IV u. 524 S. 8°.
I.: Der Verf. untersucht in dem 1. Teile (S. 1—328) die Betonung des einfachen Wortes im Schwedischen; in dem 2. Teile (S. 329—514) werden dagegen die Tonverhältnisse der Composita einer eingehenden Prüfung unterzogen.
Ur. In hohem Grade instructiv u. interessant (*Ver.; s. A.*); hervorragend (*Sie.*).
A. Vgl. dazu Storm, *Engl. Philol.*²· S. 87, über Verner's Ansicht von den zwei "*Tonlagen*".
Cf. Anz.³· 81. VII, 1—13.   (*Ver.*) | CBl. 86. S. 476.   (*Sie.*)

Lundell, J. A.: Det svenska Landsmålsalfabetet etc., in: Nyare Bidrag etc. 1878. I, 11—158. — Sep. ersch. Stockh. 1879. I, 11—158.
I.: Förord ock Historik 13. — Allmänna grundsatser 15. — Språkljudens bildning 18. — Konsonanternas indelning 20. — Vokalernas bildning ock indelning 82. — Kvantitet 140. — Ljudstyrka 142. — Tonhöjd 143. — Stafvelsebildande Konsonanter 147. — Sandhi 148. — Alfabet ock stilar 150. — Tillägg 152. — Innehållet 158.
A. Findet eine äusserst günstige Beurteilung seitens Storm's (*Engl. Philol.*²· S. 231 ff.).

Noreen, Adolf: Färömålets ljudlära, in: Ny. Bidr. 1878. I, 1—87.

I.: Lautphysiologische Übersicht 10. — Expirator. Acc. 14, 78. — Musikal. Acc. 15, 79. — Sprachprobe S. 83—86.

Noreen, Adolf: Dalbymålets ljud-ock böjningslära, in: Ny. Bidr. 1878. I, 1—62, (von welchen nur die Seiten 5—29 über lautl. Dinge handeln).
I.: Lautphysiologische Übersicht S. 5. — ... Expiratorischer Accent 25. — Musikalischer Acc. 26. — Quantität 28—29.

1879.

Grundtvig, Sv.: Det danske sprogs tonelag. Kop. 1879.*
A. Bereits 1876, auf der ersten nordischen Philologenversammlung zu Kopenhagen, behandelte G. die *Tonlagen der dänischen Sprache* in einem Vortrage, über welchen Dahlerup im LBl. 1890 (I, 154 f.) berichtet hat.

1880.

A[urén], J. A.: Bidrag til svenska språkets akcentlära. Stockh. 1880.*

1881.

Brekke, K.: Bidrag til dansk-norskens lydlære. Krist. 1881. 66 S. 8°.*
I.: Ist eine auf dem Bell-Sweet'schen Lautsystem aufgebaute Übersicht über die nennorwegische Umgangssprache, wie sie sich im Osten des Landes auf der Grundlage des Dänischen entwickelt hat.
Ur. Zu empf. (*Stj.*): a carefully worked-out analysis (*Sw.*).
A. Vgl. Storm, *Engl. Philol.*²· S. 241 f.
Cf. Ac. 82. N. 556. S. 273.   (*Sw.*) | LBl. 83. IV, 449—51.   (*Stj.*)

Noreen och **Schwatz**: Svensk språklära. Stockh. 1881.*

1883.

Thorsen, P. K.: Bemærkninger om lydforholdene i danske spogarter, in: Kort Udsigt over det philologisk-hist. Samfunds Virksomhed i Aarene. 1883—84. S. 55—57.*

1884.

Storm, Joh.: Norsk Lydskrift med Omrids af Fonetiken, in: Norvegia. 1884. I, 19—132. (Unvollendet.)

I.: Gibt einen Umriss der allgemeinen Phonetik u. behandelt eingehend die labialen u. palatalen Konsonanten der norwegischen Dialekte.

A. Eine Ergänzung seiner unvollendet gebliebenen Arbeit bringt Storm selber in seiner *Engl. Philol.*[2.] S. 245—257.

1885.

Lyttkens, J. A., och Wulff, F. A.: Svenska språkets ljudlära och betekningslära, jämte en afhandling om aksent. Lund. s. a. [1885] XI u. 351 bzw. 115 S. 8⁰. Nebst 2 Tafeln.

I.: I. Lautlehre (Sprache, Laut, Sprachorgane, Vokalsystem, Consonanten, Resonanz der Mundhöhle, Eigenton). II. Accentlehre (dynamischer u. musikalischer Accent). — Lauttabellen.

Ur. Ausserordentlich wertvoll, indem hier die Laute u. die Orthographie einer Einzelsprache eine Behandlung erfahren haben, die, was Genauigkeit u. Ausführlichkeit betrifft, vielleicht ohne Seitenstück in irgend einer Literatur ist (*Wes.*: s. A. 1.); eine sehr sorgfältige, musterhafte Untersuchung (*Klg.*); höchst verdienstl., von grösstem allgemeinen Interesse ist der Abschnitt über die Accentlehre (*Sie.*); ausgezeichnet (*Hol.*); genau, deutl., vollständig, sehr zu empf. (*Hei.*); epochemachend (*Le.*).

A. 1. Die in den *PhSt.* veröffentlichte Rezension Western's ist nur eine etwas erweiterte Übersetzung seiner im *Ark.* erschienenen Kritik.

A. 2. Diese mit übersichtlichen Tafeln der Laute u. Lautverbindungen versehene Schrift ist die erste, grundlegende Untersuchung über neuschwedische Phonetik u. Orthoepie. Der 2. Teil handelt von dem (musikalischen) Accente im Schwedischen.

A. 3. Vgl. noch die Kritik Pallin's in dessen *Strödda Anmärkningar* etc. 1887, Kock's abfällige Beurteilung in seiner *Kritiska Anmärkningar* etc. Stockh. 1887, u. Lenz' Ausstellungen in der *ZvSf.* 1888. XXIX, 3, A. Vgl. dagegen das sehr günstige Urteil Storm's, *Engl. Philol.*[2.] S. 222 ff.

Cf. Anz.[3.] 86. XII, 219—23. (*Hei.*) CBl.[1.] 86. S. 476—7. (*Sie.*)
LZ. 86. S. 187—8. (*Hol.*) LBl. 87. VIII, 342—4. (*Klg.*)
Ark. 86. III, 280—5. (*Wes.*) NorT. 87—88. VIII, 75—9. (*Jes.:R.*)
COrg.86. XIV, 342—3 (*Le.*) PhSt. 88. I, 82—7. (*Wes.*)

1886.

Lieblein, —: Det gamla Egypten i dess skrift. Stockh. 1886.*

I.: Enthält nach Lundell's Mitteilung (PhSt. 88. I, 16.): das schwedische Dialektalphabet, Systematik, Bedeutung der Zeichen, Bildung der entsprechenden Sprachlaute, theoretisch u. praktisch.

Thorsen, P. K.: Bidrag til nørrejysk lydlære. Kop. 1886. 115 S. 8⁰.*

A. Vgl. Storm, *Engl. Philol.*²· S. 259.

1887.

Kock, Adolf: Kritiska anmärkningar om svensk aksentuering. Stockh. 1887. 47 S. 8⁰.

A. Der Verf. polemisiert gegen Lyttken's u. Wulff's schwedische Accentlehre, die er als verfehlt bezeichnet.

Pallin, Nils: Strödda anmärkningar vid J. A. Lyttkens och F. A. Wulffs Svenska Språkets Ljudlära. Lund. 1887. 22 S. 8⁰.*

A. Richtet sich in sehr abfälliger Kritik gegen die von so vielen anderen Forschern gelobte, schwedische Lautlehre von Lyttkens u. Wulff. Ur. Klare u. scharfe Ausführungen (*Hol.*).
Cf. LZ. 90. S. 179. (*Hol.*)

1888.

Jacobsen, J.: Færøsk Anthologi. Kopenh. 1888.*

I.: Gibt eine Beschreibung der färöischen Laute nebst Sprachproben in Lautschrift.
A. Wird von Storm, *Engl. Philol.*²· S. 240 f., als vorzüglich bezeichnet.

Nyström, A. F.: Om *r*-ljuden uti det svenska språket etc., in: Tidskrift för döfstumskolan. 1888, S. 43—50, 71—78, 87—93.*

1889.

Dahlerup, Verner, og **Jespersen,** Otto: Kortfattet dansk Lydlære etc. Kop. 1889. 34 S. 8⁰.*

Ur. Klar, wohlgeordnet u. eminent sachkundig (*Klg.*); ungemein klar u. gemeinverständlich (*W. R.*); livre utile et intéressant (*Svei.*).
A. Die kleine, aber inhaltreiche Schrift ist zunächst für Lehrer des Dänischen bestimmt. — Vgl. auch Hansen, in: *Lidt om lydlære* etc. 1889. S. 491—506, Nyrop in: *Vor Ungdom* 1889, S. 322 ff., u. Storm, *Engl. Philol.*[2.] S. 258 f., ausserdem noch einen älteren Artikel Sweet's über *Danish Pronunciation* in den *TrPhS.* 1873—4, S. 94—112 (später eingehender von ihm in seinem *Handbook* behandelt).
Cf. LZ. 89. S. 1875.   (*W. R.*)   Maî. 91. VI, 32—3.   (*Svei.*)
PhSt. 90. III, 230—1. (*Klg.*)

Western, Aug.: Kurze Darstellung des norwegischen Lautsystems, in: PhSt. 1889. II, 259—282.

I.: In der Einl. ist der Satz bemerkenswert, dass eine natürliche, einheitl. Musteraussprache in irgend einer Sprache aufzustellen ein Ding der Unmöglichkeit sei. — Die Darstellung selber beschränkt sich auf die wichtigsten Eigentümlichkeiten, ohne sich in Anfänger verwirrende Einzelheiten zu verlieren. — Als Sprachprobe gibt *W.* eine tief ergreifende, kurze Erzählung *Björnson's*.
A. Storm, *Engl. Philol.*[2.] S. 242 ff., bezeichnet die Abhandlung als eine tüchtige Leistung u. macht dazu eine Reihe von Besserungsvorschlägen.

1890.

Jespersen, Otto: Danias Lydskrift. in: Dania 1890. I, 33—79.*

Ur. Précieuse étude (*Svei.*).
A. Vgl. auch Storm (*Engl. Philol.*[2.] S. 317 ff.), nach dessen Urteile Jespersen der schärfste u. feinste Beobachter unter den jüngeren Phonetikern ist.
Cf. Maî. 91. VI, 33—4. (*Svei.*)

Poestion, J. C.: Norwegische Grammatik. Wien. 1890. 183 S. 8⁰.*

A. Wird von Storm, *Engl. Philol.*[2.] 244 f., als eine mustergültige Leistung bezeichnet, deren ausführliche Lautlehre dem Buche seinen eigentlichen Charakter verleihe.

1892.

Lyttkens, J. A., och **Wulff**, F. A.: Metodiska ljudöfningar, (lärarens upplaga) etc. Lund. 1892. VIII u. 59 S. 8⁰; dazu: lärjungens upplaga, ibd. 1892. 32 S. 8⁰.

I.: Zwei für Lehrer u. für Schüler bestimmte Schriften, welche den Lautstand der schwedischen Sprache klar legen u. vergleichsweise auch auf die Laute der schwedischen Dialekte sowie auf die übrigen europäischen Kultursprachen Bezug nehmen. Die Verf. erstreben eine Besserung des Ausspracheunterrichts sowohl in der Muttersprache als auch in fremden Sprachen.

Ur. Sehr zu empf., allerdings ist das Vokalsystem wenig übersichtl. u. die Vokaltafel viel zu kompliziert (*Len.*); eine durch Klarheit u. Einfachheit ausgezeichnete Schrift (*Mo.*).

Cf. LBl. 93. XIV, 421—3.   (*Len.*)   J.-B.³· 96. II. 32.   (*Kos.: R.*)
CBl¹· 93. S. 86—7   *Mo.*)

1894.

Larsen, A d m u n d B.: Lydlære i den solørske Dialekt etc. Christ. 1894. 176 S. 8⁰.*

Ur. Der Verf. ist ebenso zu Hause in der Phonetik wie auf dem Gebiete der historischen Grammatik; ganz besonders eingehend behandelt er den Accent u. dessen Einwirkung auf die Entwicklung der Laute (*Mo.*).

Cf. CBl.¹· 95. N. 49. (*Mo.*)

7. Slavisch.

1876.

Masing, L e o n h.: Die Hauptformen des serbisch-chorwatischen Accents etc. Diss. [Leipzig], in: Mém. de l'Ac. imp. des sciences de St.-Pétersbourg. 7ᵉ sér. 23. Bd. 1876. N. 5. VIII u. 96 S. 4⁰.

I.: Handelt über die Beschaffenheit der Stimmbewegung bei der Aussprache der Wörter.

A. Vgl. dazu die kritischen Bemerkungen S t o r m ' s, *Engl. Philol.*²· S. 210 ff.

1877.

Sweet, H e n r y: On Russian Pronunciation, in: TrPhS. 1877 bis 79, S. 543—560.

1880.

Bonaparte, Prince Louis-Lucien: The Simple Sounds of all the Living Slavonic Languages, Compared with those of the Principal New-Latin and Germano-Scandinavian Tongues, in: TrPhS. 1880—81. S. 373—402.

1885.

Leskien, Aug.: Untersuchungen über Quantität u. Betonung in den slavischen Sprachen. 1. Die Quantität im Serbischen. Leipz. 1885. (S. 69—220), in: Abh. d. phil.-hist. Classe d. k. Sächs. Ges. d. Wiss. 10. Bd. Lpz. 1888. 753 S. 4°.

1888.

Kirste, H.: Zum slawischen Palatilismus, in: Arch. f. slaw. Philol. 1888. V, 377—390.

Ur. Wichtig, jedoch ist den physiologischen Erörterungen nur z. T. beizupflichten (*Tch.*).
Cf. InZ. 89. IV, 237—9. (*Tch.*)

1891.

Lundell, J. A.: Études sur la prononciation russe, 155 S. 8°, in: Upsala Universitets Arsskrift. Ups. 1891. — [Ein Sammelband.]

A. Vortrefflich orientierende, kritische Bemerkungen über die bisherigen Leistungen der Russen auf dem Gebiete der russischen Aussprachelehre.

1895.

Finck, F. N.: Zwei russische Märchen in phonetischer Schreibung, in: PhSt. IX, 1—12 (= NSp. 1895. III.).

8. Varia.

1. Altaisch bezw. Finnisch u. Türkisch. 1877—1890.

Genetz, A r v i d : Lautphysiologische Einführung in das Studium der vestfinnischen Sprachen etc. Hels. 1877. III u. 22 S. 8⁰ u. 1 Tafel.

I.: Die menschlichen Sprachorgane 1. — Bezeichnungen der Mundlaute 9. — Rückblick 21—22.

Ur. Verdient in hohem Grade die Beachtung der Phonetiker u. kommt zu überraschenden Ergebnissen (*Tch*.).

Cf. InZ. 89. IV, 216—21. (*Tch*.)

Grunzel, J o s.: Die Vokalharmonie der Altaischen Sprachen. Wien. 1888.*

Grunzel, J o s.: Zur Phonetik der altaischen Sprachen, in: InZ. 1890. V, 47—83.

I.: Einl. Altaische Sprachen: a. Uralischer Zweig (Samojeden u. Finnen), b. Altaischer Zweig (Türken, Mongolen, Tungusen) 47. — Die Vokale 51. — Die Konsonanten 67. — Phonetik u. Wortbedeutung 82—83.

Radloff, D r. W.: Die Lautalternation und ihre Bedeutung für die Sprachentwickelung, belegt durch Beispiele aus den Türksprachen, in: Abh. etc. des 5. Intern. Orientalisten-Congresses. Berl. 1882. IV. Sect. S. 54—70.

Radloff, D r. W.: Phonetik der nördlichen Türksprachen etc. Lpz. 1882. XLV u. 318 S. 8⁰.

Cf. InZ. 84. 1, 483—4. (*Tch.: R.*)

Radloff, D r. W.: Phonetik der nördlichen Türksprachen. Lpz. 1883.*

2. Armenisch 1882.

Sowa, R. v.: Zur Aussprache des Westarmenischen. Mähr. Trübau. 1882.*

3. Griechisch 1879—1883.

Foy, Dr. Karl: Lautsystem der griechischen Vulgärsprache. Lpz. 1879. X u. 146 S. 8°.

A. Der erste Teil der Arbeit ist als Dissertation erschienen u. d. T. *Studien zur Lautlehre des Vulgärgriechischen.* Lpz. 1879. IV u. 33 S. 8°.

Kapp, Stefan: Die griechischen u. lateinischen Gutturallaute im Neugriechischen u. in den romanischen Sprachen. Wien. 1883.*

4. Keltisch 1888—1893.

Staples, J. H.: Galic Phonetics, in: Maî. 1893. VIII, 152 bis 156; 1894. IX, 92—95, 109.

5. Ungarisch.

Balassa, Jos.: Phonetik der ungarischen Sprache, in: InZ. 1889. IV, 130—157.

Ur. In übersichtlicher, aber vielleicht etwas zu gedrungener Form abgefasst (*Ada*).
A. Der Verf. bedient sich des stomatoskopischen Verfahrens Kingsley's. Cf. Maî. 89. IV, 69. (*Ada.*)

Balassa, Jos.: Kurze Darstellung des ungarischen Lautsystems, in: PhSt. 1893. VI, 167—180, 302—321.

III. Phonetische Zeitschriften.[1]

1. **The Phonetic Educator**, seit 1880.
   Cf. ZOr. 1881. I, 97; 1882. II, 82, 142.
2. **The Phonetic Journal**, seit 1880.
   Cf. ZOr. 1881. I, 26, 50, 77, 95, 113, 132, 162, 198, 254; 1882. II, 49, 81, 141.
   InZ. 1885. II, 283.
3. **The Fonetic Techer** [America], seit 1880.
4. **Z. für Orthographie, Orthoepie** etc., seit 1881.
   Cf. InZ. 85. II, 284.
5. **The Spelling Experimenter**, seit 1882.
   Cf. PhSt. 1889. II, 112.
6. **Jurnal of American Orthoepy**, seit 1884.
   Cf. PhSt. 1888. I, 88 f., 197, 301.
7. **The Fonetic Herald**, seit 1885.
   Cf. PhSt. 1889. II, 301.
8. **Dhi Fonètic Tîtcer = Le Maître phonétique**, seit 1886.
   Cf. ZOr. 1881. I, 52, 78, 98, 134, 200, 217, 256; 1882. II, 16, 48, 142.
   PhSt. 1888. I, 88, 196 f., 300; 1889. II, 233—237.
   ZfrS. 1888. X, 20—25; 1890. XII, R. 295—6.
   NSp. 1896. IV, 59—61.
   P. Passy, L'association phon. etc. Siehe oben S. 81.

---

[1]) Die meisten dieser ZZ. sind längst wieder eingegangen.

9. Phonetische Studien, seit 1887.
Cf. Rcr. 1887. XXIV, 250 ff.
ZöG. 1892. XLIII, 249—50.
Maî. 1888. III, 8—9; 1889. IV, 83—84; 1890. V, 83; 1891. VI, 69;
... 1893. VIII, 78 f.; 1894. IX, 87 f.
ZfrS. 1888. X, R. 132 ff.; 1891. XIII, R. 91 ff.; 1893. XV, R. 120 ff.
ESt. 1888. XI, 340 ff.; 1890. XIV, 280 ff.

10. Quousque tandem Revy, seit 1888.
Cf. Maî. 1888. III, N. 12; 1889. IV, N. 48.

IV. Rückblick.

Es dürfte wohl kaum einem ernstlichen Zweifel unterliegen, dass trotz vieler, allzu minderwertiger Leistungen, „für die der Ausdruck „Unsinn" aufhört, eine harmlose rhetorische Hyperbel zu sein"[1]), die Phonetik innerhalb der letzten 20 Jahre eine höhere Bedeutung gewonnen hat, als je vorher. Die phonetische Forschungsarbeit hat sich innerhalb dieses Zeitraums auf so weite und inhaltlich so weit von einander entlegene Gebiete ausgedehnt, dass man sich vergebens nach einem zuverlässigen u. rasch orientierenden Führer durch diese weitverzweigte Literatur umschaut. Allerdings finden sich bibliographische, auch die *vor* 1876 erschienenen Werke berücksichtigende Zusammenstellungen bei Sievers[2]), Techmer[3]), Bergonié[4]), Vietor[5]), Lermoyez[6]), Michaelis[7]) und Auerbach[8]). Aber diese Art von Übersichten sind, wie das bereits von anderer Seite angedeutet worden ist[9]), weit

---

[1]) Seelmann im *J.-B.*³· *I, 1.* — Auch Sweet hat von dieser Art minderwertiger Leistungen einmal gesagt: "It becomes more indigestible every year".

[2]) *Grundzüge*⁴· (1893), S. 281 ff., u. Grundr. d. germ. Phil. (1891).

[3]) *Vergleichende Physiologie (1880), S. 97 ff.*

[4]) *Phénomènes (1883), S. 129 ff.*

[5]) *Elemente der Phonetik*³· *(1893—94), S. 311 ff.*

[6]) *Étude expérimentale (1886), S. 187 ff.*

[7]) *Maître phon. (1891), S. 136 ff.; (1892), S. 15 ff.*

[8]) *ZfrS. (1894), XVI, 169 ff.*

[9]) *J.-B.*⁴· *(1889), XI, 6.*

davon entfernt, etwas Vollständiges zu bieten. Dass uns jedoch eine *vollständige* Bibliographie der phonetischen Literatur not thut, erscheint zweifellos. Durch die vorliegende, kritisch-bibliographische Umschau möchte der Verfasser mehrfachen Zwecken dienen: in erster Linie hofft er die phonetische Wissenschaft dadurch zu fördern, dass die gebotene Übersicht über die bisherigen Leistungen und über den augenblicklichen Stand der phonetischen Forschung erkennen lässt, wo und mit welchen Mitteln *neue Untersuchungen* auf dem in Frage stehenden Gebiete einzusetzen haben; ferner hofft er, die Phonetik auch indirekt zu fördern, wenn es ihm gelingen sollte, wie früher den Reformern, so jetzt „den Elementarphonetikern das Wiederkäuen zu verleiden", wie sich ein verehrter Fachgenosse vor kurzem einmal ausgedrückt hat; somit erscheint die Hoffnung gerechtfertigt, dass die jetzt veröffentlichte Zusammenstellung von all denen willkommen geheissen werde, welche auf phonetischem Gebiete arbeiten, sowohl von den Lehrern und den Studierenden der neueren Sprachen, als auch besonders von denjenigen Dozenten, welche über Phonetik Vorlesungen halten und diese nun von den ermüdenden, trockenen, bibliographischen Angaben zu entlasten in der Lage sind. Ist auch eine grösstmögliche Vollständigkeit erstrebt worden, so musste doch darauf verzichtet werden, eine jede Einzel-Untersuchung aus dem Gebiete der Physiologie der Sprache sowie der physiologischen und psychologischen Akustik zu verzeichnen. Derartige Spezialuntersuchungen finden sich übersichtlich zusammengestellt in den verschiedenen Jahrgängen des *CBl.*[4], des *J.-B.*[5] und der *ZPsy.*

Der Zeitraum, über welchen die vorliegende Schrift zu orientieren unternimmt, ist um so wichtiger, als innerhalb desselben ein bedeutsamer Umschwung in der phonetischen Forschungs*methode* sich zu vollziehen begonnen hat. Von einigen Ausnahmen abgesehen [1]), herrschte bis vor kurzem die

---

[1]) Erinnert sei hier z. B. an das von C. Ludwig erfundene *Kymographion*, mit dem schon Brücke Versuche anstellte, an die experimentellen Untersuchungen, welche Rosapelly u. Havet 1876 über die Thätigkeit der Lippen u. des Kehlkopfes vornahmen, an Barlow's *Logographen*, 1878 etc.

rein *subjektive* Untersuchungs-Methode vor, welche wenig geeignet ist, hinsichtlich der *schwierigeren*, phonetischen Probleme unanfechtbare Ergebnisse zu liefern, da, wie Seelmann mit Recht hervorhebt [1]. „nationale Sprachgewohnheit, Schultradition, einseitig historisch-theoretische Voraussetzungen in dem Beobachter nicht jene *Unbefangenheit* aufkommen lassen, die zur Fixierung des nackten Thatbestandes ein Haupterfordernis ist". Wie Seelmann, so findet auch Wagner die Hauptursache der Mangelhaftigkeit der früher gewonnenen Resultate darin, dass dieselben nicht durch Untersuchungen mit geeigneten Apparaten erzielt wurden, die in *objektiver* Weise die einzelnen Laute und Lautgruppen zur Darstellung bringen, sondern sich auf *subjektive* Abschätzung stützen, die vielfach irre leiten kann. [2]) So war denn die früher fast ausschliesslich von Philologen gehandhabte Phonetik auf dem besten Wege, zu versumpfen, wie Koschwitz einmal drastisch gesagt hat. „In dogmatischer Form gegebene Behauptungen, deren Begründung ausblieb, Aussprachelehren, in denen man nicht erfuhr, auf welche Beobachtungen sie gestützt waren, konnten ... nicht als streng wissenschaftliche Leistungen angesehen werden." [3]

Eine Änderung der Forschungs*methode* war dringend geboten. Das erkannte bereits vor mehr als 20 Jahren der weitblickende Schuchardt, welcher 1873 die Forderung aufstellte, dass sowohl die Quantität als auch die Tonhöhe der Vokale zum Gegenstande möglichst genauer *Messungen* gemacht werden müssten. [4]) Ein Jahr später wies Leffler auf die Notwendigkeit hin, dass der *Naturforscher* dem Sprachforscher an die Hand gehen müsste, wenn die Wissenschaft der Phonetik wirklich Fortschritte machen sollte. [5]) Bald darauf betonte auch Kräuter, dass eine *erhebliche* Förderung der Lautphysiologie nur dann zu erwarten sei, wenn sich der

---

[1]) *J.-B.*[3.] I, 23. — Vgl. jedoch Seelmann ibd. I, 18 u. hier weiter unten im Rückblick, S. 135.
[2]) *PhSt.* 1893. VI, 1.
[3]) *ZfrS. 1892. XIV, R. S. 123.*
[4]) *Lit. Centralbl. 1873. 7. Juni.*
[5]) *Några Ljudfysiologiska Undersökningar etc. Ups. 1874. S. 1.*

Linguist mit dem Physiker und dem Physiologen zu gemeinsamer Arbeit vereinigte.¹) Derselben Ansicht neigt Gaston Paris zu, der schon längst den Phonographen für geeignet bezeichnet hat, bei lautlichen Untersuchungen treffliche Dienste zu leisten.

So hat denn, wie bereits angedeutet wurde, ein Umschwung in der phonetischen Forschungsmethode sich zu vollziehen begonnen, indem man jetzt allen Ernstes bemüht ist, die Phonetik auf *rein experimentelle Grundlagen zu stellen* und sie durch die in andern Wissenschaften längst bekannte und angewandte Selbstregistrierungsmethode zu fördern. Unter den zahlreichen, diesem Zwecke dienenden Versuchen mögen einige der wichtigeren hier Erwähnung finden ²) : der Flammenapparat König's ³), der verbesserte Phonautograph Hensen's ⁴), der Apparat für Tonstärkemessung von Grimsehl ⁵), der König'sche Tonometer ⁶), der phonophotographische Apparat ⁷), die stomatoskopischen Versuche ⁸), der Grützner-Marey'sche Apparat⁹), der Scott-König'sche Apparat¹⁰), der Edison'sche Phonograph¹¹), die akustischen Versuche Lloyd's u. Pipping's¹²), das Telephon und Mikrophon.¹³) Aber Niemand hat sich der Selbstregistrierungsmethode in so ausgedehnter, zielbewusster Weise bedient wie der Abbé Rousselot, der bei seinen phonetischen Untersuchungen nicht weniger als 12 verschiedene Apparate verwendete, deren Zahl er im weiteren Verlaufe seiner Versuche noch vermehrte durch ein Spirometer, ein

---

¹) *Anzeiger f. D. A. 1877. III*, 1.
²) Ein vollständiges Verzeichnis der bisher zur Verwendung gekommenen Apparate u. Instrumente befindet sich im Index, s. Instrumente.
³) S. König 1886, Doumer 1886, 1887, Auerbach 1887.
⁴) S. Hensen 1887, Pipping 1888—89, Wendeler 1887.
⁵) S. Grimsehl 1888, Wien 1888, Stern 1890.
⁶) S. Löwenberg 1887, 1889.
⁷) S. Hermann 1889.
⁸) S. Lenz 1887, Hagelin 1889.
⁹) S. Wagner 1889.
¹⁰) S. Schwan u. Pringsheim 1890.
¹¹) S. Hermann 1890.
¹²) S. Lloyd 1890, Pipping 1894, 1895.
¹³) S. Du Moncel 1878, Boudet 1880, Hermann 1891.

Stethoskop und eine von König ersonnene Stimmgabel, deren Stimmung durch mehrere an den Zinken verschiebbare Gewichte nach Belieben verändert werden kann.

Mittelst dieser Apparate und dank der von Herrn Rousselot mit so peinlicher Genauigkeit angewendeten Methode erhalten wir in überraschender Weise sichern Aufschluss über zahlreiche, bisher dunkle Fragen oder vielfach umstrittene Probleme der Phonetik, wie z. B. den Nachweis, dass b, d, g sich von p, t, k nicht nur durch das Hinzutreten des Stimmtones unterscheiden, dass bei der Bildung der Nasalvokale die Luftschwingungen durch die Nase erst nach eingetretenen Stimmbandschwingungen erfolgen, dass die sogenannten Doppelkonsonanten nur einfache lange Konsonanten sind, welche die doppelte Dauer der einfachen Konsonanten erreichen können, dass die Tondauer, deren genaue Feststellung seit Jahrhunderten von französischen und deutschen Forschern vergebens versucht worden ist, sich mit Hilfe der Rousselot'schen Apparate auf Tausendstel von Sekunden mit mathematischer Genauigkeit bemessen lässt etc. etc.

So finden wir denn in Rousselot umfassende, naturwissenschaftliche Kenntnisse, hervorragende Geschicklichkeit in der Handhabung experimenteller Versuche und schärfste Beobachtungsgabe in seltener Weise vereinigt mit einem gründlichen, philologischen sowie sprachhistorischen Wissen.[1]) Dazu kommt, dass dieser treffliche Gelehrte in der uneigennützigsten, aufopferndsten Weise bemüht ist, Lernende und Gleichstrebende mit seiner Forschungsmethode bekannt zu machen. Es ergreift uns ein Gefühl aufrichtiger Bewunderung, wenn wir hören, dass Herr Rousselot im S.-S. 1893 mehrere Wochen lang an der Universität Greifswald ein Reihe öffentlicher Vorlesungen gehalten hat, in welchen er seine Apparate vorführte und die Bedeutung experimentalphonetischer Untersuchungen für die Sprachforschung darlegte.

Es wird jetzt wohl nicht mehr bezweifelt, dass die Phonetik eine hochwichtige, unentbehrliche Hilfswissenschaft der

---

[1]) Das baldige Erscheinen zweier neuer Werke Rousselot's wird soeben angekündigt: *La prononciation française d'après la méthode expérimentale. Par. 1896*, u. *Principes de phonétique expérimentale. Par. 1896*.

Sprach*geschichte* geworden ist.¹) Die *wissenschaftliche* Bedeutung der Phonetik tritt aber erst dann voll und ganz hervor, wenn sie darauf Bedacht nimmt, nicht sowohl die Sprache der Literatur, der höheren, feineren Kreise, als insbesondere die ungekünstelte, von fremden oder gelehrten Beeinflussungen völlig freie Sprache des gemeinen Mannes zu erforschen und in ihren Eigentümlichkeiten festzustellen. Die genaue Kenntnis der jetzt noch gesprochenen *Volks*mundarten bietet nämlich in hervorragender Weise Möglichkeit u. Mittel, die *Gesetze sprachlicher Entwicklung überhaupt zu erschliessen* und dem *historischen Studium* der einzelnen Sprachen sowie der vergleichenden Grammatik erst die nötige, wissenschaftliche Grundlage zu geben. Wenn wir nicht irren, so gebührt A s c o l i das Verdienst, am entschiedensten darauf hingewiesen zu haben, einerseits dass die modernen Sprachen der Germanen, Slaven, Romanen einen wunderbaren Reichtum und eine überraschende Mannigfaltigkeit der Lautgestaltung aufweisen, welche auf eine ähnliche Mannigfaltigkeit bereits in der indo-germanischen Ursprache schliessen lassen²); andererseits, dass die natürliche Beschaffenheit der menschlichen Rede nicht sowohl in der Literatur- und Kunstsprache, als vielmehr in den noch lebenden, gesprochenen Volksmundarten zuTage trete und dass man also an ihnen und nicht an den toten Schriftsprachen des Altertums bzw. des Mittelalters die für die Sprachforschung massgebenden Grundsätze gewinnen könne. A s c o l i und S c h u c h a r d t³) waren wohl die ersten, welche für die angedeuteten Zwecke die *heutigen Dialekte* nicht nur als gleichberechtigt mit den überlieferten *schriftlichen* Texten betrachteten, sondern sie ihnen sogar überordneten, eine Anschauung, welche heute von allen ernsten Forschern geteilt wird. Es wird genügen, hier noch auf W. F ö r s t e r⁴), M e y e r - L ü b k e⁵) und vor allem auf M o r f's *Untersuchungen*

---

¹) Vgl. W h i t n e y, *Oriental and Linguistic Studies* II, 204.

²) Bekanntlich wurde die *neuere*, veränderte Auffassung des arischen Vokalismus dann durch die Arbeiten Fick's (1873), Bezzenberger's (1874), Verners (1875), Hübschmann's (1875 u. 1885), Moeller's (1875), Brugmann's (1876), Pauls (1878 u. 1879) etc. etc. näher begründet.

³) Vgl. auch seinen Ausspruch vom Jahre 1881, s. oben S. 91.

⁴) *CBl.*¹· 1887. S. 788 ff.

⁵) *J-.Ber.*²· 1895. 1. 109.

lebender Mundarten und ihre Bedeutung für den akademischen Unterricht[1]) zu verweisen.

Und wie Koschwitz bereits Beweise dafür gebracht hat, dass so manche Vorgänge der *historischen Syntax* erst durch die Phonetik in befriedigender Weise erklärt werden können[2]), so hat derselbe Forscher auch auf die Wichtigkeit der Volksmundarten mit folgenden eindringlichen Worten hingewiesen: «*Sans l'étude approfondie des patois . . . pas de grammaire historique . . . et, par conséquent, pas de grammaire comparée . . . L'étude des patois est l'α et l'ω de toute grammaire historique.*»[3]) Sind nun auch die Volksmundarten schon oft zum Gegenstande der Forschung gemacht worden[4]), so werden die Ergebnisse doch noch tiefer dringende sein, wenn die experimentalphonetische Untersuchungsmethode auf sie angewandt wird. Wenn man sieht, dass in den *heutigen* provenzalischen Mundarten Lautwandlungen vor sich gehen, wie sie ähnlich bereits im Mittelalter in der nordfranzösischen Sprache stattgefunden haben[5]), so wird sich bei Zuhilfenahme des experimentalphonetischen Verfahrens ohne Zweifel eine ungeahnte Schärfe in den Untersuchungen der *historischen* Lautvorgänge des Nordfranzösischen erreichen lassen.[6]) Und schon früher hat Koschwitz mit grossem Nachdruck die Forderung erhoben, dass in Zukunft der *lautliche* Teil der lebenden Sprachen ein Gegenstand exakter, naturwissenschaftlicher Untersuchung werden müsse, so unangenehm manchen Philo-

---

[1]) In *ZfrS.* 1888. X, 187—207. — Vgl. auch Morf in den *G. g. Anz.* 1889. S. 11—27, u. Paul, *Prinzipien*². S. 27 f.

[2]) *ZfrS. 1890. XII, 12—20.*

[3]) *ZfrS. 1892. XIV, R. S. 134.*

[4]) Vgl. vor allem die ausgezeichneten Bibliographien von F. Behrens: *Grammatische u. lexikalische Arbeiten über die lebenden Mundarten de la langue d'oc et de la langue d'oïl*, in: *ZfrS.* 1887. IX, 92—128; ferner von Behrens: *Bibliographie des patois gallo-romains*, in: *Frz. Stud. N. F.* Bd. I., u. F. Mentz (*Bibliographie der deutschen Mundartforschung. Lpz. 1892*); ferner die in den Grundrissen für romanische bzw. germanische Philologie u. in dem *J.-B.*³˙ veröffentlichten Übersichten u. Abhandlungen; endlich die bibliographischen Nachweise in der *Rev. d. phil. fr.*

[5]) *ZfrS. 1892. XIV, R. S. 122 ff.*

[6]) *J.-B.*³˙ *1896. II, 33.*

logen dieser Entwickelungsgang ihrer Wissenschaft erscheinen möge. „Philologie und naturwissenschaftliche Methode werden sich innig vereinigen [1]), um den Lautstand der lebenden Sprachen und seine *heutige* Entwickelung festzustellen, und die *historische* Sprachuntersuchung wird dann das in den gegenwärtigen Sprachen Gefundene für die Entwickelungsgeschichte ihrer *früheren* Perioden verwerten." [2]) Auch Behrens ist der Ansicht, dass die neue experimentalphonetische Forschungsmethode der richtige und einzig mögliche Weg sei, um zu einer gründlichen Einsicht in den Sprachmechanismus zu gelangen.[3]) Fast in denselben Worten drückt sich Wagner aus [4]), der zu gunsten der Experimentalphonetik dann noch ausdrücklich geltend macht, dass nur Apparate im stande seien, die leisesten Lautveränderungen anzudeuten, Licht über vieles zu verbreiten, was der Vergangenheit angehöre und vermuten zu lassen, was die Zukunft bringen werde. [5])

Weniger zuversichtlich äussern sich Seelmann, Wulff, Passy und Storm. Wie die Erstgenannten ein aufmerksames Ohr mehr schätzen, als ein phonetisches Experiment [6]), so hat auch Storm gegen experimentelle Untersuchungen schwerwiegende Bedenken, mag es sich nun um stomatoskopische Versuche[7]) oder um mechanische Bestimmungen durch Maschinen, Apparate u. dgl. handeln.[8]) An einer anderen Stelle meint er allerdings, es komme darauf an, sich vom *subjektiven* Elemente unabhängig zu machen; es könne dies aber nur dadurch geschehen, dass die Phonetiker der verschiedenen Nationalitäten ihre Eindrücke austauschten und so das Falsche eliminierten. [9]) Diese Argumentation ist keineswegs einwandfrei. Wird denn, so fragen

---

[1]) Oder wie er sich in der *ZfrS. 1892. XIV. R. S. 134* ausdrückt: «*Pour bien étudier les patois, il faut être un véritable phonéticien, c'est-à-dire un phonéticien naturaliste, physicien et physiologiste.*

[2]) *ANSp. 1892. LXXXVIII, 243.*

[3]) *ZfrS. 1892. XIV, R. S. 44.*

[4]) *PhSt. 1893. VI, 1.*

[5]) *PhSt 1893. VI, 17.*

[6]) *J.-B.³ 1895. I, 18.* bzw. *Mai. 1893. VIII, 104 ff.; 1894. IX, 87 ff.*

[7]) *Engl. Philol.² S. 265. A.*

[8]) *ibd. S. 290. u. PhSt. II, 141.*

[9]) *Engl. Philol.² S. 17.*

wir, dadurch, dass z. B. ein Deutscher und ein Franzose ihre Ansichten über den Wert des ersten Elementes in dem französischen Diphthong *ie* (*Jéna*) austauschen, das Falsche eliminiert, das *subjektive* Element ausgeschlossen? Mit nichten. Denn ob sie nun übereinkommen, in dem ersten Teile des Diphthongs ein vokalisches oder ein konsonantisches Element zu erkennen, sie beschränken sich doch immer nur darauf, ihre eigne subjektive Meinung gegen die ebenso subjektive Meinung des Andern auszutauschen, ohne die geringste Gewähr dafür, das eigentliche Wesen jener Lautkombination wirklich ergründet zu haben. Will man das subjektive Element wirklich eliminieren, also einen, von subjektiven Beeinflussungen freien, nackten Thatbestand gewinnen, so kann man dies in der Mehrzahl der Fälle nur durch Experimente und durch genau fungierende Apparate erreichen. So sehr wir nun aber auch geneigt sein mögen, die Bedeutung der Experimentalphonetik für die lautgeschichtliche Forschung anzuerkennen, ebenso sehr müssen wir doch stets im Auge behalten, dass, wie einmal H. Paul sehr richtig gesagt hat[1]), jede sprachliche Entwickelung nicht ein *rein physikalisch-physiologischer* Vorgang ist, sondern vor allem der Reflex von Vorgängen, welche sich innerhalb des *psychischen* Organismus der auf die Sprache bezüglichen Vorstellungsgruppen vollziehen.

Vergegenwärtigen wir uns die an einen *modernen* Vertreter der Phonetik gestellten Anforderungen, so werden wir finden, dass sie weit höher sind, als meistens angenommen wird. Denn zunächst muss ein Phonetiker sichere anatomisch-physiologische Kenntnisse besitzen, um die menschlichen Sprachwerkzeuge und deren Funktionen richtig beurteilen zu können; ebenfalls muss er auf dem Gebiete der Akustik und der Musik zu Hause sein, um über die physiologische Wirkung der gehörten Laute ein kompetentes Urteil zu haben; er muss ferner ein scharfes, musikalisches Gehör haben, um auch die feineren Lautnüancen einer Sprache und deren eigentümliche Modulationen klar und richtig erfassen zu können; ausserdem verlangt man von ihm, dass er auf dem Gebiete der Psychologie und der

---

[1]) *Prinzipien*² S. 25.

Biologie bewandert sei, um die Ursachen der sprachphysiologischen Vorgänge aufzuhellen; dazu muss er über einen reichen Schatz nicht nur philologischen und sprachhistorischen Wissens, sondern auch praktischer Sprachkenntnis und Zungenfertigkeit gebieten; endlich darf seine Geschicklichkeit in der Handhabung der verschiedenartigsten Apparate keine geringe sein —, kurz, zur *vollen, allseitigen* Lösung der, einem modernen Phonetiker gestellten Aufgabe gehört ein Umfang der verschiedenartigsten Kenntnisse und Fertigkeiten, deren Vereinigung in einem und demselben Menschen wohl stets zu den seltensten Ausnahmen gehören wird.

Dass die Phonetik nun aber auch eine hohe Bedeutung für die *Praxis* hat, also für die praktische und korrekte Erlernung fremder Sprachen, für den Lese- und Aussprache-Unterricht der Muttersprache sowie für den Taubstummen-Unterricht —, das ist schon oft genug auseinandergesetzt worden. Wir können über diesen Punkt um so eher hinweggehen, als wir die darauf bezügliche Literatur an einem anderen Orte zusammengestellt haben.[1]) Nur auf die sehr erfreuliche Thatsache sei hier hingewiesen, dass von allen Staaten Deutschlands, ja vielleicht Europas, B a y e r n der erste ist, welcher die Prüfung in der Allgemeinen Phonetik und speziell in der französischenglischen Phonetik für alle Kandidaten des *französ.-engl.* Lehramtes seit 1895 obligatorisch gemacht, wie ja auch die Münchner Hochschule die Phonetik offiziell in den Universitäts-Unterricht eingeführt hat.[2]) Es ist also wohl eine nicht ganz unbegründete Hoffnung, dass die bayerische Unterrichts-Verwaltung in nicht allzu ferner Zeit auch von den Lehrern des *Deutschen* eine genügende Vertrautheit mit der allgemeinen und der deutschen Phonetik verlangen werde.

Was die Anlage der vorliegenden Bibliographie betrifft,

---

[1]) Siehe die *Neusprachliche Reform-Literatur*. Leipzig. 1895. — Vor kurzem hat auch W. Förster in einem zu Köln im Januar 1896 gehaltenen Vortrage auf die Wichtigkeit der Experimentalphonetik für den *praktischen* Unterricht hingewiesen, s. *ZfrS.* 1896. XVIII. R. S. 128 ff., *NSp.* 1896. IV. 109 ff.

[2]) Siehe den Studienplan der ersten Sektion der Philosophischen Fakultät.

so ist sie dieselbe wie die in des Verfassers *Neusprachlicher Reform-Literatur*, zumal diese, so weit mir bekannt, bisher den Beifall der fachmännischen Kritik gefunden hat. Auf den *Titel* des betreffenden Werkes folgt also, wenn es irgend nötig erscheint, eine genaue *Inhaltsangabe*, an die sich jedes Mal eine in möglichst kurze, bezeichnende Sätze gefasste Zusammenstellung der bisher kund gewordenen fachmännischen *Urteile* über den Wert oder Unwert, die Vorzüge oder die Mängel der in Frage stehenden Schrift schliesst. An die Urteile reihen sich naturgemäss ergänzende, berichtigende oder auf gleichartige Arbeiten, auf zustimmende oder abweichende Meinungsäusserungen hinweisende *Anmerkungen* des Verfassers.[1]) Den Beschluss bildet das chronologisch geordnete Verzeichnis der *Belegstellen*, welche den Leser in den Stand setzen sollen, entweder die vorher nur kurz angedeuteten Urteile der Kritik *in extenso* kennen zu lernen oder zweifelhaft erscheinende Angaben zu kontrollieren. Innerhalb des betreffenden Gebietes sind alle Schriften bzw. Artikel in *chronologischer* Reihenfolge, und innerhalb eines Jahres in *alphabetischer* Ordnung aufgeführt worden, wobei jedoch zu beachten ist, dass sich die 2., 3. etc. Teile eines Werkes, sowie die 2., 3. etc. Auflagen desselben stets *unmittelbar nach dem ersten Teile bzw. nach der ersten Auflage* stehen.

Um irrige Angaben möglichst zu vermeiden, sind sämtliche Belegstellen kurz vor der Drucklegung noch einmal mit den Originalen verglichen worden. Sollten sich trotzdem einzelne Irrtümer eingeschlichen oder einzelne Werke bzw. Artikel übersehen sein, so wolle der billig denkende Kritiker entschuldigend im Auge behalten, dass das zu bewältigende Material ein ungewöhnlich umfangreiches, auf viele Gebiete sich erstreckendes war —, beträgt doch allein die Zahl der durchforschten Zeitschriften, von denen viele wieder 15—20 Jahrgänge umfassen, weit mehr als 100, wie auch die Zahl der

---

[1]) Dass dergleichen, den Titel eines Werkes vervollständigende Inhaltsangaben, Urteile u. Anmerkungen von Wichtigkeit für den zukünftigen Forscher sein können, ist erst vor kurzem von Koschwitz im *J.-B.* (*1895. I, 325*) betont worden.

angeführten Citate und Belegstellen wohl mit gutem Rechte eine beträchtliche genannt werden kann.

Ein den Titeln oder den Belegstellen angefügter Stern deutet an, dass ich die betreffende Schrift bzw. den betr. Artikel mir nicht habe verschaffen können und daher jede Verantwortung für die Richtigkeit der angeführten Titel bzw. Stellen ablehne. Leider ist die Zahl solcher Sterne noch eine ziemlich grosse, da es, trotz ernster, jahrelang fortgesetzter Bemühungen mir nicht gelungen ist, einzelne ZZ., wie die Süddeutschen Blätter für höheres Unterrichtswesen, die Beihefte der Z. des allg. deutschen Sprachvereins, die Z. Gymnasium etc. etc., bestimmte Nummern einer Zeitschrift, bestimmte Bände eines Jahresberichtes etc. etc. sei es hier, sei es von andern Bibliotheken mir zu verschaffen. Gleichwohl habe ich allen Grund, besonders den Bibliotheksverwaltungen von München (Hof- u. Staats- sowie Universitätsbibliothek), Berlin, Göttingen und Strassburg für das mir gewährte Entgegenkommen meinen wärmsten Dank auszusprechen. Auch Herrn Vecchioni, Sekretär an der hiesigen k. Hof- u. Staatsbibliothek, sage ich freundlichen Dank für seine eifrige, stets dienstbereite Förderung meiner bibliographischen Interessen.

Index.

(In dem Index sind ä, ö, ü wie ae, oe, ue behandelt worden.)

I. Abkürzungen.

1. Zeitschriftentitel.

Aca.	= Academy.
AcaS.	= Académie des sciences.
AGen.	= Archive des sciences phys. et nat. de Genève.
AJPh.	= Amer. Journ. of Philology.
AJSc.	= Amer. Journ. of Science.
Ang.	= Anglia.
Ann.	= Annalen d. Physik u. Chemie ed. Poggendorff u. Wiedemann.[1]
Ant.	= Antiquary.
Anz.[1.]	= Anzeiger z. Anglia.
Anz.[2.]	= Anz. für indogerm. Sprach- u. Altertums-Kunde.
Anz.[3.]	= Anzeiger für deutsches Alterthum.
AAnPhys.	= Archiv für Anatomie u. Physiologie ed. Du Bois-Reymond.
AklMed.	= Archiv für Klinische Medizin ed. Ziemssen u. Zenker.
ApathAnPhys.	= Archiv für patholog. Anatomie u. Physiologie etc. ed. Virchow.
AOhr.	= Archiv f. Ohrenheilkunde ed. Tröltsch, Politzer u. Schwartze.
ANSp.	= Archiv f. d. Studium d. neu. Sprachen.
APhys.	= Archiv f. d. gesammte Physiologie d. Menschen u. d. Thiere ed. Pflüger.
APsy.	= Archiv f. Psychiatrie.
AslPh.	= Archiv f. slawische Philol.
Ark.	= Arkiv for Nord. Filologi ed. G. Storm.
Ath.	= Athenaeum.
Beil.	= Beilage z. Allg. Zeitung.
Beit.[1.]	= Beiträge ed. Paul und Braune.
Beit.[2.]	= Beiträge zur Kunde der

---

[1]) Von 1877 an.

Abkürzungen.

	indogerm. Sprachen ed. Bezzenberger.	Korr.	= Korrespondenzblatt f. die Gelehrten- und Realschulen Württembergs.
Bl.[1]	= Blätter f. d. bayer. G.-W.		
Bl.[2]	= Blätter[1]) für die bayer. R.-Sch.-W.	LBl.	= Literaturblatt f. germ. u. rom. Philol.
Bl.[3]	= Blätter f. d. höh. Sch.-W.	LL.	= Lehrgänge u. Lehrproben.
Bl.[4]	= Blätter f. lit. Unterhaltg.	LZ.	= Literaturzeitg. (deutsche).
Bl.[5]	= Blätter (süddeutsche) für höhere Unterrichtsanstalten.	Mag.	= Magazin für die Lit. des In- u. Auslandes.[2])
Bucr.	= Bulletin critique.	Maî.	= Maître phonétique.
CBl.[1]	= Centralblatt (lit.)	Mélr.	= Mélanges russes.
CBl.[2]	= Centralblatt (neuphil.)	MeMo.	= Mediz.-pädag. Monatsschrift ed. Gutzmann.
CBl.[3]	= Centralblatt f. d. medizin. Wissenschaften ed. Bernhardt.	Merc.	= Mercure de France.
		MéSoLi.	= Mémoires de la société de linguistique.
CBl.[4]	= Centralblatt für Physiologie ed. Exner u. Gad.	MiA.	= Mitteilungen z. Anglia.
		Misc.	= Miscellanea.
ClR.	= Classical Review.	MoL.	= Modern Language Notes.
COrg.	= Centralorgan f. d. Inter. d. R.-Sch.-W.'s.	Mon.	= Monatsschrift für die gesammte Sprachheilk.
Dan.	= Dania, tidskrift for folkemål etc. ed. Jespersen u. Nyrop.	MuFromm.	= Mundarten ed. Frommann.
		Mus.	= Museum.
ElZ.	= Elektrotechnische Z.	Musé.	= Muséon (Le —)
ESt.	= Englische Studien.	Nat.	= Nature.
Fr.-G.	= Franco-Gallia.	NJJ.	= Neue Jahrbücher f. Phil. u. Pädag.
G.g.Anz.	= Göttinger gel. Anz.		
Gm.	= Gymnasium.	Noord	= Noord en Zuid.
Int.Bl.	= Intelligenz-Blatt (ärztliches) ed. Dr. L. Graf.	NorR.	= Nordisk Revy.
		NorT.	= Nordisk Tidskrift for filologi.
InZ.	= Internationale Z. ed. Techmer.	NSp.	= Neuere Sprachen ed. Victor.
J.-B.[1]	= Jahresbericht (pädag.) ed. Dittes.		
		NyBidr.	= Nyare Bidrag till kännedom om de Svenska landsmål.
J.-B.[2]	= Jahresber. ed. Rethwisch.		
J.-B.[3]	= Jahresber. ed. Vollmöller.		
J.-B.[4]	= Jahresber. (germ.).	PäA.	= Pädagog. Archiv.
J.-B.[5]	= Jahresber. üb. d. Fortschritte der Physiologie ed. Hermann.	Päd.	= Pädagogium ed. Dittes.
		PäSt.	= Pädagog. Studien.
		PhSt.	= Phonetische Studien.
JLZ.	= Jenaer Literaturzeitung.	Poly.	= Polybiblion.
Jas.	= Journal asiatique.	ProAmPhAss.	= Proc. of the Amer. Philol. Assoc.
Jphys.	= Journal de physique.		

[1]) Jetzt Zeitschrift.   [2]) Jetzt Magazin für Literatur.

ProDub. = Proc. of the Dublin Society.
ProLo. = Proc. of the Royal Society of London.
ProPhS. = Proc. of the Philol. Society.
PubMoL.= Publications of the Modern Language Association.
Rbl. = Revue bleue.[1]
Rcr. = Revue critique.
REns. = Revue intern. de l'Enseignement d. lang. viv.
Rling. = Revue d. linguistique.
Rom. = Romania.
RoSt. = Romanische Studien.
Rpat. = Revue des patois gallo-r.
Rph. = Revue philosophique.
Rphil. = Revue de philologie franç. et provençale.
Rsch. = Rundschau (philolog.)
SkA. = Skandinavisches Archiv ed. E. Th. Walter.
SoBi. = Société de biologie.
TaSt. = Taalstudie.
Tid. = Tidskrift for Physik og Chemi.
Tidsk. = Pedag. Tidskrift.
Tit. = Dhi Fonètic Titcer.[2]
TrAmPhAss. = Tr. of the Amer. Philol. Assoc.
TrMoL. = Tr. and Proc. of the Mod. Lang. Assoc.
TrPhS. = Tr. of the Philol. Society.
TrSoEd.= Tr. of the Royal Soc. of Edinburgh.
Verd. = Verdandi, Tidskrift för ungdomens målsmän och vänner i hem och skola.
VPhilos.= Vierteljahrschrift für wiss. Philosophie.

WiR. = Wiss. Rundschau der Münchn. N. Nachr.
Woch.[1.] = Wochenschrift (Berl. phil.)
Woch.[2.] = Wochenschrift f. klass. Philol.
Woch.[3.] = Wochenschrift (Deutsche Mediz.) ed. Dr. S. Guttmann.
Woch.[4.] = Wochenschrift (Berl. Klinische) ed. Waldenburg.
ZBi. = Z. f. Biologie ed. Kühne u. Voit.[3]
ZChir. = Deutsche Z. f. Chirurgie.
ZDA. = Z. f. Deutsch. Alterthum.
ZDPh. = Z. f. Deutsche Philologie.
ZDU. = Z. f. d. Deutschen Unterricht.
ZfrS. = Z. f. frz. Spr. u. Littetur.
ZGW. = Z. f. d. Gymnasial-Wesen ed. Kern.
ZöG. = Z. f. d. österr. Gn.
ZMed. = Deutsche Z. f. prakt. Medizin ed. Fränkel.
ZMus. = Neue Z. f. Musik.
ZOhr. = Z. f. Ohrenheilkunde ed. Knapp u. Moos.
ZOr. = Z. f. Orthographie.
ZrPh. = Z. f. roman. Philologie.
ZPsy. = Z. f. Psychologie ed. Ebbinghaus u. König.
ZRW. = Z. f. d. Realsch.-Wesen ed. Kolbe.
ZvSpr. = Z. f. vergl. Sprachforsch. ed. Kuhn.
ZVPsy. = Z. f. Völkerpsychologie.

2. Eigennamen.

Ada. = Adamovic.
Alex. = Alexandrow (A.).

---

[1]) = Rev. polit. et littéraire.
[2]) = Maître phonétique.
[3]) Ein Inhaltsverzeichnis der ersten 25 Bände ist von W. Prausnitz (München, 1890) veröffentlicht worden.

Abkürzungen. 143

Ar.	— Araujo.	Dar.	- Darmesteter.
Arn.	— Arndt (O.).	Dem.	= Demeny (G.).
Arno.	= Arnold (Y.).	Deu.	= Deutschbein.
Ash.	— Asher.	Dou.	= Doutrepont (G.).
Aue.	= Auerbach.	Du M.	= Du Moncel.
Baa.	- Baale.	Dus.	= Duschinsky (W.).
Bad.	= Badke (O.).	**Edw.**	= Edwards (H. M.).
Bar.	= Barrelet (Ch.).	Ehr.	= Ehrismann (G.).
Barl.	= Barlow (W. H.).	Eich.	= Eichhorn (A.).
Bec.	= Becker (Ph. Aug.).	Ein.	= Einenkel.
Beck.	= Beckmann (N.).	Ell.	= Elliott (A. M.).
Beh.	= Behrens.	En.	= Engel (G.).
Behg.	= Behaghel.	Ev.	= Evans (W. R.).
Behn.	= Behnke.	**Falk.**	= Falkson (R.).
Ber.	— Berklau (O.).	Fass.	= Fassbender.
Berg.	= Bergonié (J.).	Fey.	= Feyerabend (K.).
Beu.	— Beuzemaker (J. J.).	Fle.	= Fleay (F. G.).
Bey.[1·]	= Beyer (A.).	Flod.	= Flodström.
Bey.[2·]	— Beyer (F.).	Flü.	= Flügel (E.).
Bez.	= Bezold (Fr.).	Fo.	= Foth (K.).
Bie.	= Bieling (H.).	För.[1·]	= Förster (Em.).
Bin.	— Bindewald (O.).	För.[2·]	= Förster (W.).
Björ.	= Bjorling (C. F. E.).	Forch.	= Forchhammer (J. G.).
Böd.	= Böddeker (K.).	Fou.	= Fournié (E.).
Böt.	= Bötticher.	Fra.	= Franke (Fel.).
Bor.	= Borinski (K.).	Frä.	= Fränkel (B.).
Bou.	= Boudet.	Fro.	= Frobisher.
Bour.	= Bourciez.	Frö.	= Fröhlich (O.).
Bra.	= Braune.	**G. P.** s. Paris (G.).	
Bran.	— Brandl.	Gab.	= Gabelentz (G. v. d.).
Bre.	= Bremer (Otto).	Gar.	= Garnett (J. M.).
Bres.	= Bresgen (M.).	Gart.	= Gartner.
Bru.	= Brunner (A.).	Gau.	= Gaucher (M.).
Brug.	= Bruggencate.	Gav.	= Gavarret.
Bu.	= Buchholz.	Gei.	= Geijer.
Bül.	= Bülbring.	Gel.	= Gelbe (Th.).
Cas.	= Castex (A.).	Gen.	= Gentilli (A.).
Cha.	= Charencey (H. de).	Gent.	= Gentzen.
Cher.	= Chervin (A.).	Gill.	= Gilliéron.
Clo.	= Cloos (Christ.).	Go.	= Goldschneider.
Coë.	= Coën (R.).	God.	= Godart (A.-J.).
Col.	= Collitz.	Gor.	= Gordon-Holmes.
Colo.	= Colombat (E.).	Grad.	= Gradenigo (G.).
Cro.	= Cronin.	Gran.	= Grandgent.
Cut.	= Cutter (E.).	Gras.	= Grassmann (H.).
Czer.	= Czermak (J.).	Gree.	= Greenberger.

Gri. = Grimm (J.).
Grien. = Grienberger.
Grim. = Grimsehl (E.).
Grö. = Gröber (G.).
Gröbd. = Gröbedinkel (P.).
Gron. = Grondhoud (C.).
Grü. = Grützner (O. P.).
Gui. = Guillemin.
Gün. = Günther (Ed.).
Gun. = Gundlach.
Gut. = Gutersohn (J.).
Gutz. = Gutzmann.
Ha. = Hamel.
Hag. = Hagelin (H.).
Han. = Handmann (P. R.).
Hart. = Hartmann (Fel.).
Has. = Hasden (B. P.).
Hau. = Hauschild.
Haus. = Hausknecht.
Hav. = Havet.
Hei. = Heinz.
Hen. = Henry (V.).
Hens. = Hensen (V.).
Her. = Hermann (L.).
Heu. = Heusler (Andr.).
Hi. = Hirt (H.).
Ho. = Hoffory.
Hoff. = Hoffmann (H.).
Hoffm. = Hoffmann (Ed.).
Hoff.-K. = Hoffmann-Krayer.
Hol. = Holthausen.
Hor. = Hornus (A.).
Je. = Jent.
Jel. = Jellinek (M. H.).
Jele. = Jelenffy.
Jes. = Jespersen.
Jo. = Jokl.
Jor. = Joret (Ch.).
Joz. = Jozon (P.).
Kar. = Karsten.
Kas. = Kasten.
Kauf. = Kauffmann.
Kew. = Kewitsch.
Kil. = Kilian.
Kin. = Kingsley (N. W.).
Kit. = Kitchen.

Kla. = Klapperich.
Klg. = Klinghardt.
Klün. = Klünder.
Kna. = Knauer.
Ko. = Koch (John).
Kö. = König (R.).
Kol. = Koláček (F.).
Kos. = Koschwitz.
Kra. = Kratter.
Kräu. = Kräuter.
Kre. = Kressner.
Kret. = Kretschmer.
Krö. = Krönig (A.).
Kru. = Krusche.
Krum. = Krummacher (M.).
Kü. = Kühn (K.).
Kuss. = Kussmaul.
Lal. = Lallemand (P.).
La L. = La Landelle (G. de).
Lan. = Lange (Aug.).
Land. = Landois (L.).
Lar. = Larpent (Herm.).
Lau. = Laubi.
Le. = Lenk.
Lec. = Lecky (J.).
Leco. = Leconte (F.).
Lef. = Lefort (J.).
Leit. = Leitzmann.
Len. = Lenz (R.).
Ler. = Lermoyez (M.).
Lev. = Levêque (Ch.).
Lew. = Lewis (E. S.).
Lin. = Lindner (G.).
Lju. = Ljunggren.
Ll. = Lloyd (R. J.).
Lö. = Löri.
Loew. = Loewenberg.
Log. = Logeman (S.).
Lom. = Lommel (E.).
Lös. = Löschhorn.
Lun. = Lundell.
Lüt. = Lütgenau.
Ly. = Lyttkens (J. A.).
Ma. = Maas.
Mah. = Mahlow.
Man. = Mandl (L.).

Abkürzungen.

Mar.	= Marey (E. J.).	Rho.	= Rhode.
Mart.	= Martens (W.).	Ri.	= Ricken (W.).
Mat.	= Matzke.	Rit.	= Ritzert (Ad.).
Mau.	= Maurmann.	Roo.	= Roordal (P.).
May.	= Mayer (Mor.).	Ros.	= Rossmann.
McL.	= McLintock (R.).	Rous.	= Rousselot.
Mel.	= Meltzer.	Rüc.	= Rückert (J.).
Mer.	= Merlo (P.).	Rüd.	= Rüdinger (N.).
Mey.	= Meyer (Gust.).	Rud.	= Rudolph (L.).
Mey.-L.	= Meyer-Lübke.	Sa.	= Sachs (K.).
Mi.	= Michaelis.	Saal.	= Saalfeld.
Mich.	= Michel (Reinhart).	Sal.	= v. Sallwürk.
Mo.	= Mogk.	San.	= Sanders.
Moe.	= Moerch.	Sar.	= Saroïhandy (J.).
Mor.	= Morf.	Sarr.	= Sarrazin (Jos.).
Mün.	= Münch.	Schä.	= Schaefer.
Na.	= Napier.	Schi.	= Schipper.
Nad.	= Nader.	Schm.	= Schmidt (O. F.).
Neu.	= Neumann (Fr.).	Schn.	= Schneider.
Neum.	= Neuman.	Schnee.	= Schneebeli.
Nöl.	= Nölle.	Schr.	= Schröer.
Nör.	= Nörrenberg.	Schröd.	= Schröder (F.).
Nor.	= Noreen.	Schu.	= Schuchardt.
Nuv.	= Nuvoli.	Schul.	= Schulze (G.).
Ober.	= Oberbeck (A.).	Schult.	= Schulten (M. W.).
Ört.	= Örtel (M. J.).	Schum.	= Schumann.
Öst.	= Österberg.	Schw.	= Schwan.
Ohl.	= Ohlert (A.).	Seel.	= Seelmann.
Ort.	= Ortner (H.).	Seem.	= Seemüller.
P. (G.)	= Paris (Gaston).	Sen.	= Senff-Georgi.
Pag.	= Pagliardini (T.).	Sett.	= Settegast.
Pal.	= Palm (R.).	Shel.	= Sheldon.
Pas.	= Passy (P.).	Sie.	= Sievers (E.).
Pie.	= Pieniazek.	Sieb.	= Siebenmann (F.).
Pier.	= Pierson (P.).	Sik.	= Sikowski.
Pip.	= Pipping.	Sö.	= Söhns.
Pla.	= Plattner.	Soa.	= Soames (Laura).
Pni.	= Pniower.	Soc.	= Socin (Ad.).
Prey.	= Preyer (W.).	Span.	= Spanhoofd (E.).
Ram.	= Rambeau.	Spey.	= Speyer.
Re.	= Recke (E. von der).	Ste.	= Stengel.
Recl.	= Reclam.	Stei.	= Steinmeyer.
Reg.	= Regel.	Stej.	= Stejskal.
Regn.	= Regnard.	Sti.	= Stier.
Regna.	= Regnaud (Paul).	Stj.	= Stjernström.
Res.	= Resch.	Stol.	= Stolz.

Breymann, Phonetische Literatur.   10

Sto. = Storm.
Stoe. = Stoeriko (A.).
Stof. = Stoffel.
Str. = Strien.
Stür. = Stürzinger.
Sütt. = Sütterlin.
Svei. = Sveinbjœrnsson (Sob.).
Sw. = Sweet.
Tän. = Tänzer (A.).
Tan. = Tanger.
Tch. = Techmer.
Tho. = Thomas (A.).
Thu. = Thum.
Tis. = Tischer (E.).
To.[1] = Tobler (Ad.).
To.[2] = Tobler (Ludw.).
Tr. = Trautmann (M.).
Trei. = Treitel (L.).
Urb. = Urbantschitsch.
Vac. = Vacher (L.).
Var. = Varnhagen.
Ver. = Verner.
Via. = Vianna.
Vie. = Victor.
Vier. = Vierordt (K.).
Vis. = Vising (J.).
Vogr. = Vogrinz (G.).
Wa. = Wawra.
Wag.[1] = Wagner (J. N.).
Wag.[2] = Wagner (Phil.).
Wag.[3] = Wagner (R.).
Wee. = Weeks (Raymond).
Wei. = Weiss (Joh.).
Weiss. = Weissweiler (N.).
Wen. = Wendt (G.).
Wend. = Wendeler (P.).
Wer. = Werner (O.).
Wes. = Western.
Whee. = Wheeler.
Whi. = Whitney (W. D.).
Wi. = Wilke (E.).
Wil. = Willenberg.
Win. = Winteler.
Wol. = Wolpert.
Woo. = Wood.
Wu. = Wulff (F.).
Wül. = Wülker (R.).
Wür. = Würzner.
Zwa. = Zwaardemaker (H.).

Anm. Dem Verfasser unbekannte Abkürzungen: A., A. B., Bg., B. (L.), γ., n.. K. L., P. L., W. B., W. R.

3. Ortsnamen.

Berl. = Berlin.
Fir. = Firenze.
Gro. = Groningen.
Heil. = Heilbronn.
Hels. = Helsingfors.
Kop. = Kopenhagen.
Krist. = Kristiania.
Lo. = London.
Lpz. = Leipzig.
Mil. = Milano.
Mü. = München.
Opp. = Oppeln.
Oxf. = Oxford.
Par. = Paris.
Reutl. = Reutlingen.
Stockh. = Stockholm.
Tüb. = Tübingen.
Ups. = Upsala.

4. Sonstige Namen und Ausdrücke.

A. = Anmerkung.
Abgedr. = Abgedruckt.
Amer. = American.
Abh. = Abhandlung(en).
An(on). = Anonym(us).
Anz. = Anzeiger.
App. = Apparat(e).
Ausspr. = Aussprache.
B. (b.) = Bayerisch.
Beibl. = Beiblatt.
Bem. = Bemerkung(en).
Ber. = Bericht.
Bl. = Blatt.
B.-Sch. = Bürgerschule.
Empf. = Empfehlen, empfohlen.

Abkürzungen.

Engl.	= Englisch.	phon.	= phonetisch.
Ens.	= Enseignement.	Phys.	= Physik.
Ersch.	= Erschienen.	Physiol.	= Physiologie.
Erw.	= Erwähnt.	Pro.	= Programm.
Etym.	= Etymologisch.	Proc.	= Proceedings.
F.	= Für.	pronouc.	= prononciation.
Frd.	= Fremd (-e, -er, -en).	R.	= Referat(e).
Frdspr.	= Fremdsprachlich.	Ref.	= Reform.
Frz.	= Französisch.	R.-G.	= Realgymnasium.
G.	= Gymnasium.	R.-Sch.	= Realschule.
g.	= ung.¹)	R.-Sch.-W.	= Realschulwesen.
gn.	= ungen.¹)	S.	= Seite bzw. Spalte.
Gn.	= Gymnasien.	S.-A.	= Separat-Abdruck.
Gr.	= Grammatik.	Sch.	= Schule.
gr.	= grammatisch.	scient.	= scientifique.
G.-W.	= Gymnasialwesen.	Sep.	= Separat.
Hdb.	= Handbuch.	sog.	= Sogenannt.
Hf.	= Heft.	Spr.	= Sprache.
Höh.	= Höhere	St.	= Studium.
hs.	= handschriftlich.	Stn.	= Studien.
I.	= Inhalt.	Tr.	= Transactions.
Instr.	= Instrumente.	U.	= Unterricht.
J.	= Journal.	Übg.	= Übung.
Journ.	= Journal.	Ur.	= Urteilsäusserung(en).
l.	= -lich.	V.	= Verfasser(in).
lat.	= Lateinisch.	Ver.	= Verein.
Lit.	= Literatur.	Verh.	= Verhandlung(en).
Nr.	= Nummer.	Vers.	= Versammlung(en).
neu.	= Neue (re, ren).	Vortr.	= Vortrag.
neuspr.	= Neusprachlich.	Z.	= Zeitschrift.
phil.	= Philologisch.	Zg.	= Zeitung.
Phon.	= Phonetik.		

¹) Am Ende eines Wortes, z. B. Abhandlg. = Abhandlung; Abhandlgn. = Abhandlungen.

2. Personen-Verzeichnis.

(Die in () stehenden Zahlen bezeichnen das Erscheinungsjahr, die anderen die betreffende Seite dieser Schrift.)

Ackerknecht
(95): Die Bindung im frz. U. 90.
Albrecht wird erw. 61, 62.
Alexandrow
(86): Sprachstörungen 31.
A. wird erw. 55.
Alezais
(95): Traité de pron. angl. 116.
Allais wird erw. 85.
Allen
(84): A Method of Rec. the Notions of the Soft Palate 22.
Anderson
(94): Öfversigt 90.
André
(92): Manuel de Diction 86.
Araujo
(90—94): Recherches=Estudios 92.
A. wird erw. 57, 58.
Arnold
(90): Klang 45.
A. wird erw. 58.
Ascoli wird erw. 133.
Auerbach
(76): Natur d. Vokalklangs 1.
(78): Resonanztöne 7.
(78): Vokaltheorie 7.
(79): Schwingungen 9.
(81): Helmholtz u. d. Mus. 15.
(94): Phys. Grundl. d. Phon. 62.
A. wird erw. 5, 44, 128, 131.
Aurén
(80): Bidrag til... akcentl. 118.
Badke wird erw. 76, 79.
Balassa
(89): Aussprache 99.
(89): Phonet. d. ungar. Spr. 125.
(93): Ungar. Lautsystem 125.
B. wird erw. 41, 61.

Ballu
(89): Observations 81.
Bangert
(94): Fibel 102.
Barbeau
(94): Pronouc. parisienne 89.
Barlow
(78): Articulation... Logograph 7.
B. wird erw. 20, 129.
Beaunis
(84): Just. et fauss. de la voix 72.
Beckmann
(91): Guter Gebrauch 100.
(94): Vokalklänge 63.
B. wird erw. 45.
Behnke
(82): Human Voice 17.
Behrens wird erw. 134, 135.
Bell (A. M.)
(82): Sounds 17.
(86): Essays 31.
(87): Univ. Lectures 34.
(87): Engl. Line Writing 110.
(88): Vocal Physiology 40.
(88): World-English 110.
(91): The Sounds of R 113.
(93): Speech Tones 59.
B. wird erw. 3, 4, 16, 18, 20, 23, 27, 40, 47, 72, 75, 104, 114, 118.
Bell (D. C.), and Bell (A. M.)
(79): Stand. Elocutionist 105.
Benecke wird erw. 75.
Bergeron
(79): De la mue de la voix 9.
Bergonié
(83): Phonation 20.
B. wird erw. 2, 7, 11, 12, 18, 19.

Berkhan
 (83): Das Stottern 20.
 (89): Störungen d. Sprache 40.
  B. wird erw. 37.
Benzemaker
 (92): Probl. of Phonetics 56.
Beyer (Fr.)
 (87): Das Lautsystem 75.
 (88): Phonetik 78.
 (93): Ergänzungsheft 87.
  B. wird erw. 85, 89, 107.
Beyer et Passy
 (93): Elementarbuch 87.
  B. u. P. werden erw. 89.
Beza wird erw. 85.
Bezold
 (85): Gehörorgan 29.
 (92): Contin. Tonreihe 56.
 (93): Hörvermögen 59.
Bezzenberger wird. erw. 12, 133.
Björling
 (80): Klangfarben u. Sprachl. 11.
Björnson wird erw. 121.
Blake
 (78): ... Photography 7.
  B. wird erw. 20.
Bleton
 (82): *E* muet 70.
Block
 (92): Zur Aussprache des Frz. 87.
Blondel
 (95): Phonologie mécan. 90.
Böhmer
 (84): Transscription 72.
  B. wird erw. 4, 14, 27.
Boeke
 (91): Phonogrammstudien 50.
Bonaparte
 (80—81): Portuguese ... Sounds 91.
 (80—81): Slavonic Languages 123.
Borinski
 (91): Artikul. Phonetik 51.
Bossi wird erw. 6.
Bosworth
 (84): La voix de chant 22.

Boudet de Pâris
 (80): Teléphone et microphone 11.
 (80): Voix articulée 11.
  B. wird erw. 2.
Bourdon
 (88): L'évolution phon. 37.
Bourseul
 (78): Voyelles 7.
 (82): Théor. des voy. 18.
  B. wird erw. 63
Brandstetter
 (83): Die Zischlaute 94.
Bredsdorff
 (86): Om Aarsagerne etc. 32.
Brekke
 (81): Bidrag til d.-n. lydl. 118.
  B. wird erw. 20.
Bremer
 (93): Deutsche Phonetik 100.
  B. wird erw. 19, 61.
Bresgen
 (79): Stimm- u. Sprachorgan 9.
 (84): ... Krankheiten 22.
Browne
 (84): Singing 22.
Browne and Behnke
 (84): Voice, Song, and Speech 22.
Brücke wird erw. 4, 27, 49, 56, 59, 104, 129.
Bruggencate wird erw. 48.
Brugmann wird erw. 133.
Brunnemann wird erw. 85.
Canitz
 (85): Gehör- u. Lautsprache 29.
Cassal wird erw. 25, 85.
Castex
 (86): Physiol. de la voix 32.
Cauvet
 (81): Prononciation 69.
Chervin
 (79): Analyse physiol. 9.
 (93): Bégaiement 59.
Chladni wird erw. 27.
Ciamician
 (77): Tönen d. Luft 5.

Clédat
(92): Phonétique raisonnée 87.
C. wird erw. 89.
Coën
(86): Sprachanomalien 32.
Colombat
(80): Traité d'orthophonie 11.
Collitz wird erw. 24.
Corneille wird erw. 72.
Cronin
(82): Voice 18.
Cross
(78): Helmholtz's Theorie 7.
Cutter
(84): The False Vocal Bands 23.
Cuvier wird erw. 1.
Czech wird erw. 49.
Czermak
(85): Spiritus asp. u. len. 29.
C. wird erw. 49, 56.
Dahlerup og Jespersen
(89): Kortf. dansk Lydl. 120.
D. wird erw. 118.
Demeny
(91): Mouvem. de la parole 51.
D. wird erw. 63.
Deprez wird erw. 54.
Deutschbein
(83): Resultate d. Lautphys. 20.
Devantier
(83): Frz. u. Dtsch. Konsonanten 71.
D. wird erw. 70.
Deville
(91): Le langage ... enfants 52.
Diederichs
(86): Selbst- u. Schmelzlaute 97.
Diez wird erw. 85.
Donders wird erw. 44, 63.
Doumer
(86): Mesure de la hauteur des sons 32.
(87): Études du timbre 34.
(83): Voyelles .. caractère aigu 34.
D. wird erw. 63, 131.
Dubroca wird erw. 85.
Duez wird erw. 85.

Du Moncel
(78): Téléphone etc. 7.
Duperré
(83): Prononc. fr. 71.
Durand wird erw. 85.
Duschinsky
(88): Das stumme e 79.
Edison wird erw. 8, 46, 50, 60, 104, 131.
Edwards
(76): Ouïe, vue, voix 1.
E. wird erw. 21.
Eichhorn
(90): Vocalsirene 45.
E. wird erw. 32, 63.
Eidam wird erw. 107.
Eldar
(86): Spreken en Zingen 32.
E. wird erw. 48.
Ellinger
(90): Zur Bindung 82.
(92): Über die Ausspr. des e 87.
(93): Ausspr. d. Französ. 88.
E. wird erw. 86.
Ellis
(77): Pronunciation 5.
(84): Deaf-Mutes 23.
(89): The Exist. Phonology 111.
Ellis † 5.
E. wird erw. 104.
Elze wird erw. 104.
Escriche
(94): Prononc. espagn. 93.
Evans
(80): Phon. Outlines 11.
(82): Spell. Experimenter 18.
(89): On the Bell Vowel-System 40.
E. wird erw. 60.
Faber wird erw. 10, 26.
Falkson
(80): Weich.-Gaumen u.Pharynx 12.
Fassbender wird erw. 102.
Faure
(91): Bizarreries 85.
Fechner wird erw. 21.

Felsberg
(94): Zur Ausspr. 102.
Ferrette
(87): La néografie 76.
(87): Ekritur fonetik 76.
Fick
(86): Paukenfell 32.
(87): Phonographik 34.
F. wird erw. 63, 133.
Finck
(95): Zwei russ. Märchen 123.
Firmery
(94): La pronone. de l'E muet 89.
Fleay
(81): Vowel Representation 16.
Flodström
(80): Lehre v. d. Consonanten 12.
F. wird erw. 23, 24.
Flörke wird erw. 44.
Förster (E.) wird erw. 28.
Förster (W.) wird erw. 133, 137.
Forchhammer
(87): Phonoskopet 34.
F. wird erw. 63.
Foulis
(78): Un larynx artificiel 7.
Fourier wird erw. 65.
Fournié
(81): Physiol. du son etc. 16.
Foy
(79): Lauts. d. griech. Vulgärspr. 125.
Fraenkel
(78): Manometrische Flamme 7.
Franck
(77): ... méthode graphique 5.
Franke (F.)
(86): Phrases 74.
(89): Umgangssprache 99.
F. wird erw. 41, 115.
Frobisher
(80): Voice and Action 12.
Fröhlich
(89): Opt. Darstellg. etc. 41.
Fruit
(92): Uncle Remus 115.

Funke wird erw. 22.
Gabelentz
(85): Transskription 29.
(91): Phonet. Schulung 52.
Galton wird erw. 56.
Gariel
(79): Machine parlante 10.
Gartner wird erw. 38.
Gavarret
(77): Acoustique 5.
Gay
(76): Phonation 1.
Genetz
(77): Lautphysiol. Einführg. 124.
Gentilli
(82): Glossograph 18.
G. wird erw. 27.
Gentzen
(76): Beob.... Gaumen 2.
Godart (A.)
(90): Aussprache 82.
Godart (A.-J.)
(77): Bégaiement 5.
Goldschmidt
(76): Ausspr. des *h* 67.
(92): Vokalismus 100.
G. wird erw. 35.
Gordon Holmes
(79): Vocal Physiology 10.
Gouguenheim
(85): Phys. de la voix etc. 29.
Grabow
(76): Über Musik 93.
(79): Nasalirung 67.
G. wird erw. 44.
Gradenigo
(95): Hörfeld etc. 65.
Grandgent
(90): Vowel Measurements 45.
(92): Germ. u. Engl. Sounds 100.
(91): Amer. Pronunciation 113.
(93): Amer. Pronunciation 115.
(94): Teat-yure 116.
G. wird erw. 47, 115.
Grandgent s. auch Sheldon.

Grassmann (H.)
(77): Physik. Natur der Sprachlaute 5.
G. wird erw. 1, 7, 32, 63, 63.
Grassmann (R.)
(90): Sprachlehre 45.
Greenberger
(83): The Organs of Speech 20.
Grimarest wird erw. 85.
Grimm (J.) wird erw. 30.
Grimm, W.
(91): D. Natur d. Sprachlaute 52.
Grimsehl
(88): Tonstärke-Messung 37.
G. wird erw. 40, 131.
Gröber
(88): Die empir. Lautlehre 37.
Gruenhagen wird erw. 22.
Grützner
(79): Physiol. d. Stimme u. Sprache 10.
G. wird erw. 35, 50, 55, 61, 131.
Grundtvig
(79): Det d. sprogs tonelag 118.
Grunzel
(88): Vokalharmonie 124.
(90): Phonet. d. alt. Spr. 124.
Gude
(79): Unterr. d. Taubstummen 10.
Guebhard
(79): Procédé phonéidoscopique 10.
(80): Farbenringe 12.
Günther
(88): Heilung des Stotterns 37.
Guillemin
(88): Ét. sur la voix hum. 37.
Gutersohn
(82): Vokallehre 18.
G. wird erw. 26.
Guttmann wird erw. 17.
Gutzmann (A.)
(84): Sprachstörungen 23.
G. wird erw. 40.
Gutzmann (H.)
(93): Störungen d. Sprache 59.
(93): Gaumendefekte 59.

Guyard
(81): Accentuation 69.
G. wird erw. 6, 85.
Hack
(83): Kehlkopfbild 21.
Hagelin
(89): Stomat. Unders. 41.
H. wird erw. 36, 61, 131.
Handmann
(87): D. menschl. Stimme 34.
Hansen wird erw. 121.
Harth
(84): Qualität der Vokale 23.
Hartmann
(80): Gaumensegel 12.
Hasdeu
(82): Studie 18.
Havet
(77): Prononc. de *ie* 5.
H. wird erw. 72, 81, 129.
Hellwag wird erw. 4, 27, 39, 44.
Helmholtz wird erw. 7, 8, 15, 26, 44, 45, 46, 47, 63, 63, 63, 65, 104.
Hensen
(79): Tonhöhe 10.
(82): Harmonie i. d. Vok. 19.
(86): Geräusche 32.
(87): Üb. d. Schrift v. Schallbew. 35
(91): Harmonie in d. Vok. 52.
H. wird erw. 33, 38, 47, 48, 55, 65, 131.
Hensen-Klünder
(79): Compensation d... Stimme 10.
Hermann
(89): Phonophot. Untersuchg. 41.
(90): Das Hören d. Vokale 46.
(90): Vokale ... Phonograph 46.
(91): Bem. z. Vokalfrage 52.
(91): ... Telephon u. Mikrophon 52.
(91): ... Vokalkurven 52.
(91): Combinationstöne 53.
(94): Klangwahrnehmg. 63.
H. wird erw. 10, 35, 44, 45, 47, 48, 51, 52, 60, 63, 65, 131.
Hey
(87): Gesangs-U. 35.

Heyse wird erw. 17.
Hildebrand
  (93): Zur Gesch. d. Ausspr. 101.
Hirschberg
  (78): Laryngoskop. Meth. 7.
Hochberg (Graf —) wird erw. 94.
Hoffmann (E.)
  (92): Stärke, Höhe, Länge 56.
  (93): Akzentuation 60.
Hoffmann (H.)
  (88): Einführung in d. Phon. 98.
  (89): Die Phonetik 42.
  (90): Sprech- u. Sprachunterr. 46.
  (91): Deutsch. Sprach-U. 100.
  (94): Sprachgebrechen 63.
  (94): D. Bau des .. Gehirns 64.
Hoffory
  (76): Streitfragen 2.
  (80): Tenuis u. Media 12.
  (84): Prof. Sievers etc. 23.
  H. wird erw. 12, 15, 19, 49.
Holmes s. Gordon.
Holthausen wird erw. 24.
Hoppe
  (94): Tysk Ljud-... lära 102.
Hornus
  (77): Troubles de la parole 6.
Hubert
  (94): Vibration d. membranes 64.
Hübschmann wird erw. 133.
Hürthle wird erw. 61.
Humbert
  (88): Gesetze d. frz. Verses 79.
  (90): Nochmals das e muet 82.
  H. wird erw. 82.
Huss
  (79): Das Deutsche 94.
Illingworth
  (79): Physiol. of the Larynx 11.
Jacobsen
  (88): Fær. Anthol. 120.
Jäger
  (82): Quantität 70.
Jansen wird erw. 33.
Jeaffreson und Boensel
  (91): English Dialogues 113.

Jelenffy
  (80): D. musc. voc. u. d. Stimmregister 13.
Jellinek wird erw. 96.
Jenkin and Ewing
  (78): The Vowel Theory and the Phonograph 8.
  (78): The Phonograph etc. 8.
  (78): The Phonograph etc. 8.
  (79): Vowel Sounds 10.
  J. u. Ew. werden erw. 63.
Jespersen
  (82): Lydskrift 19.
  (84): Paris. vulgærsprog 72.
  (85): Kortf. Engl. Gram. 106.
  (86): Noter til Franke 74.
  (89): Articulations 42.
  (90): Danias Lydskrift 121.
  J. wird erw. 15, 41, 45, 60, 74, 78, 99, 114.
  Vgl. auch True and Jesp.
Joret wird erw. 103.
Jozon
  (77): Écriture phonétique 6.
Jütting
  (84): Phonet.... Essays 95.
Jurass
  (80): Stimmritzenkrampf 13.
Kapp
  (83): Gutturallaute im Neugr. 125.
Karsten
  (87): Speech Unities (Sprecheinheiten) 35.
  (88): Das Transskriptionssyst. 37.
  (89): The Phonetic Section 43.
  K. wird erw. 24, 58.
Kauffmann
  (89): Vokalsysteme 43.
Kempelen wird erw. 26, 49, 63.
Kern
  (77): De D 116.
  (90): Open en geslot. e 116.
Kewitsch
  (81): Internat. Alphabet 16.
  (84): Weiche Consonanten 95.
  (84): Tenues u. Mediae 95.

Kewitsch
(85): Ausspr. des *ng* 96.
(85): Ausspr. des *g* 96.
K. wird erw. 97.
Kiessling
(76): Die Laute d. Neuhochd. 93.
Kilian
(79): ... Sprache d. Taubst. 10.
(79): Sprech- u.Leseunt.f.Taubst.10.
Kingsley
(79): Mechanism of Speech 10.
(87): Articul. of the Tongue 36.
K. wird erw. 41, 61, 125.
Kirste
(81): Verschlusslaute 16.
(83): Prononc. franç. 71.
(88): Palatilismus 123.
K. wird erw. 2.
Kissling
(76): Neuhochdeutsch 2.
Kitchen
(85): The Diaphragm 29.
Klinghardt wird erw. 89.
Klünder
(79): Genauigkeit der Stimme 11.
Kock
(78): Språkh. Undersökn. 117.
(87): Krit. Anmärkning. 120.
K. wird erw. 119.
König
(76): Zusammenklang 2.
(80): Harmonische Töne 13.
(81): Klangfarbe 16.
(82): Expér. d'acoustique 19.
K. wird erw. 1, 13, 20, 26, 32, 44, 52, 60, 63, 131, 132.
Körting wird erw. 104.
Kolážek
(81): Resonanz 16.
Koschwitz
(88): Neufrz. Formenlehre 79.
(90): Phonetik u. Gr. 82.
(91): La phonét. expérim. 53.
(91): Zum tonlosen *e* 86.
(92): Zur Ausspr. d. Frz. 87.
(93): Les Parlers Parisiens 88.

K. wird erw. 50, 54, 67, 80, 82, 85, 87, 130, 134, 134, 138.
Kotrč
(90): Z mé studnijni 83.
Kräuter
(76): Die Prosodie d... Mitlauter 93.
(77): Zur Lautverschiebung 93.
(78): Zwölf Sätze 94.
(80): Sprache u. Schrift 13.
(80): Reibelaute 68.
(82): Hoffory u. s. Medien 19.
K. wird erw. 3, 13, 27, 95, 130.
Král u. Mares
(93): Trvání 60.
Kratzenstein wird erw. 26, 63.
Kries
(92): Das absol. Gehör 57.
Krönig
(76): Vokallaute u. Stimmgabel 2.
Krüger wird erw. 89.
Krumbach
(89): Beiträge 99.
(93): Sprech- ... Übungen 101.
Krusche
(77): Athmung 6.
Kruszewski
(81): Lautabwechslung 16.
Krzywicki
(92): Kehlkopfbewegungen 57.
Kudelka wird erw. 49, 56.
Kühn
(89): Schullautschrift 43.
K. wird erw. 72.
Kussmaul
(77): Störungen d. Sprache 6.
K. wird erw. 40.
Laget
(83): Prononc. 71.
La Grasserie
(90): Ét. de gramm. comp. 46.
La Gr. wird erw. 58.
Lahr
(86): Vokaltheorie 32.
L. wird erw. 5, 8, 41, 63.
La Landelle
(81): Alphabet phonét. 16.

Landois
(80): Tön. Vocalflamme 13.
Lange (A.)
(83): Voc. Lautstand 71.
L. wird erw. 75, 78, 79.
Lange (F.)
(88): Hey's Fabeln 98.
Larsen
(94): Lydlære 122.
Laubi
(93): Hypnose u. . . Stottern 60.
Learned
(90): Application 99.
Lecky
(83): Phon. Transliteration 21.
Leconte
(93): Acoustique 60.
Leffler wird erw. 130.
Lefort
(83): Parole chuchotée 21.
L. wird erw. 1.
Lenz
(87): Physiol. . . Palatalen 36.
(92): La Fonética 57.
(92): Chilen. Studien 92.
(93): Fonética aplicada 88.
L. wird erw. 2, 15, 16, 41, 45, 61, 119, 131.
Lepsius wird erw. 4, 27, 104.
Lermoyez
(86): Étude expér. 33.
L. wird erw. 128. — Vgl. auch Gougenheim 29.
Lesaint wird erw. 86.
Leskien
(85): Quantit. u. Betong. 123.
L. wird erw. 30.
Levêque
(80): Accentuation 68.
(88): Des enclitiques 80.
(90): L'accent tonique 83.
L. wird erw. 58, 74, 75, 76.
Lieblein
(86): Det g. Eg. i dess skrift 120.
Lindner
(82): Sprache des Kindes 19.

Lisle s. Duperré.
Lissajou wird erw. 63.
Ljunggren wird erw. 36.
Lloyd
(90): Vowel-Sound 47.
(90): Speech-Sounds 47.
(91): Sound Waves 53.
(91): Vowel Sounds 53.
(94): Prof. Auerbach 64.
(94): Standard Engl. 116. [114,131.
Ll. wird erw. 41, 42, 44, 46, 58, 63,
Löri
(77): Physiol. d. Stimme 6.
Loewenberg
(89): Akust. Untersuchg. 43.
L. wird erw. 14, 131.
Logeman
(90): Niederl. Lautsystem 48.
L. wird erw. 43, 80, 107, 116.
Lommel
(93): Schall 60.
Lubarsch
(79): Verslehre 68.
(88): Deklamat. u. Rhythm. 80.
L. wird erw. 73, 82.
Ludwig (C.) wird erw. 129.
Lücking
(78): Die reinen Vocale 67.
Lüke
(90): Die Ausspr. d. Engl. 112.
Lütgenau
(83): Femininalbildung 71.
(84): Frz. Lautsystem 72.
L. wird erw. 3, 27, 103.
Luick
(92): Diphthonge 58.
L. wird erw. 4.
Lundell
(78): Det sv. Landsmålsalfab. 117.
(88): Die Phon. als Universitätsfach 38.
(91): Pronounciation russe 123.
Lyttkens et Wulff
(85): Sv. spr. ljudlära 119.
(89): La transscription phon. 43.
(92): Metod. ljudöfningar 121.

L. wird erw. 120.
Maas wird erw. 15.
Maass wird erw. 75.
Macaulay wird erw. 103.
Madvig wird erw. 30.
Malvin-Cazal wird erw. 67.
Mandl
 (76): Gesundheitslehre d. Stimme 2.
 (79): Hygiène de la voix 11.
March
 (86): Consonant Notation 33.
 (89): Standard English 111.
 M. wird erw. 106.
Marelle
 (89): L'E muet 81.
 (94): La prononc. franç. 89.
Mares s. Král.
Marey
 (76): Physiologie 2.
 (78): La méth. graph. 8.
 (86): Étude de locomotion 33.
 (86): Des lois de mécanique 33.
 M. wird erw. 50, 54, 61, 63.
Martel
 (85): Phonation 30.
Martens
 (88): Das Verhalten v. Vocalen 38.
 M. wird erw. 34, 35, 63.
Martineau
 (80—81): The Romousch Lang. 90.
Masing
 (76): Serb.-chorwat. Accent 122.
Matthiæ wird erw. 49.
Maupas wird erw. 85.
Mayer
 (78): Talking-Machine 8.
Mayhew wird erw. 114.
McLintock wird erw. 108, 112.
Meigret wird erw. 85.
Melde
 (83): Tönende Körper 21.
 (91): Akustik 53.
Mende
 (80): E muet 68.
 (89): Unbetontes e 81.
 M. wird erw. 86.

Menger
 (93): A Note on Amer. Pronunc. 115.
Mentz wird erw. 134.
Merkel
 (80): Wortton bzw. Aussprache 68, 69.
 M. wird erw. 34, 44, 85, 104.
Merlo
 (84): Accento 24.
Meyer
 (80): Unsere Sprachwerkzeuge 13.
Meyer-Lübke wird erw. 85, 133.
Michael
 (76): Gesang 2.
Michaelis
 (77): Dorsal u. apical od. oral 6.
 (78): Klänge d. Konsonanten 8.
 (81): Anordnung der Vocale 16.
 (84): Eint. der Zischlaute 25.
 (85): Zischlaute 30.
 (85): Das mittlere *A* 30.
 (87): Über das *H* 37.
 (91): Phonet. Lit. 53.
 M. wird erw. 1, 5, 16, 27, 48, 49, 103, 128.
Moeller wird erw. 133.
Molière wird erw. 82.
Morf wird erw. 92, 133, 134.
Müller (Max) wird erw. 30.
Muybridge wird erw. 33.
Neuman
 (93): Kehlkopfmuskulatur 60.
Niaudet
 (78): Phonographe 8.
Nicot wird erw. 85.
Nörrenberg
 (84): Accentgesetz 95.
 (84): Orthoepisches 95.
 N. wird erw. 97.
Noreen
 (77): Fryksd. mål. ljudl 117,
 (78): Färömål. ljudl. 117.
 (78): Dalbymål. ljudl. 118.
 (85): Språkriktighet 30.

Noreen och Schwatz
  (81): Sv. Språklära 118.
Nuvoli
  (89): Fisiologia 43.
Nyrop
  (93): Fransk Lydlære 88.
  N. wird erw. 121.
Nyström
  (88): Om r-ljuden 120.
Oakley-Coles wird erw. 36, 61.
Oberbeck
  (81): Schallstärke 17.
Oberländer
  (82): Übungen . . . Ausspr. 94.
Örtel
  (78): Laryngostroboskopische Meth. 8.
  (78): Laryngostroboskopische Beob. 8.
  (82): Brust- u. Falsettregister 19.
Oldenberg
  (86): Tiefton 33.
Pagliardini
  (81): Intern. Alphabet 17.
Pallin
  (87): Strödda anmärkn. 120.
  P. wird erw. 119.
Palsgrave wird erw. 85.
Paris (G.) wird erw. 85, 131.
Parow
  (87): D. Vortrag v. Gedichten 98.
Passy (J.)
  (90): Notes de phon. fr. 83.
  (94): La dictée phonét. 89.
  P. wird erw. 58, 72, 88.
Passy (P.)
  (84): Premier livre de lect. 72.
  (86): Le Français parlé 74.
  (86): Élémans d'Anglais parlé 108.
  (87): Les Sons du Franç. 76.
  (87): Le Phonétisme 77.
  (88): Frz. Lautsystem 80.
  (88): L' associat. fonét. 81.
  (89): Deuxième livre de lect. 82.
  (90): Gegenvorschläge 83.
  (90): Étude sur les ch. 83.

Passy (P.)
  (92): Leçon d'ouverture 87.
  (93): L'Évangile de Luc 89.
  P. wird erw. 28, 43, 57, 58, 78, 79, 80, 85, 88, 135.
Passy et Tostrup
  (95): Leçons de choses 90.
Paul, A.
  (88): Vokal. Aspir. u. . . Vokaleinsatz 38.
Paul (H.)
  (82): Verschlussfortis 19.
  (84): Vokaldehnung 95.
  P. wird erw. 13, 30, 36, 93, 133, 136.
Paul, W.
  (85): Der Vokal A 30.
Périon wird erw. 85.
Pick
  (92): Störungen d. Sprache 58.
Pieniazek
  (78): Näselnde Sprache 9.
Pierson
  (84): Métrique natur. du lang. 25.
  P. wird erw. 85.
Pincott wird erw. 21.
Pipping
  (90): Klangfarbe 48.
  (94): Phonaut. Studien 64.
  (94): Theor. d. Vokale 64.
  (94): Z. Lehre v. d. Vokalkläng. 65.
  P. wird erw. 1, 7, 8, 9, 32, 35, 39, 42, 44, 45, 46, 47, 48, 63, 131.
Pisko wird erw. 8.
Plötz wird erw. 75, 85.
Pol
  (85): Nutzen d. Phonetik 30.
Poestion
  (90): Norweg. Gram. 121.
Prausnitz wird erw. 142.
Preece and Stroh
  (79): Acoustics 11.
Preyer
  (76): Tonwahrnehmung 2.
  P. wird erw. 25.

Primer
(88): Charlest. Provincial. 110.
(90): The Huguenot Element 112.
P. wird erw. 58.
Pringsheim s. Schwan
Purkyñe wird erw. 49.
Provost-Blondel
(91): Voyelles et Consonnes 86.
Psichari
(91): Le vers franç. 86.
Qvanten wird erw. 63.
Radloff
(82): Lautalternation 124.
(82): Phonet. d. nördl. Türkspr. 124.
R. wird erw. 16.
Rambeau
(93): Additional Remarks 89.
R. wird erw. 77, 88.
Rapp wird erw. 25, 85.
Raps
(93): Luftschwingg. 60.
Reclam
(78): Sprache u. Gesang 9.
Reichel
(88): Deutsche Betonung 98.
Reitter wird erw. 49.
Reyher wird erw. 44.
Régnier wird erw. 85.
Ricard
(87): Quantité syllabique 77.
Richardson wird erw. 97.
Richert wird erw. 30.
Richter
(88): Hörprüfungen 38.
Ricken
(84): Metr. Techn. Corneille's 72.
(85): Neue Beiträge 73.
(89): Entwickel. des *e sourd* 82.
R. wird erw. 73, 79, 80.
Ritzert
(94): Dyslalia 64.
Robert
(83): Prononciation 71.
Rocca
(86): Ausspr. d. Hochdeutschen 97.

Roig
(80): Fonografia 14.
Rokitansky wird erw. 35.
Rolin
(91): Ess. de gram. phonét. 86.
R. wird erw. 88.
Roorda
(89): De Klankleer 44.
R. wird erw. 48.
Rosapelly
(76): Inscript. d. mouvem. phon. 2.
R. wird erw. 20, 129.
Rousselot
(91): Modificat. phonét. 53.
(91): La méthode graph. 55.
(94): Phonét. expérim. 64.
R. wird erw. 9, 41, 61, 62, 63, 81, 131, 132, 132, 132, 132.
Rückert
(82): Der Pharynx 20.
Rüdinger
(79): Morphol. d. Gaumensegels etc. 11.
Rumpelt wird erw. 104.
Rydberg wird erw. 30.
Rydquist wird erw. 30.
Sachs (H.)
(82): Die gespr. Laute 105.
S. wird erw. 88.
Salzmann
(84): Ausspr. d. frz. Laute 73.
Säve wird erw. 30.
Schäfer
(85): Die Sprache des Kindes 30.
Schech
(79): Stimmritzenkrampf 11.
Scherer wird erw. 49.
Schiötz wird erw. 5.
Schleicher wird erw. 30.
Schmidt (H.)
(88): *Cl, gl* > *Tl, dl* 110.
Schmolke
(90): Deutsche Ausspr. 99.
Schneebeli
(78): Téléphone 9.
(78): Phonautographe 9.

Schneebeli
(78): Timbre 9.
S. wird erw. 63.
Schneider (G. H.)
(84): Sprachentwicklung 25.
(85): Störungen d. Sprache 80.
Schneider (J.)
(84): Neuere Forschungen 25.
Schnyder
(84): Vowel-Utterance 26.
Schröer
(84): Neuere phon. Lit. 26.
(85): Einleitg. u. Paradigm. 106.
(94): Üb. d. heut. engl. Ausspr. 116.
S. wird erw. 17, 28.
Schuchardt
(81): Die Cantes Flam. 91.
Sch. wird erw. 36, 54, 85, 92,
130, 133.
Schulten
(91): Exstirpat. d. Zunge 55.
Sch. wird erw. 31.
Schulze (O.)
(90): Phonetik 48.
Schumann
(84): Frz. Lautlehre 73.
Schwan u. Pringsheim
(90): Der frz. Accent 84.
Schw. wird erw. 70, 131.
Schw. u. Pr. werden erw. 58, 63.
Scott wird erw. 20, 63, 131.
Scouboe
(87): Hovedreglerne 98.
S—e.:
(93): Phon. Bezeichng. 60.
S—e. wird erw. 43.
Seelmann
(85): Die Laute 31.
(92): Phonetik 58.
S. wird erw. 39, 47, 49, 50, 84,
85, 92, 112, 130, 130, 135.
Senff-Georgi
(84): Das Schönsprechen 26.
(92): Die Redekunst 58.
S.-G. wird erw. 38.

Sheldon and Grandgent
(88): Phon. Compensations 39.
Siebenmann
(92): Normales Ohr 59.
S. wird erw. 59.
Sievers
(76): Grundzüge 3.
(91): Phonetik 55.
S. wird erw. 6, 12, 17, 20, 24,
26, 27, 28, 34, 36, 58, 128.
Sikowski
(91): Das Stottern 56.
Simon
(91): Vocal Physiology 56.
Skraup
(94): Kunst d. Rede 64.
Soames
(89): On Engl. Stress 111.
(90): Sounds of the Romanch 90.
(91): An Introd. to Phonetics 114.
(91): American Pronunciation 115.
S. wird erw. 58, 112, 113.
Sonnenburg
(85): Frz. Verse 73.
S. wird erw. 80, 82.
Souza
(95): Le rôle de l'e muet 90.
Sowa
(82): Zur Ausspr. d. Westarm. 124.
Spannhoofd
(88): The Phon. Method 39.
Spelthahn
(84): Die frz. Ausspr. 73.
Staples
(93): Galic Phonetics 125.
(94): Engl. Pronunciation 116.
St. wird erw. 115.
Stein
(76): Photogr. d. Töne 5.
Stern
(90): Tonstärkemessung 48.
St. wird erw. 131.
Steuerwald
(83): Lehrb. d. engl. Ausspr. 106.
Stoerk
(81): Sprechen u. Singen 17.

Storm
(78—81): Eng. Filologi 102.
(79): Om vok. kvantitet 68.
(84): Norsk Lydskrift 119.
　　St. wird erw. 3, 5, 6, 11, 12,
13, 14, 15, 15, 24, 25, 26, 27, 28,
28, 30, 31, 36, 36, 37, 39, 41, 41,
43, 44, 45, 47, 50, 55, 69, 70, 75,
76, 76, 78, 80, 81, 81, 82, 83, 84,
85, 85, 91, 91, 92, 92, 97, 103,
105, 107, 108, 108, 109, 113, 114,
117, 117, 118, 119, 120, 120, 121,
121, 122, 135, 135.
Stumpf
(83): Tonpsychologie 21.
Suchier
(88): D. lebende Sprache 81.
　　S. wird erw. 85.
Sweet
(77): A Handbook of Phon. 6.
- (77): On Russian Pronunciation 122.
(77): Spoken Swedish 117.
(80): Sound Notation 14.
(81): Elem. Sounds of Engl. 105.
(82): Rep. on Phonetics 20.
(82): On Intonation 105.
(85): Elementarbuch 107.
(88): Hist. of Engl. Sounds 110.
(89): On Engl. Stress 111.
(90): A Primer of Phonetics 112.
(90): A Primer of Spoken Engl. 113.
　　Sw. wird erw. 3, 15, 17, 25, 47,
48, 58, 72, 75, 85, 108, 111, 118,
121, 128.
Swoboda
(89): Engl. Leselehre 111.
(89): Toddys Ausspr. 111.
(90): Phonetik 49.
(91): Geschichte d. Phon. 56.
(92): E. Brücke 59.
(93): Fortschritte 61.
　　Sw. wird erw. 24.
Tänzer
(90): Sprachlaute 49.
　　T. wird erw. 58.
Tanger wird erw. 107.

Taylor
(83): Sound and Music 21.
Techmer
(80): Vergl. Physiol. d. Stimme 14.
(84): Transskription 26.
(84): Analyse u. Synth. 26.
(85): Lautbildung 31.
(89): Lautschrift 44.
(89): Vorwort zu Wilkins' Essay 44.
(90): J. Matthiae de .. doctrina 49.
(90): Beitrag z. Gesch. d. Phonet. 49.
　　T. wird erw. 2, 7, 15, 17, 19,
20, 22, 26, 27, 33, 41, 41, 58, 61,
75, 81, 128.
Tegnér wird erw. 30.
Thomas
(91): Consonants 56.
Thorsen
(83): Bemærkninger 118.
(86): Bidr. til nörr. lydlære 120.
Thum wird erw. 103.
Thurot
(81): Prononciation 69.
Tischer
(83): Schallstärke 21.
Toussaint-Langenscheidt
(87): Dictionnaire 78.
　　T.-L. werden erw. 75.
Trautmann
(80): R-Laute 15.
(84): Die Sprachlaute 27.
(84): Wesen u. Entstehg. 33.
(88): Beiträge 39.
　　Tr. wird erw. 2, 3, 5, 7, 13, 19,
41, 44, 47, 48, 72, 75, 96, 106.
Treitel
(91): Stottern 56.
(92): Die Stimme kl. Kinder 59.
(93): Sprachstörung 61.
(94): Grundr. d. Sprachstör. 65.
True and Jespersen
(92): Spoken English 115.
　　Tr. wird erw. 74.
Tulov
(81): Elementarlaute 105.

Personen-Verzeichnis.

Uschakoff
(87): De fr. Konsonanterna 78.
Vacher
(77): De la voix 6.
(78): Phonation 9.
Vecchioni wird erw. 139.
Verdin wird erw. 54.
Verner wird erw. 117, 133.
Vianna
(83): Ess. de phon. . . portug. 91.
(92): Exposiçao da pron. 91.
Vierordt
(85): Schall- u. Tonstärke 31.
Victor
(83): Vokalsysteme 22.
(84): Elemente der Phon. 28.
(84): Die Zischlaute 96.
(85): Die Aussprache 96.
(85): German Pronunc. 96.
(88): Aus Hellwags Nachlass 39.
(88): Beiträge z. Statistik 98.
(89): Resonanzhöhen 44.
(91): Engl. Ansichten 115.
(93): Experimentalphon. 61.
(93): Phon. Apparate 61.
(93): Wie ist d. Ausspr. zu lehr.? 101.
V. wird erw. 12, 13, 15, 15, 17, 18, 19, 24, 28, 36, 36, 38, 40, 41, 43, 46, 48, 58, 63, 64, 78, 85, 89, 94, 96, 102, 104, 106, 108, 113, 128.
Vising
(91): Fransk Språklara 86.
Voelkel
(88): $L \ldots U$ 39.
Vogel wird erw. 5.
Vogl
(93): Die Sprache etc. 62.
Wagner (Ph.)
(87): Sprachlaute d. Engl. 110.
(89): Lautbestand d. Schwäb. 99.
(90): Phonet. Untersuchg. 50.
(93): Frz. Quantität 89.
W. wird erw. 34, 38, 62, 63, 130, 131, 135.
Walker wird erw. 106.

Weber
(87): On Melody in Speech 37.
Weeks
(93): The . . Palate Movem. 62.
Weiss wird erw. 102.
Weissweiler
(83): Artikulations-U. 22.
Wendeler
(86): Sprachzeichner 33.
W. wird erw. 131.
Western
(82): Engelsk Lydlære 105.
(85): Engl. Lautlehre 108.
(86): Engl. Aussprache 109.
(89): Norweg. Lautsystem 121.
W. wird erw. 41, 43, 86, 119.
Whitney
(77): Surd and Sonant 6.
(77): The Principle of Economy 6.
(81): Articulation 17.
(82): Surds and Sonants 20.
Wh. wird erw. 3, 26, 30, 133.
Wiebe
(85): Runde . . Hauptvokale 97.
Wien
(88): Messung d. Tonstärke 39.
W. wird erw. 131.
Willis wird erw. 26, 44, 47, 63.
Winkelmann wird erw. 55.
Winteler
(76): Kerenzer Mundart 5.
W. wird erw. 4, 27.
Woods
(94): Transv. Vibrations 65.
Wulff
(81): Aksent 70.
(89): Transscription phon. 45.
(89): Un chapitre de phon. 91.
(92): Akzent u. Versbildg. 59.
W. wird erw. 85, 120, 135.
Siehe auch Lyttkens.
Wundt
(93): Hörnerv. . . Tonschwing. 62.
W. wird erw. 15, 21, 48.
Zahn wird erw. 44.
Zeune wird erw. 43.

Breymann, Phonetische Literatur.

Ziemssen wird erw. 6.
Zimmermann
(86): Die engl. Ausspr. 109.
Zwaardemaker
(91): Verlust an hoh. Tönen 56.

Zwaardemaker
(93): Presbyacus. Gesetz 62.
(93): Schallintensität 62.
(94): Umfang des Gehörs 65.

3. Sachverzeichnis.

Abstufung 107.
Académie (Dictionn. de l'—) 49.
Accent (Accentuation, Betonung) 4, 24, 25, 26, 27, 31, 38, 50, 54, 56, 59, 60. 64, 68, 68, 69, 70, 71, 83, 83 84, 84, 86, 87, 97, 98, 100, 101, 104, 117, 118, 119, 120, 123.
Vgl. auch Tonstärke.
Accentuation s. Accent.
Accentverschiebungen 57.
Adjektiv (Femininalbildung) 71.
Akustik 5, 5, 8, 11, 15, 19, 20, 21, 43, 53, 60, 60, 62, 101.
Akustische Sätze 4.
Akzent s. Accent.
Alphabet s. Umschrift.
Alter
(D. Verlust an hoh. Tön. im —) 56.
— (Hörvermögen im—) 59.
— (Hörgrenze im—) 62.
— (Umfang des Gehörs im —) 65.
Amplitüde 62.
Analyse 6, 26, 78, 114.
analysis s. Analyse.
Anatomie 20, 26.
Angleichungen s. Sandhi.
Ansatzrohr 9, 14, 20, 26, 101.
Anschauungs-U. 100.
Apical 6.
Apparate s. Instrumente.
Artikulation s. Stimme.
Artikulationsbasis 29, 78, 80, 107.
Artikulationsstellen 14, 26, 49.
Aspiration 38.
Assimilation s. Sandhierscheinungen.

Athmung 6, 9, 30.
Vgl. auch Instr.
Athmungsbeobachter, Pneumograph s. Instr.
Athmungsbewegungen 8.
Athmungsgruppen 77, 84.
Athmungsorgan 17, 101.
Ausathmungsstärke 80.
Aussprache
— der Sänger 5.
— des Lat. 31, 49.
Aussprachelehre 11.
Bands (vocal) s. Stimmbänder.
bégaiement s. Stottern.
Berührung s. Sandhierscheinungen.
Betonung s. Accent.
Betonungsverschiedenheiten 57.
Bewegungen 33.
Bindung 77, 80, 83, 86. 87, 90.
Brechung d. Vok. s. Grabow.
Brustregister s. Stimme.
Bruststimme s. Stimme.
Buchstaben 101.
Bühnensprache 100, 102.
Charleston Pronunc. 110, 112.
Chinesische Töne 104.
chuchoter s. Flüstern.
Cockney-English 108, 111.
Combinationslehre 4.
Combinationstöne s. Töne.
Compensation s. Stimme.
Consonanten s. Konsonanten.
cordes vocales s. Stimmbänder.
Dauer s. Stimme.
Deklamation 80.
Vgl. auch Vortrag.

Denken 64.
Diätetik des Sprechens u. Singens 9.
Dialekte (engl.) 111. [—) 133 ff.
Dialektforschung (Wichtigkeit der Dialoge (engl.) 113.
Diaphragm s. Zwerchfell.
dictée s. Diktat.
Diction 86.
Diktat (phonet.) 89.
Dissimilation 84.
Dynamik s. Schallstärke.
Dyslalia 64.
Economy s. Kraftersparnis.
Eigennamen 71.
Eigenton s. Vokale.
Einsatz s. Vokale.
Elision 77, 86.
Enclitika 80, 83.
Epenthese 84.
Erinnerungsbilder 35.
Erkrankungen
— des Stimmorgans 7.
— der Stimmritze 11.
— der Nase, des Rachens u. des Kehlkopfes 22.
Experimentalphonetik s. Phonetik.
Expirationsintensität s. Stimme.
Exstirpation s. Zunge.
Fabeln (Hey's —) 98.
fait 87.
fils 87.
Falsettregister s. Stimme.
Farbenringe 12.
Fibel 102.
Finnen 124.
Flamme s. Instrumente.
Flammenbilder s. Instrumente.
Flüsterlaute s. Stimme.
Flüsterstimme s. Stimme.
Formenlehre (engl.) 107.
fortis 6.
Vgl. auch tenuis.
Fremdwörter 30.
Gaumen 2, 12, 61, 62.
Gaumenbilder s. Instrumente (vo. Stomatoskopie).

Gaumendefekte 59, 64.
Gaumensegel 11, 12, 12, 20, 64.
Gaxen s. Sprachstörungen.
Gedichte (Vortrag von —n) 98.
Gehirn 64.
Gehör 1, 5, 29, 60, 65.
Vgl. auch Hörprüfungen, Ohr.
Gehör (das absolute —) 57.
Geige 8.
Gemination s. Konsonanten.
Genauigkeit s. Stimme.
gens 87.
Geräusch 27, 32, 60, 101.
Vgl. auch Konsonanten.
Geräuschlaute s. Sprachlaute, Konsonanten.
Gesang (im allgem.) 17, 32.
Gesang (im besondern):
 Education 22.
 Kunstgesang 100.
 Pathologie 2.
 Physiologie 2, 9, 29, 32.
 Science 22.
 Unterricht 35.
 Voice, Song etc. 22.
Gesangslehrer 35.
Gesicht s. Edwards.
Geste 78.
Gesundheitslehre s. Stimme.
Gleittöne s. Stimme.
Gleitvokale s. Stimme.
glides s. Stimme (vo. Übergänge).
glotte s. Stimmritze.
Grammophon s. Instr.
groupes de souffle s. Athmungsgruppen.
Grundton s. Ton.
Gymnastik s. Stimme.
Halbvokale s. Vokale.
Hannoveraner[-Deutsch] 94.
Harmonie s. Vokale.
Harmonik 25.
Harmonium 8.
Hauptton 57.
hauteur s. Tonhöhe.
Hebeltrommel s. Instr.

Hiatus 72, 73, 83.
Höhe s. Stimme.
Hörbreite 56.
Hörfeld 65.
Hörgrenze 56, 62.
Hörnerv 62.
Hörprüfungen 38.
Hörschärfe 62, 65.
Hörvermögen 59.
Hörweite 59.
Hygiene s. Stimme.
hymen 87.
Hypnose 60.
Indifferenz 26.
Indifferenzlage 14, 57.
Instrumente (im allgemeinen): 14.
Instrumente im besondern:
Athmungsbeobachter 54.
Chrono-photograph. Verfahr. 33.
Flammenbilder 1, 7, 13, 15, 26, 32, 60.
Gaumen, künstl., s. Stomatoskopie.
Hebeltrommel 54.
Kehlkopf, künstl., 7.
Kehlkopfbeobacht. 54.
Kehlkopfspiegel 7, 9, 22, 26, 56.
Kymographion s. Sprachzeichner.
Laryngograph 57.
Laryngoskop s. Kehlkopfspiegel.
Laryngostroboskop. Meth. 8.
Lippenbeobachter 54.
Microphon 7, 11, 52, 54.
Nasenbeobachter 54.
Opt. Darstellg., Meth. 26, 41.
Phoneidoskop 10, 63.
Phonoskop(ie) 34, 63.
Photograph(ie) s. Sprachzeichner (vo. Phonophotographie).
Pneumogr. 8. — Vgl. Athmungsb.
Registrierapp. 54.
Signal, elektr., 54.
Sirene 26, 45, 52, 60, 63.
Spirometer 54, 131.
Sprachzeichner.
    Chronophotogr. 33, 51.
    Glossogr. 18, 27.

Grammophon 60.
Kymographion 61.
Logograph 7.
Lufttrommel 50, 54, 61, 63.
Palato-Myograph 22.
Phonautograph 20, 33, 35, 38, 48, 63, 65.
Phonograph 2, 5, 7, 8, 14, 15, 18, 34, 44, 46, 50, 50, 60, 63.
Phonophotographie 5, 7, 33, 41, 48, 53, 63.
Sprechmaschine 10.
Sprechorgel 26.
Stethoskop 54, 132.
Stimmgabel 2, 43, 54, 63, 132.
Stomatoskopie 15, 26, 36, 36, 39, 41, 54, 61.
Telephon 7, 9, 11, 41, 52.
Tonometer 43, 131.
Trommel s. Sprachzeichner.
Vibrograph 63.
Vocalflamme 13.
    Vgl. auch Flammenbilder.
Zootrop 51.
Zungenbeobachter 54.
Zungenpfeifen 60, 63.
Intensität s. Stimme, Messung.
Intensitäts-Tabellen 1.
intensité s. Intensität.
Interpunktion 81, 86.
Intonation 77, 78, 84, 105.
Italienischer Tonfall 104.
jadis 87.
Kammerton 60.
Kehldeckel 26.
Kehlkopf 7, 8, 9, 11, 21, 22, 26, 33, 54, 60, 65, 101.
Kehlkopfbeobachter s. Instr.
Kehlkopfbewegungen 57.
Kehlkopfspiegel s. Instr.
Kind 19, 25, 30, 52, 59, 59, 61, 98, 111.
Klang 3, 8, 9, 9, 20, 31, 35, 45, 57, 60, 62, 63, 65, 71, 77, 84, 101.
Klangerzeugung 35.

Sachverzeichnis.

Klangfarbe 11, 13, 16, 48, 60, 63, 101.
Klangfülle 80.
Klanglaute 26.
Klangreihentheorie 100.
Klangwahrnehmung 63.
Klangzusammensetzung d. Vokale 42.
Konsonanten (im allgemeinen): 8, 9, 12, 26, 27, 49, 54, 71, 71, 75, 77, 78, 78, 81, 84, 86, 96, 100, 107, 117, 119, 124.
Konsonanten (im besondern):
Anordnung. System s. Vokale.
Einteilg. d. Laute in Sonore u. Geräuschlaute 4, 23.
Gemination 12, 31, 50.
Implosive u. Explosive 12, 63.
Reibelaute 68.
Stimmhafte u. Stimmlose 61.
Stimmhaftwerden 39.
Tenuis u. media 12, 95.
Verschlussfortis 19.
Verschlusslaute im Indog. 16.
Konsonanten (Gruppen von ---)
Mouillierte 2, 71.
Palatale 36.
Spiranten 8.
Zischlaute 25, 30, 96.
Konsonanten (einzelne):
d 116.   ng 63, 96.
f 63.   l 2, 13, 39, 63.
g 49, 96.   m 13, 63.
k 49.   n 13, 63.
ch 63.   r 2, 13, 15, 39,
s 63.   50, 63, 113,
h 2, 29, 37, 38,   115, 116.
   49, 63, 67.
(i)ng 49.
Kosten s. Preis.
Kraftersparnis 6, 20.
Krankheiten s. Erkrankungen.
Kunstgesang 100.
Vgl. auch Gesang.
Kurvenlinie s. Schwingungskurven.
Kymographion 61.
Vgl. Instr.

Laryngoskopie s. Instr.
Laryngostroboskopische Methode s. Instr.
Larynx s. Kehlkopf.
Lateinisch s. Seelmann.
Laut 4, 26, 51, 77, 84.
Lautalternation 124.
Lautabwechslung 16.
Lautberührung 107.
Lautbezeichnung s. Umschrift.
Lautgesetz 35.
Lautlehre (empir.) 37.
Lautphysiologie s. Phonetik.
Lautstellung 107.
Lautverschiebung 93.
Lautwandel 4, 35, 51.
Lautwechsel 4.
Lautzeichen 71.
Leçons de choses 90.
Lehrproben 100.
lenis 6.
Vgl. auch media.
Leselehre s. Leseübungen.
Leseübungen (Leseunterricht) 99, 101, 102, 111.
Leseunterricht s. Leseübungen.
Lippen 26.
Lippenbeobachter s. Instr.
Lispeln s. Sprachstörungen.
Littauische Töne 104.
locomotion s. Bewegung.
Logograph s. Instrumente.
Londoner Ausspr. s. Cockney-English.
Luft (Tönen der ---) 5.
Luftröhre 9, 22.
Luftschwingg. 60.
Lufttrommel Marey's s. Instr.
Massformel (psycho-physische) 21.
Vgl. auch Messung.
Mechanik 33.
Media 3, 12, 19, 95.
Vgl. lenis.
Melodie 37.
Membran-Phonautograph s. Instrumente (v. Sprachzeichner).

Membrana basilaris (Wichtigkeit der —) 65.
Messung
— d. Vokale 31, 45.
— v. Schallen u. Tönen 31.
— d. Schallleitungsvermögens 31.
— d. Intensität d. Schalle 31.
— d. Tonhöhe 32.
— d. Tonstärke 21, 37, 39, 48.
— d. Artikulationen 53.
— d. Laut- u. Silbendauer 60.
Metathese 84.
Microphon s. Instrumente.
Mimik 78.
Modulation 78.
mœurs 87.
Mongolen 124.
Motiv (das musikal. —) 93.
Mouillierte Laute s. Konsonanten.
mue de la voix s. Stimmwechsel.
Mund 7, 22, 26, 44.
Mundhöhle s. Mund.
Mundhöhlenton s. Stimme.
Mundraum s. Mundhöhle.
Mundstimme s. Stimme.
Musculus vocalis 13.
Musik 15, 21, 57, 93.
Muskeln 17.
Musteraussprache 27.
Nachdruck s. Stimme.
Näseln s. Sprachstörungen.
Nasale s. Vokale.
Nasalierung s. Vokale.
Nasalität s. Vokale.
Nase 22, 26.
Nasenbeobachter s. Instr.
Nasenhöhle s. Nase.
Nebenton 57.
Neubildungen 30, 51.
Obertöne 62.
Octave 60.
Ohr
  Physiologie 47, 65.
  Prüfung 59.
Optik 5.

Optische Methode 26.
  Vgl. auch Instrumente.
Oral 6.
Orgel 8.
Orthographie 21, 83, 94.
orthophonie s. Aussprachelehre.
ouïe s. Gehör.
Palato-Myograph s. Sprachzeichner.
Partialtöne 48.
Paukenfell 32.
Pausen 15.
Percussion 7.
péril 87.
Pfeife (die Galton'sche —) 56.
Pfeifen 60.
Pharynx s. Schlundkopf.
Phonation 5, 9, 20, 33, 57.
Phonautograph s. Instr.
Phoneidoskop 10, 63.
Phonetik (im allgemeinen) 3, 6, 11, 27, 28, 44, 55, 58.
Phonetik (Lautphysiol.) im besondern:
  Artik. Phon. 51.   [129.
  Experimentalphon. 53, 53, 61, 64,
  Geschichte, Forschg., Versuche 14, 25, 49, 49, 56, 58.
  Literatur 20, 20, 26, 53, 58.
  Natur d. Laute 49.
  Nutzen 30.
  Phys. Grundl. 62.
  Probleme 56.
  Resultate 20.
  Schulung 52.
  Stellg., Aufg., Meth., Ziel, Begriff, Bedeutung 4, 18, 39, 48, 104, 128.
  Universitätsfach 38.
Phonetische Umschrift s. Umschrift.
Phonograph s. Instr.
Phonophotograph(ie) s. Instr.
Phonoskop s. Instr.
Photograph(ie) s. Instr.
Physik 5.
Pysiologie s. Stimme.
plus 87.
Pneumograph s. Instrumente.
Poltern s. Sprachstörungen.

Preis
— des Hensen'schen Sprachz. 35.
— der Rousselot'schen App. 54, 62.
— des Kymographions 61.
— des Wagner-Albr.'schen App. 62.
Presbyacusisches Gesetz 62.
prononciation s. Aussprache.
pronunciation s. Aussprache.
Psychologie 101.
Psychophysik 21, 22.
Quantität s. Stimme.
Rausche 46.
Rede 64.
réductions s. Verschluckungen.
Register s. Stimme.
Registrierapp. s. Instr.
Resonanz 16, 60, 119.
Vgl. auch Vokale.
Resonanztöne 7.
Resonatoren 26, 63.
Rhinoskopie 22.
Rhythmik 25.
Rhythmus 59, 80, 81, 83, 93.
Rufe 46.
Sänger s. Aussprache.
Samojeden 124.
Sandhierscheinungen 5, 27, 29, 77, 78, 80, 80, 83, 84, 99, 117.
Satzaccent 59.
Satzmelodie s. Sprachmelodie.
Schall 9, 60, 62.
Schallerscheinungen 14.
Schallleitungsvermögen 31.
Schallreiz 21.
Schallschwingungen 2, 9, 60, 62, 65.
Schallstärke s. Tonstärke (v°· Stimme).
Schauspieler (Ausspr. der —) 94, 100.
Schema s. Vokale (v°· Anordnung).
Schildknorpel 2.
Schleswig-Holstein'sche Ausspr. 102.
Schlundkopf 12, 20, 26.
Schnalzlaute 15.
Schnarren s. Sprachstörungen.
Schönsprechen 26.
Schreiblese-U. 100.

Schrift 13.
Schullautschrift s. Umschrift (v°·
Schulwesen (französ.) 83.
Schwingungen s. Schallschwingungen, Tonschwingungen.
Schwingungskurven 41, 61.
Schwingungszahlen 60.
Seifenblasen 63.
sens 87.
Serbisch-kroatische Töne 104.
Signal (elektr.) s. Instr.
Silbe, Silbenbildung 4, 9, 12, 15, 26, 27, 29, 34, 77, 78, 80, 81.
Silbenaccent s. Accent.
Silbendauer 60, 77.
Silbenteilung 31, 101.
Silbentrennung s. Silbenteilung.
Silbenzählung 68, 72.
Singen s. Gesang.
singing s. Gesang.
Sirene s. Instrumente.
Skandierung 59.
sonant s. stimmhaft.
Sonore s. Sprachlaute, Vokale.
sound-notation s. Umschrift.
Spanischer Tonfall 104.
Speech Unities s. Spracheinheiten.
Spiegel 32.
Spiritus asp. u. len. s. Konsonanten.
Spirometer s. Instr.
Sprachanomalien s. Sprachstörungen.
Sprachbildung 101.
Sprache s. Sprechen.
Sprachgebrechen s. Sprachstörungen.
Spracheinheiten 35.
Sprachentwickelung 61.
Sprachfehler s. Sprachstörungen.
Sprachgefüge 6, 15, 26, 29, 80, 114.
Sprachheilunterricht 40.
Sprachlaute
Analyse phys. 9.
Begriff 35.
Bildung 14, 27, 29, 31, 33, 34, 58, 78, 98, 117.
Einteilung 4, 9, 23, 27, 44.

Sprachlaute
 Entstehung s. Bildung.
 Gruppen 4.
 Klangfarben 11.
 Natur 5, 33, 49, 52.
 Photograph s. Instr.
 Sonore s. Einteilung. |24.
 Sprachlaut od. Sprachelement? 4.
 Wesen s. Natur.
Sprachlautsystem 4.
Sprachlosigkeit 32, 65.
Sprachmelodie 25, 104.
Sprachorgan 4, 6, 9, 13, 20, 27, 29,
 34, 35, 44, 49, 59, 73, 78, 84, 98,
 101, 107, 114, 119, 124.
Sprachrichtigkeit 30.
Sprachstörungen im allgem.: 6, 6,
 30, 31, 58, 61, 63.
Sprachstörungen im einzelnen:
 Gaxen 32.
 Lispeln 32, 40.
 Näseln 9, 64.
 Poltern 32, 40.
 Schnarren 32.
 Stammeln 23, 32, 34, 40, 61, 65.
 Stottern 5, 11, 20, 23, 32, 34, 37,
  40, 56, 56, 59, 59, 60, 61, 65.
Sprachübungen 101.
Sprachwerkzeuge s. Sprachorgan.
Sprachwissenschaft 51, 52, 101.
Sprachzeichner s. Instrumente.
Sprechen (Sprache)
 Denken u. S. 64.
 Diätetik des S. 9.
 Mechanismus 10.
 Physiologie 9, 10.
 Sp. u. Singen 17, 30, 57.
 Sprache u. Schrift 13.
Sprechorgel 26.
Sprechstärke 78.
Sprechübungen 34, 99, 101, 102.
Sprechunterricht s. Sprechübungen.
Stärke s. Stimme.
Stammeln s. Sprachstörungen.
Statistik der Ausspr. 98.
Stethoskop s. Instr.

Stimmbänder 9, 14, 23, 33, 60, 65.
Stimmbewegung 122.
Stimme im allgem.: 1, 6, 9, 11, 11,
 12, 13, 26, 33, 34, 37, 72, 101.
Stimme im besondern:
 Artikulation 7, 17, 26, 29, 51, 97.
 Bruststimme 2, 13, 19.
 Compensation 10, 39.
 Dauer s. Tondauer.
 Eigenschaften 34, 78.
 Energiehöhe s. Tonhöhe.
 Expirationsintensität s. Tonstärke.
 Expirationskraft s. Tonstärke.
 Falsetregister 19.
 Fistelstimme 13.
 Flüsterstimme, Flüstern 2, 13, 21,
  26, 28, 29, 33, 59, 59, 63, 93.
Genauigkeit 11.
Gesundheitslehre 2, 10, 11.
Gleitlaute s. Übergänge.
Gymnastik 17.
Höhe s. Tonhöhe.
Hygiene s. Gesundheitslehre.
Intensität s. Tonstärke.
Länge s. Tondauer.
Leistungsfähigkeit 52. [16.
Mundstimme, Mundhöhlenton 21.
Nachdruck s. Tonstärke.
Physiologie 6, 10, 10, 14, 16, 17,
 18, 32, 34, 40, 43, 49.
Quantität s. Tondauer.
Register 8, 13, 19.
Stärke s. Tonstärke.
Theorien 14.
Tonerhebung s. Tonhöhe.
Tondauer 3, 15, 25, 27, 27, 29, 31,
 54, 57, 60, 63, 64, 68, 70, 71,
 73, 77, 77, 78, 80, 84, 89, 100,
 101, 107, 117, 118, 123.
Tonhöhe 3, 9, 10, 15, 20, 25, 26,
 28, 29, 31, 32, 38, 44, 48, 54,
 57, 57, 59, 61, 63, 63, 65, 70,
 80, 86, 93, 107, 117.
Tonstärke, Wortton, Nachdruck etc.
 3, 15, 17, 20, 21, 25, 27, 29, 31,

31, 34, 50, 57, 62, 68, 70, 77, 78, 80, 84, 86, 104, 107, 117.
Tonstärke-Messung s. Messung.
Übergänge, Übergangslaute 27, 49, 57, 77, 80, 104.
Wortton s. Tonstärke.
Stimmgabel s. Instrumente.
stimmhaft 6, 20, 54.
Stimmhöhe s. Stimme.
Stimmlagen 9.
stimmlos 6, 20. 54.
Stimmorgan 7, 9, 17.
Stimmritze 13. 33.
Stimmritzenkrampf s. Erkrankungen.
Stimmübungen 34.
Stimmwechsel 9.
Stimmwellen 61.
Störungen s. Sprachstörungen.
Stomatoskopie s. Instrumente.
Stomatoskopische Versuche s. Instr.
Stottern s. Sprachstörungen.
Streitfragen (phon.) 2.
stress s. Nachdruck.
Substantiva 107.
surd s. stimmlos.
suspect 87.
Sylbe s. Silbe.
Syntax (Verhältn. der — zur Phonetik) 83, 107.
Synthese s. Sprachgefüge.
synthesis s. Synthese.
System s. Vokale (v°. Anordnung).
Taube (labyrinthlose-) 62.
Taubstumme 10, 10, 21, 22, 23, 30, 42. 46, 100.
  Vgl. auch 32 u. 51.
Taubstummenlehrer 98.
Teacher 116.
Telephon s. Instrumente.
Tenuis 3, 12, 95.
  Vgl. auch fortis.
timbre s. Klang.
Töne im allgemeinen 26, 93, 104.
Töne, Ton (im besondern):
  Combinationstöne 53.
  Grundton-Schwing. 13, 60, 65.

Harmonische Töne 13.
Partialtöne 63, 65.
Photographie s. Instr.
Theorie 34.
Ton, Geräusch etc. 60.
Ton-Accent s. Accent.
Tonempfindung 46.
Tonhöhe s. Stimme.
Tonbewegung 57.
Tonleiter 60.
Tonwahrnehmung 2.
Verlust an hohen T. 56.
Zusammenklang 2.
  Vgl. Schallschwing., Stimme.
Ton s. Töne.
Tonfall s. Sprachmelodie.
Tonlagen 118.
Tonometer s. Instrumente.
Tonpsychologie 21.
Tonreihe (continuirliche) 56.
Tonschwingungen 62.
  Vgl. auch Schallschwingungen.
Tonsilben 33.
Tonstärke s. Stimme.
Tonwechsel 83.
Transskription s. Umschrift.
Trommel s. Lufttrommel.
troubles de la parole s. Sprachstörungen.
Tungusen 124.
Türken 124.
Übergänge s. Stimme.
Umschrift (phon.) 6, 6, 15. 16, 16, 17, 19, 21, 26, 29, 29, 33. 37. 42, 43, 43, 44, 45, 60. 72, 76. 77. 78, 84, 86, 96, 98, 101, 110, 117.
Unities s. Spracheinheiten
Verdauungsapparat 11.
Vers s. Verslehre
Verschleifungen 83.
Verschluckungen 83.
Verslehre (frz.) 68, 72, 73, 81, 86.
Versbildung 59.
Vibrograph 63.
  Vgl. Instr.
Vocal bands s. Stimmbänder.

Vocale s. Vokale.
voix s. Stimme.
Vokaldehnung s. Vokale.
Vokale (im allgemeinen): 2, 9, 10, 26, 47, 49, 54, 60, 67, 75, 77, 78, 81, 84, 86, 96, 100, 100, 107, 124.
Vokale (im besondern):
*A*bsatz 71.
*A*nordnung. Schema, System 3, 16, 16, 18, 22, 27, 40, 43, 100, 103, 113, 117, 119.
*D*efinition 33, 100.
*D*ehnung der Vok. 95. [119.
*E*igenton 19, 28, 43, 44, 52, 100,
*E*insatz 38, 71.
*E*inteilung s. Anordnung.
*E*rzeugung (physiol.) 15, 47.
*G*renze zw. Vok. u. Kons. 63.
*H*armonie 13, 19, 25, 52, 93.
*K*langzusammensetzung 42.
*M*essung s. oben S. 166.
*Q*ualität 23.
*Q*uantität s. Stimme (v°· Tondauer).
*R*esonanzhöhen 44, 65.
*S*chema s. Anordnung.
*S*ystem s. Anordnung.
*T*heorie 7, 7, 8, 15, 18, 32, 64.
*T*onhöhe s. Stimme.
*V*erkürzung 95.
Vokale (Gruppen von —) [100.
*D*iphthonge 5, 15, 49, 58, 63, 71,
*H*albvokale 2.
*N*asale 2, 14, 43, 50, 64, 67, 71, 71, 100.
*O*rale 14.

Vokale u. Diphth. (einzelne)
A 30, 116.
U 49.
E muet s. *E sourd*.
E sourd 68, 69, 70, 71, 71, 73, 73. 79, 79, 80, 86, 86, 87, 87, 89, 90.
e (im holl.) 116.
oi 89.
Vokalflamme s. Instrumente.
Vokalharmonie der Alt. Spr. 124.
Vokalklang s. Klang.
Vokalschema s. Vokale (v°· Anordng.).
Vokalschwingungen s. Instrumente. Schwingungen.
Vokalsystem s. Vokale (v°· Anordng.).
Vokaltheorie s. Vokale.
Vokalverkürzung s. Vokale.
Volksschullehrer 98.
Vortrag 35, 64, 98.
Vortragskunst 100.
Vortragsweise 35.
vue s. Gesicht.
Vulgärsprache (Pariser —) 72.
Wellenlänge 60.
Wellensirene s. Sirene.
Windrohr 14, 26.
Wortaccent s. Accent.
Wortbedeutung 124.
Wortbildung 34, 51.
Wortton s. Accent; s. Tonstärke.
Worttrennung 101.
Zeitmass 78.
Zitterlaute s. Konsonanten.
Zunge 26, 31, 36, 55.
Zungenbeobachter s. Instr.
Zwerchfell 29.

www.ingramcontent.com/pod-product-compliance
Lightning Source LLC
Chambersburg PA
CBHW031448160426
43195CB00010BB/905